H. Ambrosi, E. Dettweiler-Münch,
E. H. Rühl, J. Schmid, F. Schumann

Farbatlas Rebsorten

300 Sorten und ihre Weine

2., verbesserte und ergänzte Auflage

VERLAG
EUGEN
ULMER

Umschlagfoto: Prosecco

Foto auf Seite 2: Nebbiolo

Die Deutsche Bibliothek – CIP-Einheitsaufnahme

Farbatlas Rebsorten :
330 Sorten und ihre Weine / H. Ambrosi ... –
2., erw. Aufl. – Stuttgart : Ulmer, 1998
    ISBN 3-8001-5719-5

© 1994, 1998 Eugen Ulmer GmbH & Co.
Wollgrasweg 41, 70599 Stuttgart (Hohenheim)
Printed in Germany
Einbandgestaltung: Alfred Krugmann, Freiberg/Neckar
Lektorat: Ingeborg Ulmer
Herstellung: Steffen Meier
Satz: Satzstudio Späth, Birenbach
Druck: Appl, Wemding

Vorwort

„Bei mir im Garten wächst ein alter Rebstock. – Können Sie mir sagen, um welche Sorte es sich handelt?" Eine Frage, die Weinfachleuten fast täglich am Telephon oder in Briefen gestellt wird und diese regelmäßig in Verlegenheit bringt. Bei vermutlich zwischen 10 000 und 20 000 verschiedenen Rebsorten in der Welt ist es keineswegs einfach, in Ferndiagnose am Telephon oder an Hand von zwei vertrockneten Blättern und einer Traube Rebsorten zu bestimmen. „Ich hätte gern Eßtrauben in meinen Garten gepflanzt. – Könnten Sie mir ein paar Riesling- oder Spätburgunder-Reben dafür besorgen?"

Auch dieses Anliegen zeigt das große Interesse von Gärtnern und Weinliebhabern an der Schönheit eines Rebstocks, dem frischen Grün der Blätter im Sommer, dem Gelb und Rot im Herbst; dazu noch die leuchtend gelben, roten oder blauen Trauben, die uns die Fülle und den scheinbaren Überfluß des Herbstes anschaulich machen. Die Frage zeigt aber auch das mangelnde Wissen selbst erfahrener Weinkenner um die Verwendung von Rebsorten. Riesling und Spätburgunder zählen zweifellos zu den erlesensten Weinreben, sind aber als Tafeltrauben völlig ungeeignet.

„Welche Rebsorte ist die wichtigste in der Welt?"

Eine weitere Frage von Weinliebhabern, deren Beantwortung keineswegs so einfach ist, wie sie klingt. Wie mißt man die Bedeutung einer Rebsorte? Mit der Anbaufläche, der Produktion, dem internationalen Ansehen? Die einzige ermittelbare Größe ist in den meisten Anbauländern die Anbaufläche. Aber auch diese Größe bereitet uns Probleme. In vielen Ländern stehen Reben im Mischsatz mit verschiedenen Sorten aber auch mit anderen Kulturen wie Gemüse, Obst, Oliven. Wieviel Prozent eines Feldes sind mit Reben bestockt, wenn jeweils eine Reihe Reben mit einem 10 m breiten Streifen Weizen wechselt? Wir sehen, daß auch Statistiker ihre Probleme haben. Trotzdem ist die Anbaufläche in vielen Fällen die einzige Zahl überhaupt. Von der Fläche her gesehen, ist die weltweit wichtigste Rebsorte nicht der Riesling, auch nicht der Spätburgunder, Chardonnay oder Cabernet Sauvignon, sondern die Sorte Airen. Schon einmal gehört? Wohl kaum. Die Sorte wächst auch nur in einem einzigen Land, in Spanien, eigentlich sogar nur in einem einzigen Gebiet, der Mancha. Auch auf den nächsten Plätzen folgen noch keine uns geläufigen Sorten. Hier liegen die Rotweinsorte Grenache und die Tafeltrauben- bzw. Rosinensorte Sultana. Mit Merlot und Cabernet Sauvignon auf den Plätzen 8 und 10 begegnen uns die ersten uns bekannten Sorten. Riesling liegt auf Platz 21 und Müller-Thurgau auf Platz 29, der Gewürztraminer auf Platz 90 und die schwäbische Lokalsorte Trollinger (Vernatsch) auf Platz 128.

Von den bereits erwähnten 10 000 bis 20 000 verschiedenen Rebsorten haben nur etwa 500 wirtschaftliche Bedeutung. Doch auch von diesen erscheinen keineswegs alle auf einem Weinetikett. Einige deshalb, weil es gar keine Weinsondern Tafeltrauben sind, die anderen, weil sie zu Weinen verarbeitet werden, bei denen keine Sorten angegeben werden wie bei Bordeaux, Sherry, Port, Chianti, Madeira, Marsala, Tokajer. In diesen Weinen können sich Trauben von bis zu zehn verschiedenen Rebsorten befinden. Das heißt jedoch keineswegs, daß die Rebsorten unwichtig sind. Im Gegenteil ist es das Geschick des Winzers, die Weine so zu verschneiden, daß sich ihre Eigenschaften auf das Beste ergänzen und zu einem vollendeten Ganzen werden. Die Rezepte sind deshalb auch wohlgehütete Geheimnisse der Winzerfamilien. Nördlich der Alpen, aber auch in Weinbaugebieten der neuen Welt steht die Rebsorte im Vordergrund. Sortenreiner Wein wird Verschnitten vorgezogen – selbst wenn ein Verschnitt der Harmonie zuträglich gewesen wäre. Der Winzer beschränkt sich im Weinberg und im Weinausbau auf die am besten geeigneten Sorten, deren Name dann auf dem Etikett steht, um dem Weintrinker als Orientierung zu dienen. Das Wissen um die Sorteneigenschaften wird dem Kunden geradezu abverlangt. Weniger bekannte Sorten haben deshalb nur geringe Marktchancen. In Deutschland haben nur etwa 20 Sorten wirtschaftliche Bedeutung und von denen wachsen nur zwei (Riesling und Müller-Thurgau) in der Hälfte aller Weinberge.

Egal ob der Wein aus einer oder mehreren Rebsorten hergestellt wurde, die Güte der Trauben und die Wahl der Sorten sind für den Geschmack und die Qualität entscheidend. Fehlendes Aroma der Trauben kann durch Kellertechnik nicht ausgeglichen werden. Hinter dem reichhaltigen Weinangebot von Kaufhäusern, Supermärkten und Weinhandlungen steht also eine große Zahl von Rebsorten. Die verbesserten Handelsbeziehungen in Europa werden diese Palette noch erweitern und den Weintrinker mit bisher nicht gekannten Weinen und Rebsorten konfrontieren.

Diese Entwicklung birgt aber auch Gefahren. Sorten müssen 'en vogue', müssen 'in' sein, wenn sie in den Regalen der Supermärkte oder Weinkarten

der Drei-Sterne-Restaurants eine Chance haben wollen. So glauben derzeit viele Winzer in der Welt, im Chardonnay die Sorte der Zukunft entdeckt zu haben. Statt altbewährten einheimischen Sorten pflanzen sie Chardonnay. Dies droht nicht nur die Vielfalt unseres Weinangebots, sondern den Bestand althergebrachter Rebsorten, die oft mit Anbauflächen von nur wenigen Hektaren die Jahrhunderte überdauert haben und oft sogar Wissenschaftlern unbekannt sind.

Vor drei Jahren begann eine Gruppe junger italienischer Rebenzüchter der Universität von Turin mit der systematischen Katalogisierung Piemonteser Rebsorten. Sie rechneten damit, eventuell 50 unbekannte Sorten zu finden. Heute sind sie bei 250 angelangt, haben aber erst die Hälfte der Fläche untersucht.

Es bleibt zu hoffen, daß es gelingt, wenigstens einige dieser Sorten nicht nur in einem Sortiment zu erhalten, sondern ihnen auch eine Zukunft im Weinberg zu sichern und daß sie nicht der augenblicklichen 'Chardonnayisierungswelle' oder der sich am Horizont abzeichnenden 'Viognier-Welle' zum Opfer fallen.

Viele Menschen erleben ihnen unbekannte Weine und Rebsorten auf Urlaubsreisen in Süd- oder Südosteuropa, in Straußwirtschaften, bei selbstvermarktenden Winzern oder kommen der Rebe durch Hausstöcke oder durch Tafeltrauben im Supermarkt näher. Dem steigenden Interesse an Wein tragen zahlreiche Publikationen Rechnung. Hierbei steht jedoch stets der Wein, nicht die Rebsorte im Mittelpunkt. Gerade Rebsorten stellen mit ihrer Vielfalt in Aussehen, Eigenschaften und Ansprüchen ein interessantes Wissensgebiet dar. Sie unterscheiden sich nicht nur in Farbe und Größe der Trauben, der Dichte und Art der Behaarung an Blättern und Triebspitze, sondern in ihren Ansprüchen an Boden und Klima, ihrer Geschichte und ihrer Bedeutung für den Weinbau ihrer Heimatgebiete.

Dieses Buch will in übersichtlicher und unkomplizierter Form für den interessierten Laien die 300 wichtigsten Rebsorten der 60 größten weinbautreibenden Länder rund um die Welt beschreiben. Neben Namenserklärungen, Synonymen, morphologischen, physiologischen und ökologischen Beschreibungen werden auch die Nutzungsmöglichkeiten der Trauben und die Art der produzierten Weine angesprochen. Die Rebsorten sind anhand des geläufigsten Namens alphabetisch geordnet. Die bei alten Sorten recht zahlreichen Synonyme sind im Register aufgeführt. Zur Abrundung des Themas und zum besseren Verständnis werden neben Ertragssorten auch einige Unterlagen und Wildarten behandelt, obwohl die meisten Leser mit diesen nur selten in Berührung kommen dürften.

Allen Personen und Institutionen, die uns bei der Informationsbeschaffung behilflich waren, sei an dieser Stelle herzlich gedankt. Für Hinweise zur Vervollständigung oder Verbesserung des Textes und der Abbildungen sind die Autoren und der Verlag dankbar.

Im Herbst 1994,
die Autoren

Vorwort zur zweiten Auflage

Zwischen: „Von dieser Rebsorte habe ich noch gar nichts gehört!" bis zu: „Mein Nachbar im Süden hat im Weinberg eine Rebsorte, deren Namen ich nicht im Rebsortenatlas gefunden habe"! liegen die Erfahrungen und Erwartungen, die an den „Farbatlas Rebsorten" gestellt werden. Ausgehend von etwa 1000 Rebsorten mit gewisser Bedeutung können bei einer Auswahl der 300 wichtigsten nicht alle enthalten sein. Dennoch kann der Farbatlas mit einer Schatztruhe verglichen werden, in der man immer wieder Neues entdecken kann, selbst wenn nicht alle Schätze der Erde darin aufbewahrt sind.

Das Interesse an dem Schatz „Rebsorten" belegt die stets fließende Nachfrage an diesem Buch. 1994 in Erstauflage erschienen, führten internationale Bedürfnisse schon nach drei Jahren zu einer französischen Edition und nach vier Jahren zur vorliegenden zweiten deutschen Auflage.

Mit der Übersetzung ist das Taschenbuch internationaler geworden. Einige neue Sorten wurden aufgenommen; einige weniger bedeutende fanden Raum im Anhang. Das räumliche Zusammenfassen der Wildarten und Unterlagen erleichtert den Trauben- und Weinfreunden den Überblick. Soweit neuere Angaben vorhanden, wurden statistische Daten überarbeitet. Wie in der ersten Auflage sollen knapper Text und eine möglichst treffende Abbildung Freude machen und Auskunft geben zum Wein im Glase.

Wie zur ersten Auflage sind die Autoren auch bei der zweiten dankbar für Anregungen. Gleichzeitig sind sie bereit, den Noch-mehr-wissen-wollenden über den vorliegenden Text hinaus Hilfen zu geben. Allen Fragenden sei für ihr Interesse und den mit Informationen Beitragenden für ihre Hilfe gedankt.

Im Frühjahr 1998,
die Autoren

Inhalt

Vitis vinifera ssp. sylvestris

Einführung

Vom Auwald in die Spitzenlage, Geschichte des Weinbaus

Schon vor 130 Millionen Jahren gab es Pflanzen mit reblaubähnlichen Blättern und 60 Millionen Jahre alt sind die ältesten Samenfunde, die Reben in Nordeuropa, in Südengland und Nordamerika belegen. Als die Menschen vor 1 Million Jahren den aufrechten Gang probierten, war Europa von einer Fülle von Rebpflanzen bewachsen. In der Eiszeit verschwanden frostempfindliche Arten. Andere „überwinterten" die kalten Jahrtausende, um bei Klimaverbesserungen in den Warmzeiten mit Vögeln wieder nach Norden zurückzukehren. In Europa überdauerte die Wildrebe *Vitis vinifera* ssp. *sylvestris* die Kälte. Rund um das Mittelmeer, nach Osten bis Afghanistan und nach Norden bis zum Kaukasus und nach Mitteleuropa verbreitet, ist sie die genetische Basis unserer Kulturreben. Als „weintragende" (vinifera) begleitete sie das Entstehen der großen Hochkulturen in Mesopotamien und Ägypten und ist deshalb der Weingeschichte vorangestellt.

Heute ist die Wildrebe im Vergleich zum einstigen Verbreitungsgebiet nur noch in wenigen Rückzugsgebieten vom Kaukasus über die Türkei, Griechenland, Italien, Frankreich bis Spanien verbreitet. In den nördlichen Bastionen der Rebe, an Rhein und Donau, haben nur Einzelexemplare Flußregulierungen und die Auen-Kultivierung sowie den Angriff der Rebfeinde aus Amerika, Oidium, Peronospora und Reblaus überstanden. Außer der Eigen-

schaft, einzigartiges Kulturdenkmal zu sein, sind die Wildbestände wichtige Genreserven, deren Wert erst in neuerer Zeit allgemein anerkannt wird.

Obwohl die Übergänge von der Wildrebe (*Vitis vinifera* ssp. *sylvestris*) zur Kulturrebe (*V. v.* ssp. *vinifera*) fließend sind, besitzt die Wildform eigene charakteristische Merkmale. Sie ist zweihäusig. Es gibt weibliche, männliche und nur selten zwittrige Einzelpflanzen. Ihre Trauben sind klein, die Beeren sind blau, klein und wenig saftig. Die Samen sind herzförmig bis rundlich. Die kleinen, schwach bis mittelstark filzig behaarten Blätter sind meist dreilappig und weisen eine geöffnete Stielbucht auf. Sie verfärben sich im Herbst purpurrot. Ihre Zweige sind dünn, zäh, mit sehr langen Internodien und engem Holz-Mark-Verhältnis. Die Wildrebe im nördlichen Verbreitungsgebiet ist wenig empfindlich gegen Winterfrost. Sie wird aber von Schädlingen und Krankheiten wie die europäische Kulturrebe befallen. Die Wildreben im Südosten des Verbreitungsgebiets (Anatolien) besitzen mittelgroße, stark fünflappig gebuchtete Blätter und größere Trauben mit teils größeren Beeren als die der westlichen Formen. Einige Rebenkundler bezeichnen sie als *Vitis caucasica*.

Aus Wildrebentrauben des Sortiments in Neustadt an der Weinstraße bereiteter Wein war dunkelrot bis begonienfarben, der Geschmack stark fruchtig an Waldbeeren erinnernd, gerbsäure- und säurebetont. Teilweise erinnerte er mit seiner „grünen" Paprika-Note an Carbernet Sauvignon. Mostgewicht und Säure waren in Abhängigkeit von Jahrgang und Rebe sehr unterschiedlich. 55 oder

**Burg Weibertreu mit Weinsberg,
Württemberg**

100 °Oechsle konnten 20–25 g/l Säure
gegenüberstehen.

Der entscheidende Schritt

Der Übergang von der Wildrebe zur
Kulturrebe ist ein willkürlicher Akt
der Menschen. Zum genetischen
Verständnis des Vorganges bedarf es
einer Erklärung. Wildformen pflanzen
sich in der Natur durch generative
Vermehrung, d. h. über Samen fort.
Die daraus entstehenden Pflanzen
sind in ihren Merkmalen und Eigenschaften verschieden. Unsere Kulturreben dagegen sind mit der Mutterrebe
identisch, da sie nicht aus Samen, sondern vegetativ, aus Stecklingen vermehrt werden.

Das Entstehen einer Kulturrebe setzt
als ersten Schritt das Erkennen der positiven Eigenschaften der Wildreben,
als zweiten Schritt ihre Vermehrung
und als dritten die Inkulturnahme im
Weinberg voraus. Noch vor 150 Jahren
sind diese drei Schritte gegangen worden. Der Weinbaufachmann und Apo-
theker Johann Philipp Bronner
(1792–1864) fand unter vielen tausend
Wildreben im Auwald zwischen Rastatt
und Speyer 36 deutlich unterschiedliche Formen (1. Schritt). Er pflanzte sie
in Wiesloch zur weiteren Beobachtung
in ein Sortiment (2. Schritt). Eine zwittrige Rebe mit früh reifenden, nach
Orangen duftenden Trauben vermehrte
er im Weinberg (3. Schritt). Als Orangetraube steht sie noch in Weinbergen bei
Klosterneuburg in Österreich. Als Elter
vertrat sie bei der neuen Sorte Goldburger aus Orangetraube × Welschriesling
die Mutter und verlieh Frostfestigkeit.

Von Traubenessern zu Weintrinkern

Wo Menschen auf Wildreben trafen,
waren die Trauben frisch und getrock-

net als Rosinen wertvolles Nahrungsmittel. Saft aus einer großen Ernte geriet in Gärung. Eine mutige Person mußte davon kosten und begeistert sein. Der Wein war geboren. Nach der Sage wurde in Persien eine depressive Sklavin, die sich das Leben nehmen wollte, vom Genuß des ersten Weines ihrer Sorgen ledig. Aus dem Teufelswurde ein Göttertrank. Ins Umfeld dieser Sage, im südlichen Kaukasus bis hin zu Euphrat und Tigris verlegen die Archäologen die Anfänge der Weinkultur. Vermutlich werden es die Trauben von Wildreben gewesen sein, aus denen vor 8 000 Jahren Wein bereitet wurde. 6 000 Jahre alte Rollsiegel, die auf feuchtem Ton ihre Zeichen hinterließen, und die Nachweise einer Kelter sind, geben in Georgien älteste Nachricht über Weinherstellung.

Nachweise für Rebkultur und Weingenuß gibt es für die prähistorische Dschemdet-Nasr-Kultur (3 000 v. Chr.) in Uruk im südlichen Mesopotamien ebenso wie für die ähnlich alte vordynastische ägyptische Kultur. Die frühen Könige Mesopotamiens und Ägyptens (3 000 v. Chr.) waren stolz auf ihre Weinberge und mit berühmten Weinen versehenen Weinkeller.

Trauben mit weißen, grünen, rosa, roten, dunkelblauen und violetten Beeren ernteten die Winzer in den Weinbergen der Pyramidenbauer in Ägypten vor 4 700 Jahren. Zeugnisse darüber fanden sich in ihren Gräbern.

Im neuen Reich schenkte Pharao Amenophis III. (18. Dyn. 1580–1314 v. Chr.) dem Tempel von Luxor einen Weinberg, „dessen Ernten größer waren als die Wasser des vom Gott der Ewigkeit geborenen Nils bei Hochwasser". Neben bewundernswerten Kunstschätzen enthielt das Grab Tut-anch-amuns (um 1340 v. Chr.) außer Trauben und Rosinen 36 große Amphoren mit den vermutlich besten Weinen seiner Regierungszeit. Die Weine stammten nach der Beschriftung der Amphoren überwiegend „aus den Domänen des Westflusses" und wurden im 5. und 9. Regierungsjahr des Herrschers abgefüllt. Diese „Etiketten" sind die wichtigsten Nachweise für die Dauer der Regierungszeit des Pharaos.

Auch in Palästina wurde Wein gewonnen. Im 7. Jh. v. Chr. war Gideon ein Weinbauzentrum. Die Weine wurden mit Honig gesüßt oder mit *Artemisia absynthium* gewürzt, als „Wermuth" getrunken. Ein Beweis für die enge Verbindung der jüdischen Geschichte und des Alten Testaments mit dem Weinbau sind die Verse: „Noah aber fing an und ward ein Ackersmann und pflanzte Weinberge" (1. Mose 9,20) und: „Er wird sein Füllen an den Weinstock binden und seiner Eselin Sohn an den edlen Reben. Er wird sein Kleid in Wein waschen und seinen Mantel in Weinbeerblut" (1. Mose 49,11).

Rebe und Wein als Gottesgabe

Dem Körper des bei der Jagd getöteten Ampelos entsproß die erste Rebe. Sein Gefährte Dionysos pflanzte sie in einen Vogelknochen. Als der zu klein war in einen Löwen- und danach in einen Esclsknochen, um sie mitzunehmen. Damit war für die Antike die Herkunft der Rebe und die Wirkung des Weines erklärt. Wir befassen uns in diesem Buch mit der Pflanze des Ampelos, der Ampelographie, der Lehre von den Reben.

In mykenischer Zeit (1600–1200 v. Chr.) erreichte das Wissen um die Weinkultur in Griechenland Europa. Griechische Kolonisten verbreiteten es über das ganze Mittelmeer. So gelangte diese Kenntnis um 600 v. Chr. von der griechischen Stadt Phokäa (heute Foca in der Westtürkei) nach Masilia, dem heutigen Marseille. Von dort konnte Wein über die natürlichen Handelswege Rhone, Saone, Rhein, Mosel oder von Südosten über die Donau an die keltischen Fürsten verkauft werden.

Die mit dem Wein gelieferten luxuriösen griechischen Weinbecher und etruskischen Kannen besaßen so starken Einfluß auf die keltische Kunst, daß ein Archäologe erklärte: „Die La-Tène-Kunst verdankt ihre Existenz dem keltischen Durst".

Erste Rebsorten werden beschrieben

Die Römer schließlich, denen Mitteleuropa seine ersten Weinberge verdankt, übernahmen das Weinwissen um 300 v. Chr. über die Etrusker von den Griechen. Sie übernahmen die Weinkultur, nicht die Reben, denn Wildreben standen fast überall in den Wäldern. In vergleichbare Klimagebiete wurden auch Kulturreben übernommen, aber schon Columella betont, daß die rätischen Reben (der Südalpen) in Süditalien schlecht gedeihen. Während bis zu dieser Zeit Darstellungen in Gräbern und auf Gefäßen archäologisch Nachricht geben, ist von Griechen und Römern das geschriebene Wort überliefert. Nach Vergil (70–19 v. Chr.) waren die Rebsorten so zahlreich, daß er sie der Zahl der Sandkörner am Strand und den Wellen des Meeres gleichsetzt. Varro (116–27 v. Chr.) erwähnt 17 Rebsorten, Columella (um 60 n. Chr.) und Plinius (24–79 n. Chr.) erwähnen eine Vielzahl von Sorten.

Beschrieben wird ihre besondere Eignung als Tafeltrauben, für Rosinen, zum Einlegen und Aufbewahren, aber auch besondere Tauglichkeit zur Herstellung der Konzentrate sapa und defrutum oder von mulsum, mit Honig gesüßtem Wein, selbstverständlich auch von Wein. Aber nur in Einzelfällen ist die Verbindung zu heutigen Rebsorten herstellbar. Ein sicherer Vergleich ist nicht möglich.

Neuere Funde von rundlichen Rebsamen in römischen Kelterhäusern an der Mosel und in der Pfalz deuten auf die Verwendung von Wildreben oder Sorten wie Riesling, Traminer oder Burgunder, nicht aber von großtraubigen Tafeltrauben mit länglichen Samen.

Von der Antike ins Mittelalter

Frühe Belehnungsurkunden und Klosterbesitz von Weinbergen im 7. und 8. Jh. konzentrieren sich auf Orte mit ehemals römischem Weinbau. Danach blieb dort die antike Weintradition erhalten. Mit der Verbreitung des Christentums gelangten Rebe und „Meßwein" nach Nord- und Ostdeutschland. Mit der 3,5fachen heutigen Rebfläche (100 000 ha) standen in Mitteleuropa um 1500 die meisten Weinberge. Dem stand mit der Ausbreitung des Islam die Destruktion des Weinbaus zur Tafeltraubenkultur in Vorderasien und Nordafrika gegenüber. Erst die Kolonialmächte brachten den Weinbau wieder zurück.

Die Klöster waren die Zentren der Weinkultur. Von Rebsorten und Weinqualität gibt es aus dem frühen Mittelalter wenig Nachrichten. Etwa ab dem 13. Jh. unterschied man zwei Güteklassen, nämlich vinum hunicum (huntschen, hynß oder hunnischen Wein) und vinum francium (frentschen, frenß oder fränkischen Wein). Letzterer war der wertvollere. Er kostete etwa doppelt so viel. Mit der Farbe des Weines hatte die Bezeichnung nichts zu tun. Zusammenhänge von hunicum und Hart-Heunscht oder Franken mit Silvaner sind ungeklärt. Vermutlich handelt es sich dabei um die Weine von zwei Rebsortengruppen, ähnlich den Bezeichnungen Zwicker und Edelzwicker im Elsaß. Die besseren ergaben den teuren, fränkischen und die schlechteren den billigeren, hunnischen Wein. Auch eine qualitätsbezogene Lese in zwei Durchgängen ist als Ursache der beiden Güteklassen möglich.

Nur für den Blauen Spätburgunder ist die Übernahme von Burgund an den Bodensee unter Karl dem Dicken im Jahre 884 urkundlich belegt. Karl der Große gibt in seinem „Capitulare de villis" um 813 genaue Anweisungen für den Weinbau seiner Königsgüter. Wo möglich, sollten Reben gepflanzt und der Wein in durch ausgehängte Kränze gekennzeichneten Wirtschaften, Straußwirtschaften also, ausgeschenkt werden. Das Treten der Trauben mit den Füßen und die Lagerung des Weines in Schläuchen (Tierhäuten) war unerwünscht. Über Weinvorräte mußte Buch geführt werden. Insgesamt war Sauberkeit und Ordnung in der Kellerwirtschaft angesagt. Der Weinverbrauch war im Vergleich zu heute sehr hoch. 150–200 l im Jahr je Kopf der Bevölkerung errechneten Historiker für 1500. Aber die Weine waren meist dünner als heute und vielfach trank die einfache Bevölkerung den Nachwein oder Haustrunk aus Trester. Trotzdem predigte Martin Luther: „Unser teutscher Teufel wird ein guter Weinschlauch sein und muß Sauf heißen"!

Die Rebfläche schrumpft und weitet sich aus

Bis zur Mitte des 16. Jhs. behielt der Weinbau seine große Verbreitung. Kühleres Klima, andere Verzehrgewohnheiten, besseres Bier, Weinhandel aus dem Süden durch die Hanse, Kriege und Zollschranken führten zur allmählichen Konzentration der Reben auf die heutigen Weinbaugebiete. Gleichzeitig eroberte die europäische Weinkultur die Welt. Im 16. Jh. erreichte sie Amerika, im 17. Südafrika und schließlich im 19. Jh. Australien und Neuseeland. Diese Ausweitung hält bis heute an.
Ab dem 15. und 16. Jh. werden zunehmend Rebsorten genannt. Anfangs,

wie Riesling, im 15. Jh. für Pflanzreben, erst später für Weine. Die zwei alten Weinqualitäten fränkischer und hunnischer Wein verlieren an Bedeutung. Den Wandel verursachte vermutlich die Genehmigung zur Verwendung verbrannten Schwefels (1 Lot auf 768 Maß = 16,2 g auf 860 l) bei der Weinbereitung in einem kaiserlichen Mandat im Jahre 1487. Die konservierende und reduzierende Wirkung von SO_2 erlaubte, Sortenunterschiede zu riechen und zu schmecken. Vorher waren nur Alkohol, Säure und eventuell Süße im oxidierten, an Sherry erinnernden Wein schmeckbar.
Die Rebsortengeschichte konnte beginnen. Die Rebsorten standen meist noch nach dem Prinzip des Risikoausgleichs im „Gemischten Satz" mit fünf bis zehn Sorten im Weinberg. Die einen mußten Reife, Aroma, die anderen Menge bringen. Bei gutem Wetter waren die späten, bei schlechtem die frühen besser. Normalerweise wurde alles zusammen geerntet. Wegen ihrer Qualität waren Riesling, Traminer, Räuschling, Burgunder und der Gänsfüßer berühmt. Weniger begeistert waren die Landesherren von Elbling, Heunisch, Gutedel, Trollinger, weil die Winzer deren Trauben beim Steuereinzug, dem Zehnten, an den Landesherrn abgeben und die guten Sorten in den eigenen Keller bringen wollten. Die Ausbreitung der guten und das Ausmerzen der schlechten Sorten war daher stets das Bestreben der Lehensherren.

Die Barttraube

In diese Zeit fällt eine monströse Erscheinung, über die mehrfach berichtet wird: An einem Rebenzweig hängen zwei grüne Trauben, die mit einem die doppelte Traubenlänge erreichenden „Bart" zusammengewachsen sind.
Die auf einer Zeichnung von Vogt 1542 vorgestellte „wahrhaft, wunder-

Barttraube

barliche Figur" wurde als Naturwunder 1541 in den Weinbergen von Albersweiler in der Pfalz gefunden und dem Kurfürsten der Pfalz verehrt. Mit einem Getreidehalm, der 15 Ähren trug, einer Jungfrau, die lange nichts gegessen hat, war sie Gesprächsthema beim Reichstag von 1542 in Speyer. 1602 wurde eine weitere Barttraube gefunden und auf einem Einblattdruck vorgestellt. Worauf die Haarbildung beruht, ist unbekannt. Pilze, Flechten oder Bastwucherungen sind möglich. Zum Geschmack schrieb Tabernaemontanus 1625 in seinem Kräuterbuch: „Was nun diese Trauben für einen Geschmack haben, ist denjenigen am besten bekannt, bey welchen sie wachsen."

Abgesehen vom Wechsel der Rebsorten war der Weinbau konservativ. Er behielt die alten Produktionsmethoden im Weinberg bei. Bei der Lese jedoch erfolgte durch Zufall eine entscheidende Veränderung.

Während im 15. und 16. Jh. der Lesebeginn vom Landesherrn nach botanischen Merkmalen der Trauben (Beerenfarbe, Saftigkeit, Bräunung des Rebkerns) bestimmt wurde, kam es 1775 durch die verspätete Leseerlaubnis in Johannisberg im Rheingau zur Wiederentdeckung der bereits bei den Römern bekannten Spätlese und der positiven Bewertung der Edelfäule. Ansonsten wurden die alten Weinbehandlungsmittel weiter benutzt. Das Würzen und das Aromatisieren gewinnen vor allem außerhalb der heutigen Weinbaugebiete an Bedeutung. Große Anstrengungen wurden auf die Erhaltung der Süße des Weines verwendet. Durch Beigaben zu durchgegorenen Weinen sollten diese lieblicher werden. Die angewandten Verfahren waren jedoch mit großen Schwierigkeiten verbunden.

Als Lager besonderer Qualität gibt es seit 1736 in Kloster Eberbach den „Cabinet-Keller". Unsere wichtigsten Prädikatsbegriffe (Kabinett, Spätlese und Auslese) sind also im 18. Jahrhundert begründet worden.

Mit Volldampf ins 20. Jh.

Die letzten beiden Jahrhunderte brachten die einschneidendsten Veränderungen im Weinbau. Weinbaufachleute, wie Breuchel, Metzger und Bronner verglichen Rebbau und Kellerwirtschaft in den verschiedenen Weinbaugebieten und führen neue Rebsorten, wie den Blauen Portugieser, oder neue Kelterformen ein. Europäische Sorten gelangten in alle Erdteile. Kurios nach Erdbeeren oder Obst schmeckende Trauben der Labrusca-Arten aus Nordamerika wie Isabella, erstaunten Europa.

Leider brachten die neuen Sorten auch Rebenfeinde mit. Der Echte Mehltau (*Oidium tuckeri*) zerstörte 1845 in England und ab 1850 in Deutschland die Reben. Bei der Übernahme dagegen resistenter Reben begleitete um 1860 die Reblaus (*Phylloxera vitifolii*) die Pflanzen nach Europa. Innerhalb von 25 Jahren verseuchte sie allein in Frankreich 1 Million ha Reben (die 10fache deutsche Rebfläche). Erst die Veredlung der europäischen Reben auf widerstandsfähige amerikanische Wildreben bringt bis heute Schutz vor der Reblaus.

Behelfsweise aus Amerika übernommene, aus Wildreben ausgelesene, widerstandsfähige Rebsorten (wie Herbemont, Noah, Clinton) mit extremem Geschmack und schlechter Weinqualität begründen bis heute den negativen Ruf der abfällig als Hybriden bezeichneten resistenten Artkreuzungen in der EG und behindern den züchterischen Fortschritt. Mit diesen Sorten gelangte der dritte Rebenfeind nach Europa, der Falsche Mehltau, die Peronospora (*Plasmopara viticola*), die noch im Ersten Weltkrieg Mißernten bewirkte.

Die Rebsorten erhalten ihre Namen

Die weitreichenden Schäden durch die neuen Rebenfeinde und die Suche nach den Ursachen und Bekämpfungsmöglichkeiten intensivierten die Weinbauwissenschaft. Die Erkenntnis, daß die gleiche Rebsorte unter verschiedensten Namen verbreitet ist, führte zu umfassenden Vergleichen bei den Versammlungen deutscher Wein- und Obstproduzenten mit eigenen ampelographischen Kommissionen und zur Anlage von Rebsortimenten. 1873 wurde in Wien die Internationale ampelographische Kommission gegründet, die 1874 bei ihrer Tagung 355 wirkliche „Varietäten" erfaßte. Die 288 wichtigen Varietäten waren unter 1500 Synonymen verbreitet. Auf diese sollten zugunsten des Hauptnamens im wichtigsten Verbreitungsgebiet verzichtet werden. Übersetzungen und andere Benennungen sollten als Synonyme gelten. Dies wurde weitgehend befolgt. So

verschwanden die Namen Klävner, Klebroth, Möhrchen, Süßling, Süßrot, Malterdinger oder Blauer Nürnberger. Sie werden aber für den Blauen Spätburgunder des offiziellen Sprachgebrauchs, teilweise örtlich von den Winzern noch heute benutzt.

Die Arbeit der Kommission gipfelte im Handbuch der Ampelographie, Beschreibung und Klassifikation der bis jetzt kultivierten Rebenarten und Traubenvarietäten mit Angabe ihrer Synonyme, Kulturverhältnisse und Verwendungsart in der zweiten Auflage von Hermann Goethe im Jahre 1887. Die Kommission selbst hatte bei ihrer Tagung in Bad Dürkheim 1882 ihre Arbeit bereits eingestellt und auf günstigere Zeiten vertagt, weil die Sperre des Rebenverkehrs wegen der Reblausverbreitungsgefahr diese unmöglich gemacht hatte.

Aber 40 Jahre vorher hatte bereits der Blaue Portugieser, von Bronner aus Österreich übernommen, seinen Siegeszug durch die Rotweingebiete angetreten. Zwar war schon die Konzentration bestimmter Rebsorten in einigen Gebieten wie Riesling an Rhein, Mosel, Main und in der Pfalz erkennbar, aber noch waren sie im Gemischten Satz mit anderen Sorten gemeinsam im Weinberg. Die Ablösung der Zehntrechte unter Napoleon I. in den linksrheinischen und zögerlich in den rechtsrheinischen Gebieten ermöglichte, qualitätsbezogen zu ernten. Der Risikoausgleich „Gemischter Satz" wurde überflüssig. Reichtragende Sorten allein brachten so schlechte Weine, daß sie wie die Heunische, Säuerlinge, Quadler, Putscheere völlig aus dem Anbau verschwanden. Andere wie Elbling und Gutedel konzentrierten sich auf besonders für sie geeignete Gebiete und wurden dort zur Hauptsorte (Obermosel bzw. Markgräflerland, Westschweiz). Mit der Suche nach besseren, resistenten Rebsorten begann die wissenschaftliche Rebenzüchtung. Gleich zu Anfang, 1882, gelang Professor Müller aus Thurgau in der Schweiz in Geisenheim ein Glückstreffer. Nach 50 Jahren Diskussion ist die nach ihm „Müller-Thurgau" oder nach den Sorten-Eltern „Rivaner" benannte Sorte in Mitteleuropa und Neuseeland zur wichtigsten Rebe geworden.

Auch die alten, ertragsmüde gewordenen Rebsorten durchliefen eine Verjüngungskur. Um 1870 begannen Froelich in der Pfalz und Englerth in Franken mit der Auslese und getrennten Vermehrung wüchsiger, leistungsfähiger Einzelreben und schufen die Klonenzüchtung. Nachdem Sartorius 1921 im wissenschaftlichen Versuch nachgewiesen hatte, daß die Nachkommen der guten Stöcke bessere und die der schlechten schlechtere Leistung bringen, unterzogen die Winzer alle Rebsorten dieser Selektion. Letztlich leitete die Verjüngung der alten, degenerierten und kranken Sorten die Renaissance der alten Reben wie Riesling, Burgunder oder Traminer, weltweit ebenso Chardonnay oder Cabernet Sauvignon ein, die uns noch heute begeistern.

Letztlich basiert unser Weinbau im ausgehenden 20. Jh. auf diesem Geschehen, selbst wenn im Weinberg die Technik mit der Rebenschneide-, Heft- und Erntemaschine Einzug gehalten hat. Gleichzeitig ermöglichen die neuen Verfahren der Bodenpflege (Tiefenlockerung, Mulchen) und des Pflanzenschutzes durch Einsatz der Pfropfung (gegen die Reblaus), von Pheromonen (gegen den Traubenwickler) oder von Nützlingen (Raubmilben) den Weinbau so umweltfreundlich zu gestalten, wie es früher nie möglich war. Dies ist ein Grund, das Glas auf das Andenken der Winzer und Wissenschaftler zu heben, die diese, von der Wildrebe bis zum Eiswein reichende Weiterentwicklung ermöglichten.

Bau und Wachstum der Rebe

Die Rebe gehört zu den Samenpflanzen und weist die für diese Pflanzengruppe typischen Organe wie Blätter, Triebe, Blüten, Früchte und Wurzeln auf.

Blätter

Die Blätter der Rebe teilen sich in den Blattstiel und die Blattspreite. Die fünf Hauptnerven der Blattspreite entspringen in der Stielbucht und laufen von dort bis zum Blattrand. Das Gewebe zwischen den Hauptnerven ist bei den verschiedenen Sorten unterschiedlich weit entwickelte, so daß es neben ungeteilten Blattspreiten auch drei-, fünf- und siebenlappige Blätter gibt. Die Ränder der Blätter sind bei den meisten Rebsorten gezähnt. Bei einigen Sorten sind die Blattspreiten an der Unter-, eventuell auch an der Oberseite, behaart. Junge Blätter an der Triebspitze sind oft anders behaart oder gefärbt als ausgewachsene Blätter. Die Winkel zwischen den Hauptnerven, die Blattform, -buchtung und -zähnung werden genauso wie die Blattbehaarung zur Sortenunterscheidung herangezogen.

Die Blätter stellen, wie bei allen grünen Pflanzen, die „Kraftwerke" dar, indem sie Lichtenergie, Kohlendioxid und Wasser in Energieformen wie Zucker oder Stärke umwandeln. Zur Regulation des Gasaustausches besitzen Rebblätter an der Unterseite 100–500 Spaltöffnungen pro mm^2. Durch diese kann Kohlendioxid in das Blattinnere gelangen, wobei aber gleichzeitig Wasser aus dem Blatt an die Atmosphäre abgegeben wird. Im Mittel verbraucht die Weinrebe 500 l Wasser, um 1 kg Trockensubstanz zu produzieren. Die Wasserabgabe der Blätter dient aber auch der Kühlung und stellt die treibende Kraft des Wasser- und Mineralstofftransports von der Wurzel zu den Blättern dar.

Trieb

Da die Rebe eine mehrjährige Pflanze ist, gibt es ein- und mehrjährige Triebe. Die einjährigen Triebe entwickeln sich aus sogenannten Winterknospen, die sich im Vorjahr an den damals einjährigen Trieben bildeten. Unter Umständen werden Winterknospen auch an älterem Holz angelegt und stellen dann sogenannte schlafende Augen dar, die oft erst nach einigen Jahren oder überhaupt nie austreiben. Im Laufe des Sommers entwickeln sich aus den Sommerknospen des jungen, grünen Triebes Seitentriebe, die Geiztriebe. Geiztriebe haben nur in Ausnahmefällen Blütenstände und dann sind sie klein und die Trauben (Geiztrauben), die sich aus ihnen entwickeln, reifen wegen der wesentlich späteren Blüte nicht richtig aus und bleiben meist sauer und geschmacklos.

Der Trieb ist im Vergleich zu anderen holzigen Pflanzen relativ dünn und flexibel, dafür jedoch recht zugfest, was den Lianencharakter der Reben unterstreicht. Als solche benutzt die Rebe andere Bäume als Klettergerüst und braucht deshalb keinen festen Stamm und Äste zu bilden. Reben benötigen daher immer ein Gerüst aus Holz oder Draht, das ihnen Halt gibt. Im Gegenzug sind die Wasserleitbahnen (Xylem) des Triebes sehr weitlumig, um auf einem kleinen Querschnitt einen hohen Wassertransport zu ermöglichen. Die Xylemgefäße im Holzteil des Triebes sind sogar mit bloßem Auge sichtbar.

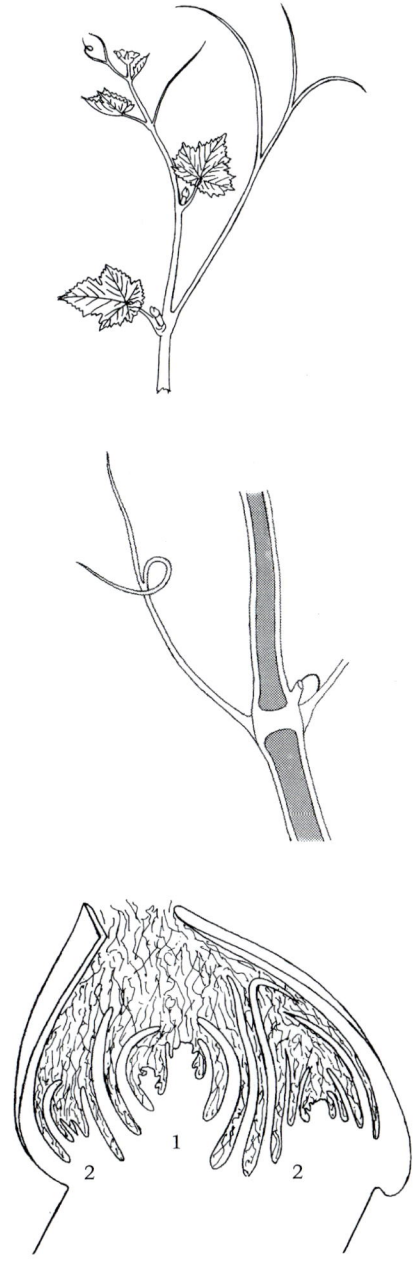

Zeichnung rechts oben: Trieb von Vitis vinifera mit diskontinuierlicher Rankenfolge.

Zeichnung rechts mitte: Längsschnitt durch einen Knoten von Vitis vinifera mit Markbrücke.

Zeichnung rechts unten: Winterknospe mit Knospenschuppen und Wollhaaren.
1 = Hauptauge; 2 = Nebenaugen.

Das Innere des Triebes ist mit Markgewebe ausgefüllt, das an jedem Nodium durch eine Holzbrücke (Diaphragma) unterbrochen wird. Nur bei den in den südöstlichen USA beheimateten Arten *Vitis rotundifolia* und *Vitis munsoniana* gibt es diese Diaphragmen nicht.

Nach außen folgt auf das Holz eine Zone teilungsfähigen Gewebes (Kambium), welche nach innen Xylem- und nach außen Bastgewebe (Phloem) bildet und damit, wie bei allen holzigen Pflanzen, ein sekundäres Dickenwachstum des Triebes ermöglicht. Während im Xylem der Wasser- und Mineralstofftransport von der Wurzel zu den Blättern erfolgt, werden im Phloem vor allem Kohlenhydrate, Aminosäuren, organische Säuren und Kalium transportiert. Hierdurch werden die Wurzeln, aber auch die reifenden Beeren mit Nährstoffen versorgt. Beim Dickenwachstum reißt das alte Bastgewebe und bildet die typische faserige, streifenförmige, lose Borke der Rebstämme.

Ranken

Neben den Blättern trägt der Sproß Ranken und Trauben, welche mit diesem entwicklungsgeschichtlich eng verwandt sind und eigentlich blattlose Triebe darstellen. An den Gabelungen der Ranken weisen winzige Blättchen auf diesen Ursprung hin. Die Ranken, die sich hervorragend zum Klettern in Baumkronen eignen, sind meist gegabelt und entspringen stets an einem Nodium (Knoten) gegenüber einem Blatt und einer Knospe. Bei den europäischen Kultursorten und den meisten Wildarten folgt auf zwei Knoten mit Ranke einer ohne, was den Trieb in Dreiersegmente unterteilt. Nur die aus dem Nordosten der USA stammende *Vitis labrusca* besitzt eine kontinuierliche Rankenfolge.

Blüten- und Fruchtstände

Die ersten drei bis vier Nodien eines Triebes besitzen selten eine Ranke. An den beiden darauf folgenden Knoten entstehen statt der Ranken meist Blütenstände (Gescheine) in Form einer Rispe. Das darauf folgende Nodium trägt weder eine Ranke noch einen Blütenstand. Bei manchen Sorten kann sich allerdings unter günstigen Bedingungen am folgenden Knoten ein Gescheine statt einer Ranke bilden. Ein einjähriger Trieb kann daher bis zu vier Blüten- und bzw. Fruchtstände (Trauben) tragen. In der Regel sind es jedoch nur zwei Gescheine, die an einem Trieb gebildet werden.

Da die Anlage der Blütenstände, wie auch die der Blätter bereits im Laufe des Vorjahres in der sich entwickelnden Winterknospe gebildet wurden, spielt die Vorjahreswitterung eine entscheidende Rolle für die Zahl und Größe der Gescheine. Neben einer ausreichenden Ernährung und Wasserversorgung erhöht gute Belichtung die Zahl der Gescheine. Auch diese Eigenschaft resultiert sicherlich aus der Lianennatur der Rebe: die sich aus den Blüten entwickelnden Beeren haben auf den Baumwipfeln eine größere Chance von Vögeln entdeckt und fortgetragen zu werden, und damit zur Ausbreitung der Art beizutragen, als Beeren, die im Innern der Baumkronen versteckt reifen.

Die Gescheine weisen meist zwischen 100 und 250 Einzelblüten auf. Wilde Reben und viele Unterlagen sind zweihäusige Pflanzen; bei ihnen sind also alle Blüten einer Rebe entweder männlich oder weiblich. Die Kultursorten besitzen jedoch bis auf wenige Ausnahmen, wie die Tafeltraubensorte Madeleine Angevine, zwittrige Blüten, d. h. bei ihnen sind sowohl die weiblichen Blütenteile (Narbe, Griffel und Fruchtknoten) als auch die männlichen (fünf Staubgefäße) voll entwickelt.

Diese Organe sind bis zum Aufblühen von fünf Kelchblättern umgeben. Beim Aufblühen lösen sich die Kelchblätter jedoch nicht oben, wie bei fast allen Blütenpflanzen, sondern unten. Die sich lösenden Kelchblätter sehen deshalb wie ein Käppchen aus. Da fast alle Kultursorten zwittrige Blüten besitzen, ist die Bestäubung meist beim Abfallen der Käppchen schon erfolgt.

Die Reben bestäuben sich meist selbst, zur Befruchtung ist kein Pollen einer anderen Sorte erforderlich. Auch völlig alleinstehende Rebstöcke können deshalb reichlich Früchte tragen.

Nach der Bestäubung keimt der Blütenstaub (Pollen) auf der Narbe aus und die Pollenschläuche wachsen durch den Griffel zu den vier Samenanlagen im Fruchtknoten, wo sie die Eizelle und den Embryosackkern befruchten. Das Wachstum des Pollenschlauches verläuft bei niedriger Temperatur sehr langsam bzw. überhaupt nicht, weshalb kaltes Wetter während der Blüte (Mitte Juni) zu schlechter Befruchtung und damit geringer Beerenzahl führen kann (Durchrieseln oder Verrieseln).

Die vier Eizellen jedes Fruchtknotens müssen keineswegs alle befruchtet worden sein, um die Beerenentwicklung einzuleiten. Mehr befruchtete Eizellen und die sich daraus entwickelnden Kerne stimulieren allerdings das Beerenwachstum, doch selbst wenn keine der Eizellen befruchtet wurde, kann es trotzdem zur Beerenentwicklung kommen. Die Beeren bleiben dann aber kernlos und klein (Jungfernbeeren).

Das Vorkommen von Jungfernbeeren ist stark sortenabhängig. Bei einigen Sorten entwickeln sich die Beeren sogar ganz ohne eine vorangegangene Befruchtung oder der Kern stellt kurze Zeit nach der Befruchtung seine Entwicklung ein, bleibt klein und weich, das Beerenwachstum geht aber trotzdem ungehindert weiter. Es bilden sich

dann also kernlose Beeren (Korinthe) oder scheinbar kernlose (z. B. Sultana). Diese Eigenschaft ist für die Herstellung von Trockenfrüchten sehr wichtig, da hier die Kerne beim Verzehr stören würden. Die genannten Sorten werden deshalb zur Herstellung von Korinthen bzw. Sultaninen genutzt.

Das Wachstum der Weinbeere verläuft nicht gleichmäßig, sondern in drei Phasen. In der ersten Wachstumsperiode wächst die Beere vor allem durch Zellteilung. Danach tritt ein Wachstumsstillstand ein, der bei einigen Rebsorten bis zu vier Wochen dauern kann. Dann beginnt eine weitere Wachstumsphase, bei der die Größenzunahme der Weinbeere jedoch nur durch Zellstreckung erfolgt. Bereits zu Beginn dieser Phase werden die Beeren weich, verlieren ihre bisherige grüne Farbe und beginnen sich gelb, rot oder blau zu färben. Der Zuckergehalt beginnt kontinuierlich zu steigen und kann am Ende dieser Phase bis zu 25 % erreichen.

Neben Frucht- und Traubenzucker enthalten Weinbeeren noch einige weitere Zucker und eine Reihe weiterer Substanzen wie Äpfelsäure, Weinsäure, Kalium, Calcium, Magnesium, Pektine, Proteine, Farb-, Gerb- und Aromastofe, die für die diätetische Wirkung und den Geschmack der Trauben und des Weines wichtig sind.

Wurzeln

Das Wurzelsystem der Rebe ist je nach Art der Vermehrung unterschiedlich gestaltet. So bildet ein Sämling (generative Vermehrung) in den meisten Fällen eine mehr oder weniger stark verzweigte Pfahlwurzel. Bei vegetativ vermehrten Reben entspringen etwa vier bis fünf Wurzeln an jedem Knoten der Wurzelstange (einjähriges Holz). Diese Wurzeln verzweigen sich mehrmals und verkorken schon sehr bald, so daß meist nur die jüngsten, noch unverzweigten

Wurzelspitzen ihre ursprüngliche weiße bis gelbe Farbe aufweisen.

Auch wenn Rebwurzeln unter günstigen Bedingungen bis in Tiefen von 10 – 20 m vordringen können, befindet sich die Masse der Wurzeln doch in den oberen, nährstoffreichen Bodenschichten. Zur Vergrößerung der für die Wasser- und Mineralstoffaufnahme bedeutenden Wurzeloberfläche bilden Rebwurzeln Wurzelhaare aus und gehen eine Lebensgemeinschaft (Symbiose) mit Mykorrhiza-Pilzen ein. Diese Pilze verbessern vor allem die Aufnahme von Phosphat, unter Umständen auch die von Spurennährstoffen. Als Gegenleistung für diese Dienste versorgt die Rebe die Mykorrhiza-Pilze mit Kohlenhydraten. Diese Lebensgemeinschaft funktioniert so gut, daß auf die Düngung mit Phosphat bei Reben meist verzichtet werden kann.

Neben Phosphat nehmen Rebwurzeln auch noch eine Reihe weiterer Mineralstoffe auf wie Kalium, Calcium, Magnesium, Stickstoff und Eisen. Diese werden mit dem Transpirationsstrom in den Wasserleitbahnen (Xylem) der Wurzel, des Stammes und des Triebes zu den Blättern transportiert, um dort weiterverarbeitet zu werden.

Die Vermehrung der Reben

Der natürliche Weg der Vermehrung von Reben ist die Vermehrung durch Samen. Hierbei reduziert sich bei der Bildung der Gameten (Blütenstaub und Eizelle) die Zahl der Chromosomen von ursprünglich 38 auf 19. Bei der Befruchtung stellt sich dann durch Verschmelzung der Zellkerne von Blütenstaub und Eizelle die ursprüngliche Zahl 38 wieder ein. Bei dieser Art der Vermehrung werden die Erbanlagen der beiden Eltern nach dem Zufallsprinzip an die Nachkommen weitergegeben. Diese sind deshalb den

Eltern oft ähnlich, aber auf keinen Fall mit ihnen identisch. Bei Reben weisen Sämlingsnachkommen oft wesentlich geringere Leistungseigenschaften auf als die Elternsorten. Aus diesem Grund wird bei Reben die generative Vermehrung nur bei der Züchtung benutzt, um günstige Eigenschaften verschiedener Sorten zu kombinieren.

Sonst wendet man für die Vermehrung von Reben fast ausschließlich vegetative Vermehrungsverfahren an. Hierbei macht man sich die Fähigkeit der Rebe zu Nutzen, unter feuchten Bedingungen an den Knoten des einjährigen Holzes Wurzeln zu bilden. Da die auf diese Weise gewonnenen Nachkommen das gleiche Erbgut aufweisen wie die Rebe, von der das Holz geschnitten wurde, sind sie in allen ihren Eigenschaften mit dieser Ausgangspflanze identisch. Aus einer einzigen Rebe können durch wiederholte vegetative Vermehrung Millionen von Nachkommen erzeugt werden, die alle genetisch einheitlich sind. Die große Zahl verschiedener Rebsorten ist sicher das Resultat dieser Eigenschaft der Rebe.

Für die vegetative Vermehrung können eine Reihe von Verfahren angewandt werden, neben Stecklingen auch Einleger und Pfropfreben. Wegen der Gefahr der Reblaus werden in Deutschland fast ausschließlich Pfropfreben für die vegetative Vermehrung verwendet.

Beginn der planmäßigen Verwendung von Unterlagen

Bis in die zweite Hälfte des 19. Jahrhunderts war die Verwendung von Unterlagen im deutschen Weinbau nicht üblich. Zwar berichteten schon die Römer von der Verwendung von Pfropfreben, um die Wüchsigkeit und Standortanpassung zu verbessern, aber Pfropfreben blieben die Ausnahme und wurden nur zur Erhöhung der Wüchsigkeit (z. B. die Sorte Trollinger bei Silvanerreben) eingesetzt.

Dies änderte sich jedoch entscheidend durch die Einschleppung der Reblaus von Amerika nach Europa. Sie war zuerst 1863 in Traubengewächshäusern in Hammersmith bei London als Rebschädling aufgetreten. In Frankreich waren allerdings vermutlich bereits 1838 in einer Rebschule bei Tarascon von der Reblaus befallene Reben unbemerkt geblieben. Die ersten gesicherten Schäden in Frankreich traten 1863 in den Weinbergen im Vaucluse, bereits 1866 in der Gironde sowie ein Jahr später in der Provence auf.

Man erkannte zwar, daß es sich um eine neue Rebkrankheit handelte, die Ursache blieb zunächst jedoch unbekannt. Zwar war der Weinbau niemals frei von gefährlichen Schädlingen und Krankheiten, wie Heu- und Sauerwurm und Chlorose, und ab Mitte des vergangenen Jahrhunderts dem Echten und Falschen Mehltau, doch führte die Reblaus den Weinbau Europas in kürzester Zeit an den Rand seiner Existenz. Im Jahre 1869 waren allein im Vaucluse bereits 6 090 ha Weinberge befallen. Im Jahre 1871 betrug in Frankreich die Verseuchung der Weinberge durch die Reblaus schon über 100 000 ha, das entspricht etwa der heutigen Weinbaufläche der Bundesrepublik.

Nach der Entdeckung der Reblaus (*Phylloxera*) als Wurzelschädling und Ursache des Rebensterbens durch eine Expertenkommission unter Führung des berühmten Professors Planchon 1868, konnte nach Abwehrmaßnahmen gesucht werden. Der Weinbau in Flugsandböden, das Unterwassersetzen der flußnahen Weinberge und die Bekämpfung mit chemischen Mitteln konnten jedoch die rasante Ausbreitung der Reblaus nur verlangsamen, aber keineswegs aufhalten.

Für den Wiederaufbau der zusammengebrochenen traditionellen Rebkultur war die Erkenntnis des französischen Weingutbesitzers Laliman, daß einige amerikanische Rebarten der Reblaus widerstehen können, der Schlüssel für die Überwindung der Krise. Reblauswiderstandsfähige amerikanische Unterlagen als Wurzelbildner mit den empfindlichen europäischen Ertragsreben zu veredeln, war somit die Lösung zur Überwindung der Reblauskrise, und leitete ab 1872 den neuen Weinbau, den Weinbau der Pfropfreben, ein. Zugleich war die Bekämpfung der Reblaus auch die erste biologische Bekämpfung eines Schädlings in der Geschichte der Landwirtschaft.

Erste Versuche mit Pfropfreben in Deutschland

1874 wurde in einer Rebschule auf dem Annaberg bei Bonn die Reblaus erstmals in Deutschland entdeckt und zwar an Reben, die 1866 aus Washington, USA, importiert worden waren. Rigorose Vernichtungsaktionen und strenge gesetzliche Bestimmungen konnten nicht verhindern, daß die Reblaus schließlich, erstmals 1881 an der Ahr bei Landskron, auch Eingang in die deutschen Weinberge fand.

Mit dem Auftreten der Reblaus in Deutschland und angesichts der bestürzenden Seuchenentwicklung in Frankreich waren nun auch deutsche Wissenschaftler gezwungen, sich mit dem Problem Reblaus zu befassen. Der in Geisenheim tätige Botaniker Georg David wurde 1874 nach Frankreich entsandt, um das Zerstörungswerk der Reblaus an Ort und Stelle zu studieren und daraus Empfehlungen für die einzuleitenden Abwehrmaßnahmen für die deutschen Verhältnisse herzuleiten. Er brachte die Erkenntnis mit, daß auf Dauer nur die indirekte Bekämpfung durch den Anbau von Pfropfreben das Überleben des Weinbaues garantieren kann.

Obwohl zu diesem Zeitpunkt der Schädling in Deutschland noch nicht in den Weinbergen Fuß gefaßt hatte, begann man mit ersten Versuchen, die heimischen Reben auf amerikanische Unterlagen zu pfropfen, um die Brauchbarkeit bekannter Veredlungsmethoden zu ermitteln. Rudolf Goethe, der 1879 mit der Leitung der Königlichen Lehranstalt in Geisenheim beauftragt worden war, leitete in den Jahren 1880/81 eine umfangreiche Versuchstätigkeit mit Pfropfreben ein. Als erste Aufgabe mußten geeignete Unterlagssorten, die an unsere Weinbergböden angepaßt sind, gefunden werden. Zu diesem Zweck bezog Goethe Samen der Wildrebe *Vitis riparia* direkt aus Nordamerika, die ein Schleswiger Farmer direkt aus dem Wald geholt hatte, säte sie aus und erhielt daraus Sämlinge, deren Pfropfeignung mit Europäerrebsorten und deren Standortanpassung geprüft wurden. Darüber hinaus sammelte Goethe alle verfügbaren Unterlagssorten der damaligen Zeit und pflanzte sie in Sortimente.

Im Frühjahr 1876 begann der Botaniker Hermann Müller-Thurgau seine Kreuzungsarbeiten zur Schaffung neuer Ertrags- und Unterlagsrebsorten.

An diese Pionierarbeiten erinnerte heute noch die Unterlagsrebsorte Geisenheim 26 (26G), eine Kombination des Erbgutes der amerikanischen Wildrebart *Vitis riparia* und der Sorte Trollinger. Während diese Sorte sogar heute noch in die Sortenliste eingetragen ist und z. B. an der Mosel noch verwendet wird, verschwand die frühreifende Unterlage Riparia 1 Geisenheim, eine Selektionsform der aus Samen aufgezogenen Wildrebe *Vitis riparia* völlig aus dem deutschen Weinbau.

Unterlagenzüchtung außerhalb Deutschlands

In Frankreich, dem durch die Reblaus am meisten geschädigten Land, wurde selbstverständlich ebenfalls intensiv nach reblaustoleranten Unterlagen gesucht. Die bedeutendsten Züchter waren hier: Rességuier, Couderc, Richter, Ganzin, Millardet, de Grasset und verschiedene Wissenschaftler der École de Montpellier wie Foëx.

In Italien waren die Züchter Paulsen und Ruggeri erfolgreich, die beide in Sizilien arbeiteten.

Für den deutschen Weinbau waren jedoch die Entwicklungen in Österreich-Ungarn bedeutender. 1886 schickte der französische Rebschulist und Züchter Rességuier 22 Pfund Samen der amerikanischen Wildart *Vitis berlandieri* an Sigmund Teleki in Ungarn. Da Wildreben, wie bereits erwähnt, zweihäusig sind, handelte es sich bei den Samen vermutlich um Kreuzungen mit einer anderen amerikanischen Art, *Vitis riparia*. Teleki zog aus den Samen 40 000 Sämlinge auf und sandte 1904 die interessantesten an den österreichischen Weinbauinspektor Franz Kober. Dieser studierte sie weiter und stellte eine Reihe von Selektionen her, wie die Unterlagssorte Kober 5 BB. Die Arbeiten mit diesem Zuchtmaterial wurden von Sigmund Telekis Bruder Alexander, aber auch anderen Zuchtanstalten wie Oppenheim, Geisenheim und Freiburg fortgeführt und resultierten in den für Deutschland wichtigsten Unterlagsrebsorten.

Rebenveredlung

Grundsätzlich besteht die Veredlung im Vereinen von Unterlage und Edelreis. Aus dem Edelreis wird der oberirdische, fruchttragende Teil der Rebe; aus der Unterlage entsteht der Wurzelstock. Über die Notwendigkeit der Rebenveredlung siehe Seite 21.

Unterlage und Edelreis werden in besonderen Vermehrungsanlagen gewonnen. Hier werden hohe Anforderungen bezüglich phytosanitären und

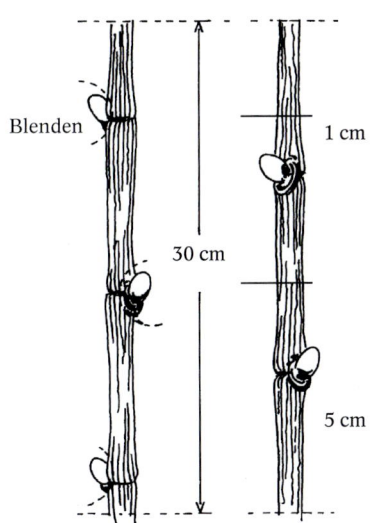

Blenden

30 cm

5 cm

Links Unterlage; rechts Edelreis.

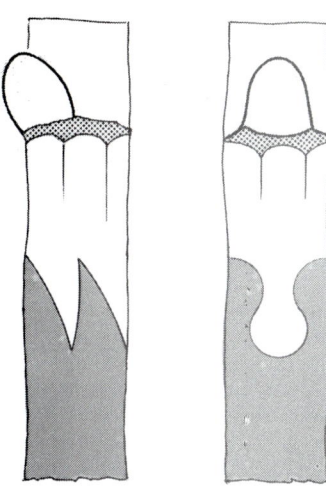

Veredlungsschnitte, links Handveredlung, rechts Omega-Schnitt.

genetischen Leistungseigenschaften gestellt. Dies ist notwendig, da bei der vegetativen Vermehrung, und nichts anderes stellt die Veredlung dar, alle Eigenschaften der Ausgangspflanze erhalten bleiben. Edelreiser und Unterlagen werden nach einer Beschaffenheitsprüfung an spezielle Rebenveredlungsbetriebe ausgeliefert. Hier werden sie für die Veredlung aufbereitet. Die Unterlagen werden auf eine Länge von 30 cm zugeschnitten, wobei am Fuß ein Knoten mit einem Stummel von 0,5 cm verbleibt. Die vorhandenenen Augen werden mit einem „Blendmesser" entfernt. Auch die Edelreisruten müssen zugeschnitten werden, wobei über dem Knoten ein Stummel von 1 cm und unter dem Auge ein Internodienstück von 5 cm Länge gelassen wird.

Da der Botrytispilz nicht nur die Trauben, sondern auch die vegetativen Organe der Rebe befällt, sind Desinfektionsmaßnahmen des Veredlungsholzes vor der Einlagerung unentbehrlich.

Dies geschieht durch 15stündiges Tauchen in ein Desinfektionsmittel (0,5%ige Chinosollösung). Das Holz muß nach der Behandlung so gelagert werden, daß der optimale Quellenzustand erhalten bleibt. Die Lagerung in Kunststoffsäcken gewährleistet eine Konservierung des Wassergehaltes. Um Verluste an Reservestoffen zu vermeiden, ist eine Lagertemperatur von 1 °C anzustreben. Dies erreicht man am besten im Kühlhaus.

Technik der Veredlung

Wegen der kühlen und oft wechselhaften Witterungsbedingungen in Deutschland erfolgt hier die Veredlung ausschließlich in Form der sogenannten Tischveredlung. Nur in wärmeren Gebieten werden Freilandveredlungsverfahren angewendet, wie sie im Obstbau üblich sind.

Um einen raschen und harmonischen Verlauf der Verwachsung zu sichern, muß der Veredlungsschnitt dem anatomischen Bau des Rebtriebes Rechnung tragen. Damit bei den Teilstücken die mit teilungsfähigen Zellen ausgestatteten Kambialzonen aufeinanderpassen, ist auf einen gleichen Durchmesser der Veredlungspartner zu achten. Der früher von Hand durchgeführte englische Kopulationsschnitt mit Gegenzunge wurde durch die Maschinenveredlung mit Omegaschnitt abgelöst. Aus dem Holz der beiden sich in Winterruhe befindenden Pfropfpartner wird spiegelbildlich ein Omega herausgestanzt. Beide Teile ineinander gefügt, ergeben eine feste Verbindung.

Rebenerziehung

Vom Bockschnitt bis zur Rebe am Haus

Im Grunde erziehen die Winzer der Welt ihre Reben heute noch wie die Römer in der Antike. Die Pflanzmaße haben sich verändert. Aus langen Holzstangen sind Drähte geworden. Am ursprünglichsten ist das weitgehend mit Wildreben vergleichbare Wachstum auf Bäumen. Nördlich der Alpen wegen zu hohen Säuregehalten nie verbreitet, kann der Reisende solche Reben für Wein noch in Sizilien, an Straßenrändern in Portugal und für Eßtrauben auf Palmen in den Oasen Nordafrikas finden. Beim Rebschnitt werden die Triebe nur grob ausgelichtet und möglichst gleichmäßig verteilt. Die Leser im Herbst verwenden Leitern.

Im Gegensatz zu dem weitgehend freien Wachstum auf Bäumen wachsen die Triebe beim Bockschnitt dicht am Boden. Alljährlich muß die Rebe im Winter durch den Schnitt zur Erde gezwungen werden, sonst würden nur die oberen Knospen austreiben und eine Rebenwildnis an Stelle des Weinberges wäre die Folge. Nur wenige Knospen an einer Triebverdickung

(Kopf) oder auf kurzen alten Trieben (Schenkel) verbleiben. Vielleicht hat ein hungriger Esel die Methode erfunden, indem er im Winter die Triebe abnagte. Die wenigen Triebe brachten größere Trauben mit dickeren und süßeren Beeren als ungeschnittene. Der Rebschnitt war geboren.

Früher auch in Deutschland nördlich von Bad Dürkheim bis ins südliche Rheinhessen, in Österreich und der Schweiz verbreitet, ist dieses Verfahren für Gebiete mit feuchten Sommern wegen der Gefahr von Pilzbefall ungeeignet. Rund um das Mittelmeer bis nach Persien, in Amerika, Australien und Südafrika sind die meist extensiv angebauten Reben zu finden. Sie benötigen bei geringem Wachstum wenig Wasser und erinnern, mit oder ohne Pfahl, im Sommer an Johannisbeersträucher. Es ist einleuchtend, daß für diese Form der Rebenerziehung nur Sorten mit fruchtbaren Basisknospen (wie Riesling, Burgunder, Traminer) gepflanzt werden können.

Sind nur die mittleren oder oberen Knospen fruchtbar, dann belassen die Winzer kürzere oder längere Bogreben an den Rebstöcken. Zu deren Befestigung ist ein Pfahl erforderlich. Mehr oder weniger große Bögen, teils übereinander oder herzförmig mit Weiden an Pfähle gebunden, belegen sie noch heute in den Steillagen Mosel, Saar, Ruwer und Ahr das Mühen der Winzer um die Reben. Mit mehreren Schenkeln und Pfählen ist die antike Erziehungsform auch noch in den Terrassenanlagen am Neckar und im Wallis zu finden. Im Sommer binden die Winzer, die im nächsten Jahr benötigten Triebe hoch an den Pfahl. Die anderen werden bis über die Trauben eingekürzt und tragen sich selbst.

Die früher in Österreich und der Schweiz vorherrschende Pfahlerziehung ist auch eine Form der Pflanzung für den Gärtner, der einzelne Reben in

**Rebpergolen auf Granitstützen für
Vinho verde in Portugal**

seinem Garten ziehen möchte. Der
Hauptvorteil der Pfahlerziehung, die
Möglichkeit im Weinberg auch quer zu
den Reihen, rund um den Stock gehen
zu können, ist für den Steilhang von
entscheidender Bedeutung, da sonst
reihauf und -ab ständig große Höhen-
unterschiede überwunden werden
müßten.

In der Ebene war dies von geringerer
Bedeutung. Hier, z. B. in der Pfalz, ver-
banden die Winzer die Pfähle in 40–60
cm Höhe durch lange Stangen. Die An-
lage wurde dadurch stabiler und an die
von Stock zu Stock reichenden Stangen
konnten die beim Schnitt belassenen
Triebe gebunden werden. Eigentlich ist
diese Form der Rebenerziehung die
Urform unserer Drahtrahmenanlagen.
Wer in Gedanken in einem modernen
Weinberg die Pfähle über dem unteren
Draht entfernt und diesen durch die
Stange ersetzt, hat im Grunde die alte

Form. Nur müßte in die heute 2 m breiten Reihen eine weitere gepflanzt werden. In der Vergangenheit wurden die
grünen Triebe im Sommer stark eingekürzt. Heute werden sie durch Draht-
paare aufrecht gehalten und sichern
trotz höherer Erträge die Qualität.

Grundsätzlich damit vergleichbar ist
die Erziehung der Hausrebe, nur tragen
an Stelle der Pfähle in den Mauern be-
festigte Haken die Drähte oder Latten.
Wie im Weinberg verteilt der Gärtner
die Triebe über die hier größere Strecke.
Er kann dabei kurze Triebe mit 4–6
oder 2–3 Knospen beim Winterschnitt
über den vorgegebenen Rahmen vertei-
len. Die grünen Triebe müssen im Sommer eingekürzt werden.

Geschlossene Rahmenerziehung

Durch die Auflage von Querstangen auf
die oben beschriebenen Rahmen stand
der Weinberg wie ein Tisch auf vielen
Beinen. Zwar mußte bei der Arbeit über
die Stangen gestiegen werden, aber der

Vorteil war so groß, daß solche Weinberge über Jahrtausende in der Südpfalz und im Nord-Elsaß zu finden waren.

Der Rahmen kann aber auch in 2 m Höhe auf hohe Pfähle gesetzt werden; dann wird darunter gearbeitet. In der Vergangenheit um Oppenheim, heute noch in Südtirol oder Mittelitalien, wo nur die Stangen durch Drähte ersetzt wurden, war und ist diese Erziehungsform der Rebe zu finden.

Pergola

Der Rebenfreund überbrückt auf ähnliche Weise seinen Gartenweg, seinen sonnigen Sitzplatz vor dem Haus oder den Standplatz seines Autos. Ein stabiler Holzrahmen, ergänzt durch Drähte oder dünne Stangen, trägt die Stämme, die als lange Arme seitlich gezogen werden. Aus den belassenen einjährigen Trieben wachsen, zur Mitte gebunden, die Schatten und Trauben bringenden Triebe.

Mit der Pergola schließt sich der Kreis der Rebenerziehung zum Baum. Ähnlich diesem trug sie schon vor 5 000 Jahren die Reben in Ägypten. Bei Amarna hat sie sich bis heute erhalten.

Gefahren für die Rebe

Der Weinstock hat viele Feinde. Abgesehen von negativen Witterungseinflüssen, wie Früh-, Winter- und Spätfrost, Trockenheit, Nässe und Hagel spielen auch Insekten und Pilze den Reben übel mit. Aber nur wenige sind für den Traubenfreund bedeutsam.

Der größte Feind der Rebe, die um 1860 aus Amerika eingeschleppte Reblaus, hat dank der Pflanzung von Pfropfreben ihren Schrecken verloren.

Am gefährlichsten für den Hausstock ist der ebenfalls um 1850 aus Amerika eingeschleppte Echte Mehltau oder Oidium (*Oidium tuckeri, Uncinula*

necator). Wie mit Asche bestäubt, sehen befallene Blätter und Trauben aus. Die Beeren platzen im Verlauf des Wachstums und zeigen die Samen. Einstäuben mit Schwefel war bereits im letzten Jahrhundert das Gegenmittel. Vorbeugend wirkt das Entfernen der befallenen Triebe im Mai.

Erst um 1880 erreichte der Falsche Mehltau, Peronospora (*Plasmopara viticola*), Europa. Blattfallkrankheit sagte man früher, weil die Blätter erst begrenzte durchscheinende Ölflecke bekommen. Daraus wachsen an der Blattunterseite aus den Spaltöffnungen die weißen Sporenträger. Stark befallene Blätter fallen ab. Triebe und Trauben gehen ein. Aus befallenen Beeren wachsen bis Erbsengröße ebenfalls die Sporenträger. Später schrumpfen und vertrocknen sie zu Lederbeeren. Gegen den Pilz halfen früher Kupfersalze, heute verwendet man organische Fungizide. Da die Vermehrung nur an nassen Blättern möglich ist, spielt Peronospora an Hausreben oder an rasch abtrocknenden hochgezogenen Pergolareben eine weniger bedeutende Rolle als Oidium. Gegen beide Krankheiten gibt es resistente Rebensorten, die nicht oder nur unbedeutend geschädigt werden.

Meist sind diese Reben auch gegen die dritte Krankheit der Trauben, Botrytis (*Botrytis cinerea*) weniger empfindlich. Ansonsten beschleunigt Auslichten der Stöcke im Traubenbereich das Abtrocknen der Trauben und verringert die Fäulnisgefahr. Die Winzer fürchten den Pilz nur an unreifen Trauben. Bei reifen entwickelt sich die Edelfäule, die für die Erzeugung edelsüßer Auslesen Voraussetzung ist.

Auch Viruskrankheiten spielen eine Rolle. Die Reisigkrankheit, bei der die Reben stark verzweigt wie Reisigbesen wachsen und völlig verrieseln, war früher als Abbaukrankheit Ursache des Verschwindens und neuer Verbreitung besonders empfindlicher Sorten wie

Traminer und Burgunder. Heute wird durch Gesundheitsselektion nur unbefallenes Pflanzgut vermehrt.

Die weiteren einheimischen Krankheiten und Schädlinge sind im Garten von geringerer Bedeutung, da dagegen weniger anfällige Rebsorten über Jahrtausende bevorzugt zur Vermehrung kamen.

Unerwünschte Freunde der Trauben im Garten sind noch Wespen und Vögel. Gegen sie können bei wenigen Pflanzen über die Trauben gebundene Gaze- oder Plastikbeutel Schutz geben und den Traubenfreund die Früchte seiner Arbeit ernten lassen.

Vom Heizmaterial bis zum Eiswein.
Erzeugnisse der Rebe

Beim Betrachten der Traubenbilder aus ästhetisch-künstlerischer, aus wissenschaftlich-ampelographischer oder aus forschend-genießerischer Sicht erhebt sich von selbst die Frage: Was bringt die Rebe neben Traube und Wein eigentlich noch Nützliches? Klar kann zwischen Pflanze und Traube unterschieden werden. Die Nutzung der Pflanze geht zurück; die Bedeutung der Trauben und der daraus entstehenden Produkte war zwar immer der Grund der Pflanzung, nimmt aber noch weiter zu.

Der Rebstock selbst und das beim Winterschnitt entfernte Holz wurden früher gesammelt und als Heizmaterial verwendet. Die Asche wurde in der Medizin oder zur Behandlung fehlerhafter Weine empfohlen. Heute dienen die verwachsenen Stämme als Basis von Blumengestecken oder kunsthandwerklicher Arbeiten (Kerzenleuchter, Korkzieher). Glasur aus Rebenasche gibt moderner Keramik eine besondere Ausstrahlung. Die nicht verwendeten Triebe geben heute keine Rebenfeuer

mehr. Sie verbleiben zerkleinert als Humusdünger und Erosionsschutz in den Weinbergen. Das Gleiche geschieht im Sommer mit den zu langen Sommertrieben. Früher war das Laub als Viehfutter so begehrt, daß sogar Wildrebentriebe aus dem Auwald als Futter dienten.

Der blutende Stock

Bei Austriebsbeginn verlieren die frisch geschnittenen Triebe Saft, sie bluten. In den Kräuterbüchern des 16. Jhs. ist dieser Saft ein Mittel gegen Augenleiden. Die säuerlichen jungen Haftranken kauen Kinder gegen den Durst. Auch als Salatwürze sind sie bekannt.

Der richtige Genuß beginnt mit der Blüte: Die frisch aufgeblühten Rispen läßt man in geringer Anzahl eine Stunde in einem leichten Riesling ziehen. Winzersekt dazu, wenig süßen und die Traubenblütenbowle ist fertig. Aber Vorsicht ist geboten, denn zu viele Gescheine machen nicht nur dem Rebenbesitzer Kopfschmerzen, sondern auch dem Trinker der Bowle. Der aromatische Bestandteil ist, ähnlich wie bei Waldmeister, Cumarin, das im Übermaß unerwünscht wirken kann.

Die unreifen Trauben ergaben nach den Kräuterbüchern den sauren Saft „Agrest" für die Apotheke. In Persien kann man den Verkauf unreifer Trauben noch heute beobachten.

Begehrte Süße

Trauben waren das erste Produkt der Rebe, das schon den frühesten Menschen als Nahrung diente. Auch haltbare, getrocknete Trauben, Rosinen, waren wohl schon vor dem ersten Weingenuß begehrte Winternahrung der Jäger und Sammler.

Heute werden in trockenheißen Ländern um das Mittelmeer oder in Übersee (Kalifornien, Australien) jährlich et-

Lese in Tunesien

wa 400 000 t Rosinen hergestellt. Über drei Millionen Tonnen Trauben werden dazu verarbeitet. Um das Eintrocknen der Beeren zu beschleunigen, wird die Wachsschicht auf den Beeren (der Duft) durch Eintauchen in eine Pottasche-Lösung (Kaliumcarbonat) mit Olivenöl entfernt. Je nach Wetter und Verfahren sind die Rosinen nach 7 bis 21 Tagen getrocknet. Auf dem Boden trocknen die Beeren schneller und werden dunkler, auf Trockengestellen langsamer, bleiben aber heller. Beim Trocknen in Räumen (Afghanistan) behalten sie ihre natürliche grüne Farbe. Außer den Korinthen werden die Rosinen aus großbeerigen Tafeltrauben ohne Samen hergestellt. Ebenfalls drei Millionen Tonnen Trauben werden jährlich als Handelsware frisch gegessen.

Das Süßhalten des Traubensaftes war in der Antike vordergründig nur durch Konzentration auf die Hälfte (sapa) oder ein Drittel (defrutum) des Volumens möglich, wenn man vom Einhängen von Amphoren mit Most in kaltes Wasser absieht. Traubenmost ergab durch die schon mit den Traubenschalen eingebrachten Hefen automatisch Wein. Heute wird mittels steriler Arbeitsverfahren, wie Filtration oder Erhitzung, der Saft hefefrei abgefüllt und kann das ganze Jahr genossen werden.

Theoretisch ginge dies auch mit Neuem Wein. Aus der Tiefkühltruhe könnte er auch im Sommer den Weg ins Glas finden. Aber der Genuß des Hefe enthaltenden, dadurch vitaminreichen Bitzlers oder Federweißen gehört zum Herbst und so sollte es bleiben. Bitzler ist der gerade angegorene Most, noch süß, leicht transparent, da Hefe und CO_2 im Mindermaß sind. Er ist das Getränk für Einsteiger, mit unter Umständen sich rasch einstellenden erleichternden Folgen. Der Federweiße, fast milchig weiß, enthält mehr Alkohl. Seine Wirkung entfaltet sich weiter oben. Viel Hefe und CO_2 machen ihn undurchsichtig, ähnlich wie die spätere Wirkung. Die der Vitamine B-Gruppe und zahlreicher Mineralien ist sicher. Begeisternd wirkt auch der fast klare Jungwein – vor und nach dem Abstich – auf Trocken-Genießer. Die spätere Gestalt des fertigen Weines ist schon erkennbar. Gerne wird er in Weingegenden zwischen Januar und März vorgestellt, wenn nicht schon als Frühlingswein für den frischen Spargel auf Flasche gefüllt.

Vielfalt des Weines

Das Kapitel Wein füllt ganze Bücherregale. Der Alltagswein ist der Schoppen, bei dem, wie es im Weingesetz steht, um einem natürlichen Mangel an Alkohol abzuhelfen, Zucker vor der Gärung in genau begrenzten Mengen beigegeben werden darf. Dies trifft ebenso für den Landwein und Tafelwein fast weltweit zu. Beschwerden kann es davon nicht geben. Sie haben andere Ursachen. Aber der Wein wird dadurch haltbar und gewinnt an Genußwert.

Bei den Qualitätsweinen mit Prädikat entsteht der Alkohol ausschließlich aus dem Zucker der Trauben. Die Kabinettweine sollen die leichtesten sein. Dies kann man auf dem Etikett kontrollieren. Bei etwa 12° Alkohol liegt die Grenze. Enthält der Wein mehr, dann ist es eigentlich eine Spät- oder Auslese. Je nach Intensität der Auslese der rosinenartig getrockneten, edelfaulen Beeren unterscheidet man die klassische Auslese oder die noch hochwertigere Beeren- oder Trockenbeerenauslese, die für Dessertweine natursüß bleiben. Dies trifft auch für die Weine zu, die aus im Weinberg gefrorenen Trauben bei mindestens –6 °C gelesen werden. Das Wasser im Saft der Beeren ist gefroren.

Konzentrierte Säure und Aromen ergeben die ein Menschenleben überdauernden Eisweine.

Neben diesen auf gesetzlicher Basis bestehenden Qualitätsunterschieden ist der persönliche Geschmack entscheidend. Selbst Mildgenießer sollten für Tischwein zu trockenen oder halbtrockenen Weinen greifen, weil diese mit Speisen geschmacklich besser harmonieren. Umgekehrt sollten die Liebhaber von trockenen Weinen ruhig zum Käse und Dessert die edelsüße Kiste öffnen. Sie lösen Gourmet-Feuerwerke aus. Feuerwerke sind auch die schäumenden Weine. Nicht zu schwere Weine werden durch Zucker und Hefe zur zweiten Gärung gebracht und mit der Gärungskohlensäure gefüllt. Gärt der Wein in der Flasche, aus der er ins Glas gelangt, dann entstammt er der klassischen oder traditionellen Flaschengärung, der als Bezeichnung nur dem Champagner vorbehaltenen „Méthode champenoise", die aber bei vielen Winzersekten angewandt wird. Gärt der Wein zwar in der Flasche, wird aber vor der Endfüllung zusammengebracht und gefiltert, dann ist es eine normale Flaschengärung. Die sehr preiswerten Sekte gären in der Regel in Großbehältern und gelangen nach kurzer Lagerzeit in die Flasche.

Interessant sind auch die veredelten Weine, die in Deutschland hergestellt, nicht zu den Weinen zählen. Antik ist die Zugabe von Harz der Mittelmeerkiefer zum Most vor der Gärung. Es entsteht der für Griechenland typische, nach Harz riechende und schmeckende Retzina. Eine Übung, die säurearme, weiche Weine belebt und vermutlich aus der Auskleidung der tönernen Weinbehälter mit Harz zur Abdichtung Tradition geworden ist.

Antik ist auch die Bereitung von Süßweinen durch Zugabe von am offenen Feuer eingedicktem, braun gewordenen Saftkonzentrat zum Madeira.

Relativ neu ist die Zugabe von Alkohol, die lange Haltbarkeit unter widrigsten Umständen garantiert. Zu denken ist dabei an Portwein, Sherry und Marsala, die süß oder trocken den englischen Truppen in den Tropen das Überleben erleichterten. Wird der Alkohol zum durchgegorenen Wein gegeben, dann ist der Aperitif trocken.

Kommt er zum Traubenmost oder dieser wird noch konzentriert zugegeben, dann ist die Freude einfach süß, oder, an der Konsistenz erkennbar, dicksüß bis zum sämigen Madeira.

Das Lebenswasser der Kräuterbücher, der Weinbrand, Cognac oder Armagnac entsteht aus Wein, dessen Alkohol durch Erhitzen konzentriert wird. Interessant ist, daß nicht die teuersten Weine die besten Brände ergeben, sondern eher die Kabinettgruppe. Die Geschmacksunterschiede beruhen stärker auf der Anzahl der Brände, der Lagerung und der Lagerzeit. Urig sind die Recycling-Brände aus Traubenresten nach dem Keltern, dem Trester, oder aus der Hefe des Weines beim Abstich. Je nach der Qualität des zu brennenden Materials und der Sorgfalt können dabei „Rachenputzer" oder edelste Feinbrände entstehen, die zwar anders sind als das Lebenswasser, aber qualitativ oder vom Genuß gesehen, diesen nicht nachstehen.

Ein weiteres Produkt ist das aus frischen, aufbereiteten Trestern gewonnene Traubenkernöl. Es findet neben dem Weg in die Edelküche auch Anwendung in der Medizin.

In der Küche ist auch der Weinessig zu finden. Bei ihm kommt es auf die Qualität des Ausgangsproduktes an. Neben den aus Industriealkohol hergestellten Reinigungsessigen reicht die Palette bis zu Essigen aus Beerenauslesen oder Eiswein. Natürlich kann der Essig nicht billiger als der Ausgangswein sein.

Zurück zum Wein. Da sind die den Autofahrern zuliebe hergestellten Alko-hol-reduzierten Weine zu nennen, denen mittels Wärme bei Unterdruck oder durch Dialyse Teile des ursprünglich vorhandenen Alkohols entzogen werden.

Eine Alternative dazu ist, mit Mineralwasser eine Schorle herzustellen. Aber auch diese ist nicht besser als der dazu verwendete Wein. Die normale Mischung kann je nach Durst und Hitze vom klassischen 1 : 1 nach „fett" 2 : 1 oder „mager" 1 : 2 verschoben werden.

Im Grenzbereich des Weines ist der entalkoholisierte Wein zu nennen, bei dem die genannten Verfahren bis zum Ende betrieben werden. Spuren von Restalkohol sind aber verblieben, die beim Genuß aus medizinischen Gründen beachtet werden sollten.

Medizinisch sind auch die milden Diabetikerweine zu sehen, bei denen durch Gärsteuerung und Beenden der Gärung durch Kühlen über die Gärung Fruktose zur Süßung im Wein verblieben ist und, wie üblich, nach Befragen des Arztes, auch von Diabetikern genossen werden können. Diese, weniger als 4 g/l Glucose, höchstens 20 g/l Gesamtzucker enthaltenden milden, für Diabetiker geeigneten Weine dürfen als solche gekennzeichnet werden.

Leider sind die Zeiten vorbei, in denen geschwächten Patienten zur Stärkung Wein verschrieben und von der Krankenkasse bezahlt wurde. Aber auch so können wir die seit Jahrtausenden bekannten gesundheitlich günstigen Wirkungen mäßigen Weingenusses nutzen und uns dabei auch noch erfreuen.

Vitis-Arten, Unterlagen, Rebsorten von A–Z

Ampelographie – Rebsortenkunde

Der Begriff Ampelographie wurde von F. I. Sachs geschaffen und gebraucht in seiner 1661 in lateinischer Sprache erschienenen „Ampelographia" (ampelos = Weinstock, graphie = beschreiben). Ein Ampelograph beschäftigt sich mit der botanischen Zuordnung der Rebsorten und -arten, ihrer Synonyme, Abstammung, Herkunft und Verbreitung. Er dokumentiert Angaben über Literatur und Abbildungen und arbeitet an der wissenschaftlichen Beschreibung ihrer Merkmale. Zur Identifikation von Sorten nutzt er morphologische Merkmale, wie das Aussehen von Trieb, Blättern, Blüten, Trauben, Beeren, Samen. Er beschreibt auch für den Züchter wichtige Merkmale der Phänologie (wie Austrieb, Blütefestigkeit, Beerenreife), der Physiologie (wie Traubenertrag, Mostgewicht, Holzausreife, Winterfrostfestigkeit) und die Resistenzeigenschaften (wie die Widerstandsfähigkeit gegen Oidium, Plasmopara, Botrytis, Mauke, Virosen, Traubenwickler).

Die allgemeine Beschreibung der Rebsorten wurde bereits lange vor der Julianischen Zeitrechnung praktiziert. Eigenschaften und Anbauwert wurden festgehalten, als Hilfe für Winzer und Liebhaber bei der Wahl der Varietäten. Sachkundigen war allzeit wohl bekannt, daß die Güte des Weines sehr wesentlich von Rebsorten bestimmt wird. Nur auf die Rebsortennamen konnte man sich von jeher nicht allzusehr verlassen. Freiherr von Hoberg schrieb 1701: „Auf die Namen der Trau-ben hat sich ein Hausvatter darumb nicht sonderlich gründen, weil sie an einem Ort nicht wie an dem anderen genannt sind." Wie aktuell die Feststellung des Freiherrn v. Hohberg auch heute noch ist, zeigt die große Zahl der Rebsorten, die unter vielen Synonymen bekannt sind, wie die alten Sorten Riesling, Silvaner, Cabernet Sauvignon. Nicht so häufig ist der umgekehrte Fall, daß mehrere Rebsorten den gleichen Namen tragen.

In der ampelographischen Literatur finden wir grundlegende Werke zur Bestandsaufnahme der lokal und länderübergreifend bedeutenden Rebsorten. Einige seien hier genannt. Babo und Metzger beschrieben 1836 die Wein- und Tafeltrauben der deutschen Weinberge und Gärten, Trummer die in der Steiermark vorkommenden Rebsorten (1855). H. Goethe zitiert im Handbuch der Ampelographie (1887) und der Tafeltraubenkultur (1895) weltweit gepflanzte Sorten, so wie Viala und Vermorel in ihrer siebenbändigen Ampelographie (1905–1910) Reben mit 24 000 Namen zu. Synonymen zu 5 200 Sorten. Die sechsbändige russische Ampelographie von Negrul entstand zwischen 1946 und 1956, die jugoslawische von Turkovic zwischen 1952 und 1956. Constantinescu beschrieb in 8 Bänden die Sorten Rumäniens (1959–1967), Cosmo die wichtigsten Sorten Italiens in 5 Bänden (1952–1966), Galet in einem 4-bändigen Werk die in Frankreich kultivierten Sorten (1956–1964), Hillebrand (1993) besonders die in Deutschland, aber auch in den Weinbauländern Europas vorkommenden Rebsorten.

Für alle weinbautreibenden Länder existieren Beschreibungen der wichtigsten Sorten.

Neben der bloßen Beschreibung der Merkmale und Eigenschaften gab es immer wieder Ansätze zur systematischen Klassifikation der Rebsorten, ähnlich der botanischen Einteilung nach Linné. Dies führte beispielsweise zur Einordnung der Sorten nach morphologischen Merkmalen von Beeren, Trauben, Blättern oder der Bildung von Rebsortengruppen und -familien aufgrund von ähnlichem Aussehen und gleichem Ursprungsgebiet. – Da jedoch von den Ampelographen kein einheitlicher Beschreibungsmodus und Bewertungsstil angewandt wurde, ist es schwierig, aufgrund ihrer Beobachtungen und Klassifikationen Sortenvergleiche anzustellen, bzw. Sortenidentitäten zu klären. Dazu kommt die Veränderung der Merkmale durch Umwelteinflüsse (Modifikation).

Ein gangbarer Weg der Vereinheitlichung wurde 1984 aufgezeigt. In diesem Jahr gab das Internationale Weinamt, Paris, eine Merkmalsliste für Rebsorten und *Vitis*-Arten mit 128 Merkmalen heraus. Jetzt konnte die Beschreibung nach einheitlichen Kriterien vorgenommen werden. Allerdings ist auch hier die subjektive Betrachtungsweise des Einzelnen nicht ausgeschlossen. Es hat sich aber gezeigt, daß meßbare Merkmale, wie die Länge der Blattrippen, Einschnittiefe der Blattseitenbuchten, die Öffnungsweite bzw. Überlappung der Stielbucht, Zahnbreite und -länge, Beerenbreite und -länge mit einfachen Mitteln zu erfassen sind und vergleichbare Ergebnisse liefern. Die Messung der Merkmale ist einfach, setzt aber Training voraus.

In diesem Buch wurde die Beschreigung der Rebsorten auf wenige einfach zu beurteilende Merkmale beschränkt. Das nachfolgend beschriebene Vokabular soll auch die Spannbreite der Merkmalsausprägung aufzeigen – als Erleichterung für die eigene Beurteilung.

Auf den folgenden Seiten werden zunächst die Rebenarten (*Vitis*-Arten) vorgestellt, dann die Unterlagen-Sorten und anschließend die Rebsorten jeweils in alphabetischer Folge, wobei nach Möglichkeit der gebräuchlichste Name verwendet wurde. Synonyme sind über das Register unschwer auffindbar.

Schnitt durch das Auge

Zeichnung rechts oben: Triebspitze mit jungen Blättern.
Rechts mitte: Ausgewachsenes Blatt.
Rechts unten: Zahnformen.

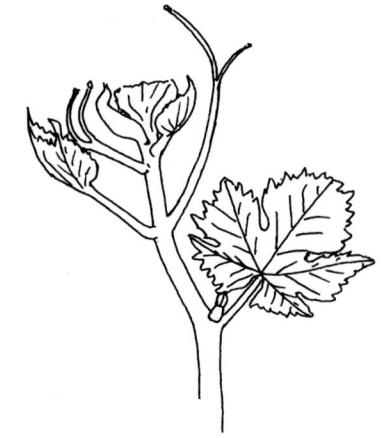

Triebspitze
Behaarung: stark weißwollig oder stark wollig, weißwollig, wollig, schwach weißwollig, schwach wollig, unbehaart.

Junge Blätter
Farbe: gelb, grün, gelbgrün, stellenweiße bronziert, bronziert oder rot.
Behaarung: wie bei Triebspitze.
Blätter: Nur Blätter im mittleren Drittel des Triebes sind sortentypisch und deshalb für die Beschreibung zu verwenden.
Oberfläche: eben, blasig, gewellt, gewaffelt, eingerollt, nach außen umgerollt.
Form: keilförmig, herzförmig, fünfeckig, kreisförmig, nierenförmig.
Lappung: ganzrandig, dreilappig, fünflappig, siebenlappig.
Einschnitt der Seitenbuchten: sehr tief, tief, mitteltief, mäßig, flach.
Stielbuchtform: U-förmig, V-förmig, lyrenförmig.
Stielbuchtöffnung: weit offen, offen, geschlossen, überlappt, weit überlappt.
Behaarung Unterseite: siehe Triebspitze. Zusätzlich können Borstenhaare vorkommen.
Zahnform: spitzbogig, geradlinig, spitzbogig und geradlinig.

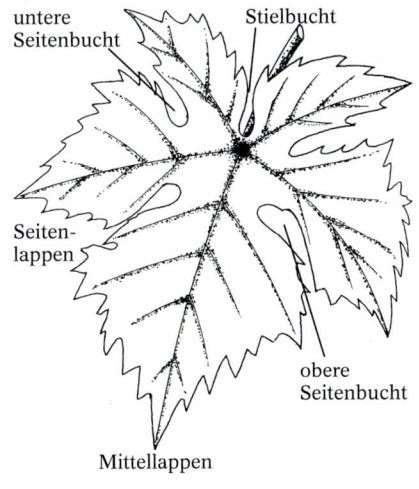

untere Seitenbucht

Stielbucht

Seitenlappen

obere Seitenbucht

Mittellappen

Traube
sehr klein	kleiner als 10 cm
klein	10–15 cm lang
mittel	15–20 cm lang
groß	20–25 cm lang
sehr groß	länger als 25 cm

Beere
sehr klein	kleiner als 10 mm
klein	10–15 mm lang
mittel	15–20 mm lang
groß	20–25 mm lang
sehr groß	länger als 25 mm

Beerenfarbe: gelb, grün, grau, rosa, rot, rot-schwarz, blau-schwarz.

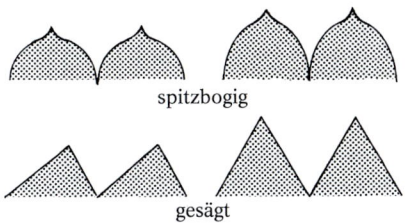

spitzbogig

gesägt

Vitis aestivalis Michaux

Common Blue Grape, Pigeon, Rusty, Sour, Winter Grape, Swamp.

Wildart ohne Bedeutung für die Unterlagenzüchtung wegen geringer Reblaustoleranz. Jedoch wiederholt in der Edelreiszüchtung verwendet, vor allem von den französischen Rebenzüchtern Couderc und Seibel. Verschiedene Abkömmlinge (Cynthiana, Norton, Delaware) haben eine gewisse Bedeutung in USA erlangt. Die *Vitis lincecumii* und *V. bicolor* sind sehr nahe verwandt bzw. sogar Unterarten von *V. aestivalis*.

Verbreitung: Fast in allen Staaten der östlichen und zentralen USA.

Merkmale: Filzig behaarte rosafarbene Triebspitze mit rostbraunen Haaren. Meist ungeteilte, selten dreilappige, dicke, wächsern glänzende Blätter mit rostfarbenen Wollhaaren an der Unterseite; kleine Blattzähne und nach unten gerollter Blattrand ähnlich einem Kohlblatt. Kleine rötliche zweihäusige Blütenstände; Trauben klein, ziemlich kompakt; Beeren mittelgroß, rund mit galertigem Fruchtfleisch und charakteristischem unangenehmen Geschmack.

Eigenschaften: Resistenz gegen Reblaus nur mittel bis gering, schlecht bewurzelbar und kalkempfindlich, aber gute Resistenz gegen Echten und Falschen Mehltau.

Wein: Geringe Weinqualität, keine Weinherstellung bekannt, Wildart.

Vitis amurensis Ruprecht

Eine von zahlreichen asiatischen Rebarten, aber die einzige mit einer gewis-
sen wirtschaftlichen Bedeutung. Diese
Rebart an der Schwelle zur Domesti-
zierung. Die Früchte der wild wachsenden Pflanzen werden von der einheimischen Bevölkerung gesammelt,
frisch gegessen, zu Saft oder zu Mar-
meladen verarbeitet. Es gibt aber auch
bereits Anbau- und Selektionsversu-
che. Wegen ihrer Pilz- und Frostresistenz wird die Art von osteuropäi-
schen Rebzüchtern als Kreuzungspartner verwendet. Deutsche Rebzucht-
anstalten, z. B. der Forschungsanstalt
Geisenheim verfügen ebenfalls über
interessante Zuchtstämme mit Erbgut
von *V. amurensis.*
Verbreitung: Mandschurei, Region der
Flüsse Amur und Ussuri, nördliches
China bis zur östlichen Mongolei,
Japan, Korea und Sacchalin.
Merkmale: Flaumig weiß behaarte
offene Triebspitze. Sehr große dreilappige dunkelgrüne Blätter mit weiß
behaarter Unterseite. Gescheine meist
zweihäusig. Kleine geschulterte Trauben mit kleinen bis sehr kleinen runden blauschwarzen Beeren mit neutralem, meist recht saurem, bei einzelnen
Typen aber auch süßlichem Geschmack.
Eigenschaften: Keine Resistenz gegen
Reblaus und den Echten Mehltau, aber
gute Resistenz gegen den Falschen
Mehltau und gegen Winterfrost. Trauben weisen nicht den für viele amerikanische Arten charakteristischen
Fremdgeschmack auf, sondern
schmecken eher wie unsere Weintraubensorten.
Wein: Geringe Qualität, kaum zur
Weinherstellung geeignet.

Vitis berlandieri Planchon

Uva Cimarroma (Mexiko), Mountain Grape (Bergtraube), Little Mountain (Kleiner Berg), Sugar (Zucker), Spanish (Spanisch).

Der berühmte französische Weinbauwissenschaftler und Entdecker der Reblaus, Planchon, beschrieb diese amerikanische Wildart um 1880 und nannte sie nach dem Schweizer Botaniker und Sammler von Wildrebarten, Berlandier. Schlechte Bewurzelbarkeit verhinderte die Verwendung reiner Berlandieri-Typen, wie B. Rességuier Nr. 1, B. Rességuier Nr. 2, B. Las Sorres als Unterlagssorten im großen Stil. Große Bedeutung in der Unterlagenzüchtung wegen hoher Kalk- und Reblaustoleranz; im Stammbaum fast aller wichtigen Unterlagen zu finden. In Australien auch in Edelreiszüchtung verwendet, um Salztoleranz zu erzielen.
Verbreitung: Südwestliches Texas, Neu-Mexiko und nördliches Mexiko; vor allem an Flußufern, aber auch auf heißen, trockenen und kalkhaltigen Hügeln. Durch die Anpassung an diese Halbwüstenstandorte besitzt diese Art eine ganze Reihe züchterisch bedeutsamer Eigenschaften. Durch Nutzung dieser Gebiete für Viehzucht und Getreidebau selten geworden.
Merkmale: Offene Triebspitze ähnlich *Vitis vinifera* mit weißer bis roter, stark wolliger Behaarung. Herzförmiges Blatt mit schwach ausgeprägter Dreilappung; Unterseite spinnwebartig behaart. Blüte meist zweihäusig. Mittelgroße Traube mit vielen Seitenzweigen; kleine runde Beeren, meist blau mit säuerlichem Saft.
Eigenschaften: Wildart mit guter Widerstandsfähigkeit gegen die Wurzelreblaus und den Echten und Falschen Mehltau; hohe Kalk- und Salztoleranz, jedoch lange Vegetationsperiode und scheche Bewurzelbarkeit.
Wein: Geringe Qualität, daher keine Weinherstellung; Wildart.

Vitis candicans Engelmann

Mustang Grape

Eine Art des heißen trockenen Klimas mit vielen Ab- und Unterarten, bzw. möglichen Bastarden mit anderen Arten wie *V. doaniana* Munson, *V. longii* Prince, *V. champinii* Planchon. Die schlechte Bewurzelung hat eine Nutzung als Unterlage weitgehend verhindert. An der University of California, Davis, ausgelesene Selektionen der Art *V. champinii* (z. B. Dog Ridge und Salt Creek Ramsey) sowie einige ihrer Abkömmlinge (z. B. Harmony und Freedom) werden wegen ihrer hohen Salz- und Nematodenresistenz in Kalifornien und Australien als Unterlagen geschätzt.

Verbreitung: Fast ausschließlich auf Texas und das nördliche Mexiko beschränkt; zählt zu den Arten der heißen, trockenen Klimate.

Merkmale: Filzig weiße Triebspitze mit rötlichem Rand. Blattform sehr variabel, meist dickfleischig, weich mit glänzender, wächserner, dunkelgrüner Oberfläche und konvex geformten Blattzähnen. Rötlicher Trieb an der Spitze filzig behaart. Sehr kleine, rote Blütenstände. Kleine lockerbeerige Trauben mit runden mittelgroßen Beeren, deren Fruchtfleisch galertig ist; bitterer, brennender Geschmack.

Eigenschaften: Gute Resistenzen gegen Reblaus an Blatt und Wurzel, Echten und Falschen Mehltau sowie Trockenheit und Salz, aber empfindlich gegen freien Kalk im Boden und Frost; sehr schwierig zu bewurzeln.

Wein: Geringe Qualität, keine Weinherstellung bekannt, Wildart.

Vitis cinerea Engelmann

Parra Silvestre (Mexiko), Ashy-leaved Grape (Aschblättrige Rebe), Sweet Winter (Süßer Winter), Wichita Grape.

Als eigene Art erst 1883 von George Engelmann beschrieben, hat diese Art vor allem in der Unterlagenzüchtung Bedeutung erlangt. Wegen der schlechten Bewurzelbarkeit scheidet die direkte Nutzung als Unterlagsrebe aus, genauso wie die als Edelsorte. Trotz vieler hoher Resistenzen in der Edelreiszüchtung nur wenig verwendet, mehr dagegen in der Unterlagenzüchtung; ein von Arnold beschriebener Typ verfügt über völlige Reblausresistenz an Blatt und Wurzel. Daneben ist dieser Typ auch weitgehend resistent gegen die Reisigkrankheit, eine Virose, die durch im Boden lebende Nematoden der Gattung *Xiphenema* übertragen wird. Eine von Carl Börner durchgeführte Kreuzung mit *Vitis riparia* wurde 1991 unter dem Namen 'Börner' als erste reblausresistene Unterlage der Welt für Deutschland klassifiziert.

Verbreitung: Südöstliche USA, Missouri, Kansas, Oklahoma, östliches Texas und Mexiko bis Georgia und South Carolina.

Merkmale: Offene, filzig weiße Triebspitze mit rötlichem Rand. Herzförmiges, meist ungelapptes, an beiden Seiten spinnwebartig behaartes, aschgraues Blatt mit kleinen Blattzähnen und lyrenförmige Stielbucht. Aschgrauer spinnwebartig behaarter Trieb. Kleine zweihäusige Blütenstände. Mittelgroße Traube mit kleinen, schwarzen, runden Beeren, mit dicker Schale und wenig, sauer schmeckendem Saft.

Eigenschaften: Gute Resistenzen gegen Reblaus, Echten und Falschen Mehltau, aber kalkempfindlich, späte Holzreife und schwierig zu bewurzeln.

Wein: Geringe Qualität, keine Weinherstellung bekannt, Wildart.

Vitis labrusca L.

Fox Grape (Fuchstraube), Northern Fox, Swamp Plum (Sumpfpflaume), Skunk Grape (Stinktiertraube).

Die am längsten bekannte amerikanische Wildart, bereits 1763 von Linné beschrieben. Eine der wenigen amerikanischen Arten, von denen Sorten ausgelesen wurden, deren Trauben als Tafeltrauben (Isabella) verwendet oder zu Saft, Marmelade (Concord), unter Umständen sogar zu Wein verarbeitet werden. Von ihrem Ursprungsgebiet heute fast über die ganze Welt verbreitet, bilden Selektionen aus *V. labrusca* und Kreuzungen die Basis der Traubenproduktion in den Tropen mit Sorten wie Isabella oder Bangalore Blue (Indien). In USA außerdem große Bedeutung als Kreuzungspartner in der Züchtung von Sorten für Tafeltrauben und für die Saftproduktion, z. B. Catawba, Dutches, Delaware, Noah, Sheridan, Fredonia.

Verbreitung: Östliche USA bis zum Mississippi, vom südlichen Kanada bis ins südliche Georgia.
Merkmale: Filzig weiß behaarte Triebspitze mit rötlichen Rändern. Fünflappige Blätter mit filzig behaarter Unterseite. Trieb weist – im Gegensatz zu allen anderen Arten – eine kontinuierliche Rankenstellung auf, d. h. an jedem Nodium entspringt eine Ranke. Blüte mittelgroß oft zwittrig, sonst zweihäusig. Traube mittelgroß, walzenförmig mit runden, mittelgroßen Beeren. Feste Beerenschale und fest zusammenhängendes Fruchtfleisch mit sehr starkem typischen Fruchtgeschmack (Fox-Ton), der an eine sehr intensive Mischung aus Erdbeere und Himbeere erinnert.
Eigenschaften: Wildart mit guter Frostresistenz, leicht zu bewurzeln, recht guter Resistenz gegen den Echten Mehltau, nur geringe Reblaus- und Kalkresistenz, mittlere Resistenz gegen Falschen Mehltau.
Wein: Geringe Qualität, sehr fremdes Aroma (Foxton), Weinherstellung auch in USA selten.

Vitis riparia Michaux

Vitis vulpina, Uferrebe, Vigne des Battures, Bermuda Vine, Mignonette Vine, Riverbank Grape, River, Scented, Sweet Scented, June, Winter.

Die amerikanische Art mit der weitesten natürlichen Verbreitung und daraus resultierenden weit gefächerten Eigenschaften. Wegen ihrer guten Bewurzelbarkeit und Reblausfestigkeit zählten Riparia-Selektionen zu den ersten Unterlagen. Wegen ihrer geringen Kalkverträglichkeit erlangten diese jedoch nie eine größere Bedeutung und sind nur für wenige Rebstandorte geeignet. In der Kreuzungszüchtung kommt *Vitis riparia* eine dominierende Rolle zu; Riparia-Erbgut ist in fast allen wichtigen Unterlagssorten. In einer Zuchtanstalt in Minnesota versucht man die hohe Frostresistenz, die bei kanadischen Herkünften bis unter −40 °C reichen soll, für die Edelreiszüchtung zu nutzen.

Verbreitung: Nordöstliche USA und südliches Kanada bis zu den Rocky Mountains, Oklahoma und Virginia. Sehr häufig vor allem an Flußufern, heute auch entlang von Highways. Liebt tiefgründige, fruchtbare, feuchte Böden; nicht an trockenen Standorten.
Merkmale: Ganz geschlossene, fast unbehaarte Triebspitze. Leicht dreigeteilte Blätter mit langen, schmalen Blattzähnen; Stielbucht lyrenförmig; vor allem an Blattunterseite Haarbüschel an den Verzweigungen der Adern. Blüten zweihäusig. Trauben immer sehr klein mit sehr kleinen runden Beeren; Saft säuerlich, viel bläulichrote Farbe in der Beerenhaut.
Eigenschaften: Wildart mit guter Widerstandsfähigkeit gegen die Wurzelreblaus, gegen Echten und Falschen Mehltau, gute Frostresistenz bis über −40 °C, leicht zu bewurzeln, aber nur geringe Kalkverträglichkeit und geringe Trockentoleranz.
Wein: Sehr geringe Qualität, ungeeignet zur Weinherstellung.

Vitis rotundifolia Michaux

Nur entfernter Verwandter unserer Weintraubensorten, unterscheidet sich nicht nur im Aussehen, sondern auch in der Zahl der Chromosomen, 40 statt 38, von unseren bekannten Rebsorten. Von einer nahe verwandten Art bzw. Unterart *Vitis munsoniana* werden in USA Selektionen als Tafeltrauben verwendet. Am bekanntesten ist die Sorte 'Scuppernong'. Die Nutzung dieser Art ist jedoch auf das ursprüngliche Verbreitungsgebiet beschränkt. Für den Markt in Europa dürfte die Art wegen des fremden, penetranten Aromas keine Bedeutung erlangen, auch wenn Zuchtanstalten, z. B. in Georgia, sehr leistungsfähige großbeerige Sorten ausgelesen haben. Dagegen sind die hohen Resistenzen dieser Art für die Unterlagen- und die Edelreiszüchtung von großem Interesse. Bisher jedoch blieb ein durchschlagender Erfolg aus.

Verbreitung: Beide Arten stammen aus dem feucht-warmen Süd-Osten der USA; verbreitet bis nach Virginia im Norden und Texas im Westen.

Merkmale: Offene, nur schwach behaarte Triebspitze. Kleine, ungelappte, glänzende, dickfleischige, an Ober- und Unterseite nahezu unbehaarte Blätter. Sehr dünner, unbehaarter Trieb, bei dem das Mark – im Gegensatz zu allen anderen Rebarten – an den Knoten nicht unterbrochen ist. Kleine Blütenstände mit wenigen zweihäusigen Blüten; Traube mit nur wenigen runden Beeren mit lederiger Haut; Beeren reifen unregelmäßig und fallen bei voller Reife ab; Geschmack und Geruch der Beere ähnlich *Vitis labrusca*, sehr fruchtig, intensiv nach Erdbeere und Himbeere (Fox), für Europäer sehr fremd.

Eigenschaften: Völlig resistent gegen Reblaus, Echten und Falschen Mehltau, aber sehr frostempfindlich. Die Pflanze erfriert schon bei wenigen Minusgraden. Schwer zu bewurzeln und zu pfropfen.

Wein: Geringe Qualität wegen starken Fremdtons. Keine Weinherstellung bekannt, nur Nutzung als Tafeltrauben.

Vitis rupestris Scheele

Rock Grape (Felsenrebe), July Grape (Julitraube), Bush Grape (Buschtraube), Currant (Korinthe).

Diese Art spiegelt in ihrem ganzen Erscheinungsbild die perfekte Anpassung an ihr Habitat, die baumlosen Prärien, wider. Eine der wenigen Rebarten, die nicht klettert, sondern als buschiger Strauch ohne Unterstützung wächst. Um der heißen Mittagssonne zu entgehen, reflektiert die glänzende Oberfläche der Blätter das Sonnenlicht bzw. weicht ihm durch Zusammenklappen der Blätter an der Hauptader aus. Die Selektion 'Rupestris du Lot' gehört zu den wichtigsten Unterlagssorten Frankreichs und Amerikas. Bedeutung hat sie vor allem als Kreuzungspartner in der Unterlagen- und Edelreiszüchtung.
Verbreitung: Ursprünglich in den baumlosen Prärien von Nordwest-Texas, Tennessee, Kentucky, Illinois, Missouri, Kansas, Neumexiko, Oklahoma, Mississippi beheimatet.
Merkmale: Unbehaarte, kupferfarbene, halboffene Triebspitze. Kleine nierenförmige, unbehaarte dickfleischige Blätter mit glänzender, bläulichgrüner Oberfläche, an der Hauptader, vor allem bei intensiver Sonneneinstrahlung zusammengefaltet. Triebe wachsen aufrecht auch ohne Unterstützung. Ranken sind sehr klein. Buschiger Wuchs. Zweihäusige Blüten. Zahlreiche, sehr kleine, walzenförmige Trauben mit sehr kleinen, runden, schwarzen Beeren; weiches Fruchtfleisch mit tiefrotem, grasig schmeckendem Saft.
Eigenschaften: Gute Widerstandskraft gegen Wurzelreblaus, gute Resistenz gegen Echten und Falschen Mehltau, tiefgehendes Wurzelwerk, recht gute Bewurzelbarkeit, aber geringe Kalk- und Frosttoleranz. 'Rupestris du Lot' (R. St. George) verleiht dem aufgepfropften Edelreis große Wüchsigkeit.
Wein: Geringe Qualität, keine Weinherstellung, Wildart.

Arg 1
A × R 1, Aramon × Rupestris Ganzin 1.

Zu Beginn des Jahrhunderts in Frankreich eine wichtige Unterlage. Wegen der geringen Reblausresistenz in Europa heute ohne Bedeutung. Wurde in Kalifornien in den letzten Jahrzehnten zur wichtigsten Unterlage. Deshalb leiden die Reben im Napa Valley derzeit unter einer neuen Reblausplage.

Herkunft: Eine Kreuzung zwischen der Rebsorte Aramon (*Vitis vinifera*) und Rupestris Ganzin Nr. 1, von Victor Ganzin bereits 1879 durchgeführt.

Merkmale: Spinnwebartig behaarte Triebspitze. Junge Blätter leuchtend rot; alte Blätter dunkelgrün, schwach dreilappig mit weit geöffneter Blattstielbucht; nur die Blattadern schwach behaart. Nur männliche Blüten.

Eigenschaften: Eine wüchsige, fruchtbare Unterlage für tiefgründige, frische Böden. Mittlere Kalkresistenz; sehr gut zu bewurzeln und gut zu veredeln, aber nur geringe Reblausresistenz.

Binova

Eine neue Unterlage der Staatlichen Lehr- und Versuchsanstalt Oppenheim.

Herkunft: Vermutlich natürliche Mutation von Selektion Oppenheim 4.

Merkmale: Geschlossene bis halboffene Triebspitze mit geringer Wollbehaarung. Junge Blätter spinnwebartig behaart, grün bis kupferfarben. Großes ungeteiltes Blatt; Adern an der Blattunterseite mittelstark borstig behaart; Stielbucht weit geöffnetes 'U'. Ranken meist mehrfach gegabelt. Zwittrige Blütenstände, Trauben mit kleinen blauen Beeren (Unterscheidung zu Selektion Oppenheim 4). Holz an den Knoten schwach borstig behaart, fein gerippt, schokoladenfarben mit unauffälligen Knoten.

Eigenschaften: Der Selektion Oppenheim 4 sehr ähnlich, übertrifft diese jedoch in einigen Fällen, weshalb sie sich einen festen Platz im deutschen Unterlagensortiment erobert hat.

Wein: Aus den Trauben wird wegen der geringen Qualität kein Wein hergestellt.

allem an den Adern dicht kurzborstig behaart, Blattstielbucht U- bis lyrenförmig. Männliche Blüte meist mit 6 (statt 5) Antheren, keine Trauben. Holz mittelbraun mit rotbraunen Streifen, borstig behaart.

Eigenschaften: Wüchsige Unterlagssorte mit hoher Resistenz gegen Botrytis, Echten und Falschen Mehltau, völliger Reblaus-Resistenz und Resistenzen gegen die Virusübertragung durch Nematoden. Gute Wurzelbildung und gute Veredelbarkeit. Bisherige Versuche deuten eine gute Anpassung an die meisten in Deutschland vorkommenden Bodenarten an, hohe Trockentoleranz, gute Ertrags- und Qualtitätsleistung.

Wein: Keine Weinherstellung möglich, da rein männliche Blüten.

Börner
Na 5153–54

Eine völlig neue Unterlagssorte, die wegen ihrer hohen Reblausresistenz und Leistungseigenschaften zunehmendes Interesse in Deutschland und benachbarten Weinbauländern findet.

Herkunft: Anfang der 40er Jahre dieses Jahrhunderts von Carl Börner an der Biologischen Reichsanstalt in Naumburg/Saale gekreuzt; Abstammung: Riparia 183 Geisenheim × Cineria Arnold. Helmut Becker setzte die Selektionsarbeiten fort. Die Sorte wurde 1989 als Sorte eingetragen und 1991 für die Bundesrepublik klassifiziert.

Merkmale: Offene, dicht weichborstig behaarte Triebspitze mit karminrotem Rand. Junge Blätter gelbgrüne Unterseite, dichtborstig behaart mit wenigen Wollhaaren. Ausgewachsenes Blatt sehr groß, schwach dreilappig, Blattzähne kurz und breit, Oberseite spinnwebartig behaart, Unterseite vor

Couderc Noir
Couderc 7120

Verbreitung: In Frankreich stark rückläufig (26 616 ha 1960, nur noch 2 600 ha 1988). In den meridionalen Départements und Tarn, Haute-Garonne, Tarn-et-Garonne. In Brasilien (632 ha 1994).

Herkunft: Aubenas, Ardèche Südfrankreich. Der berühmte Konditor Contassot kreuzte 1886 Jaeger 70 (*V. rupestris* × *V. lincecumii*) mit nicht bekannter Keltertraube. Couderc erhielt einige Samen und selektionierte daraus Couderc 7120.

Merkmale: Triebspitze weißwollig. Saum rot. Kleine Blätter schwach wollig, blasig, glänzend; Rand rot; Blätter keilförmig, glänzend, blasig, fünflappig; Seitenbuchten flach eingeschnitten; Stielbucht V-förmig, oft geschlossen; Zähne spitzbogig; Unterseite Adern borstig. Trauben walzenförmig, mittelgroß, kompakt. Beeren rund, blauschwarz.

Eigenschaften: Reife sehr spät. Starkwüchsig. Ertragssicher mit mehr als 100 hl/ha. Resistent gegen Peronospora, Oidium, Botrytis. Anfällig gegen Phylloxera, kalkempfindlich. Starkwüchsige Unterlage empfohlen.

Wein: Dunkelrot. Geschmack erinnert an schwarze Johannisbeeren und Teer, ähnlich wie bei *Vitis lincecumii*. Rosé wird meist besser beurteilt.

Couderc 161–49
161–49 C, 161–49

Diese Unterlage verliert wegen verschiedener Nachteile zunehmend an Bedeutung. In Deutschland spielt sie längst keine Rolle mehr, in Frankreich wird sie vor allem im Languedoc-Roussillon, der Provence, der Côte d'Or und dem Elsaß verwendet. Die Verwendung in anderen Weinbaugebieten ist ebenfalls gering.

Herkunft: *V. riparia* × *V. berlandieri*, Kreuzung von Georges Couderc 1888.

Merkmale: Austrieb flaumig weiß behaart mit rosa Rand, spazierstock-förmig. Junge Blätter spinnwebartig behaart, kupferfarben. Ausgewachsenes Blatt schwach dreilappig, Unterseite deutlich flaumig behaart; Blattstielbucht ausgesprochene U-Form, meist mit randständigen Seitenadern. Weibliche Blüte und kleine Trauben mit sehr kleinen, runden, schwarzen Beeren. Holz rotbraun und vor allem an den Knoten flaumig behaart.

Eigenschaften: Unterlage mit guter Reblaus- und Kalktoleranz, die beim Edelreis zu gutem Fruchtansatz führt, langsame Anfangsentwicklung und nur mittlere Wüchsigkeit. Trockenheitsempfindlich, mit einigen Edelsorten inkompatibel. Bewurzelung und Tischveredlung können Probleme bereiten.

Wein: Die Trauben werden wegen der sehr geringen Weinqualität nicht zu Wein verarbeitet.

Couderc 3309
3309 C, 3309

Eine Unterlagssorte mit geringer Bedeutung in Deutschland, jedoch weit verbreitet in Frankreich, Italien, nordöstliche USA und Kanada.

Herkunft: Kreuzung zwischen *V. riparia* var. *tomentosa* × *V. rupestris* 1881 von Georges Couderc durchgeführt.

Merkmale: Geschlossene bis halboffene, unbehaarte, glänzende Triebspitze. Junge Blätter ebenfalls unbehaart. Ausgewachsenes Blatt mittelgroß, ungeteilt, glatt, dunkelgrün, glänzend, nahezu unbehaart. Stielbucht weit offen. Ausgereiftes Holz rötlichbraun. Männliche Blüte, keine Trauben.

Eigenschaften: Unterlage mit guter Reblaus- und mittlerer Kalktoleranz für tiefgründige, frische aber keine nassen Böden. Verträgt keine Trockenheit. Geringste Wüchsigkeit der in Deutschland verwendeten Unterlagen. Gut zu bewurzeln und zu veredeln, möglicherweise inkompatibel mit einigen Edelsorten.

45

Eigenschaften: Sehr gute Affinität zu allen in Deutschland verwendeten Sorten, sehr gut zu veredeln und zu bewurzeln. Vor allem auf schweren und steinigen Böden gute Leistung. Leider ist die Reblausanfälligkeit hoch.
Wein: Obwohl diese Unterlagssorte sogar vergleichsweise viele Trauben produziert, wird wegen der geringen Qualität kein Wein daraus hergestellt.

Geisenheim 5 C
5 C, Teleki 5 C.

Gehört zu den wichtigsten Unterlagen Deutschlands. In anderen europäischen Ländern wenig verbreitet. In Kalifornien und Australien wegen einer Verwechslung als Selektion Oppenheim 4 bezeichnet und mit gutem Ergebnis verwendet.
Herkunft: Entstammt wie Kober 5 BB einer Kreuzung von *Vitis berlandieri* und *V. riparia*, die von Rességuier durchgeführt wurde und als Samen zu Sigmund Teleki kamen. Details bei Kober 5 BB. In Geisenheim züchterisch weiter entwickelt.
Merkmale: Geschlossene bis halboffene Triebspitze mit geringer Wollbehaarung. Junge Blätter spinnwebartig behaart und kupferfarben. Ausgewachsenes Blatt meist ungeteilt, dick, dunkelgrün, Unterseite schwach borstig behaart, Blattränder nach oben gewölbt, Blattzähne spitz; Stielbucht lyraförmig; Blattstiel grün. Männliche Blüte. Keine Trauben. Knoten der grünen Triebe purpurrot. Reifes Holz braun mit unauffälligen Knoten.
Eigenschaften: Unterlage mit mittlerer Wüchsigkeit, für lehmige, nicht zu schwere Böden geeignet. Führt bei blühempfindlichen Sorten nicht wie Kober 5 BB zum Verrieseln, hat aber stärkere Wüchsigkeit als Selektion Oppenheim 4. Gute Unterlage für Riesling auf vielen Standorten.

Geisenheim 26 (26 G)

Eine der frühen deutschen Unterlagssorten, ausschließlich in Deutschland verwendet und hier nur noch an der Mosel, am Mittelrhein und in Württemberg angebaut, während sie früher über ganz Deutschland verbreitet war.
Herkunft: Kreuzung zwischen Trollinger und *V. riparia*, die bereits im letzten Jahrhundert von Rudolf Goethe an der Königlichen Lehranstalt Geisenheim durchgeführt wurde. Das Fachgebiet Rebenzüchtung und Rebenveredlung der Forschungsanstalt Geisenheim setzte diese Arbeit fort.
Merkmale: Halbgeschlossene sehr vinifera-ähnliche Triebspitze mit geringer Wollbehaarung. Junge Blätter grün bis kupferfarben. Ausgewachsenes Blatt, groß nur schwach gelappt, großzähnig; Stielbucht lyrenförmig. Zwittrige Blütenstände, Trauben mit mittelgroßen, blauen runden Beeren mit grasigem Geschmack. Holz kahl, gelbbraun bis rotbraun.

Trauben mit kleinen runden, schwarzen Beeren. Holz an den Knoten schwach behaart, fein gerippt beige mit dunkleren Knoten.

Eigenschaften: Läßt sich gut veredeln und bewurzeln, kurze Vegetationszeit, deshalb gut für kühlere Gebiete. Toleriert bis zu 20% freien Kalk im Boden und ist besonders gut für durchlässige leichte Böden geeignet. Auf sehr fruchtbaren Böden führt übermäßige Wuchskraft zu schlechter Ausfärbung von roten Sorten und Botrytis. Bei blühempfindlichen Sorten wie Gewürztraminer oder Riesling kann es dann zu schlechtem Fruchtansatz kommen.

Wein: Trauben zur Weinherstellung ungeeignet, Unterlagssorte.

Kober 125 AA
Vitis berlandieri × *V. riparia*

Eine Unterlage, deren Verwendung fast ausschließlich auf Deutschland beschränkt ist. Das dürfte sich wegen der günstigen Eigenschaften dieser Sorte bald ändern.

Herkunft: Wie Kober 5 BB als Kreuzung zwischen *Vitis berlandieri* und *V. riparia* entstanden. Details siehe dort.

Merkmale: Geschlossene bis halboffene kupferfarbene Triebspitze mit geringer bis mittlerer Wollbehaarung. Junge Blätter ebenfalls kupferfarben. Ältere Blätter groß, ungeteilt, mit dunkelgrüner Oberseite; Nerven der Unterseite und Blattstiel stark borstig behaart. Blattstielbucht weit offen. Trieb mittel bis stark borstig behaart. Weibliche Blüte; die Traube ist klein und hat kleine, runde, blaue Beeren. Ausgereiftes Holz dunkelbraun und samtig behaart.

Eigenschaften: Sehr gute Eigenschaften führen zu steigender Beliebtheit bei deutschen Winzern und zunehmendem Interesse im Ausland.

Wein: Wegen der geringen Qualität keine Weinherstellung.

Kober 5 BB
V. berlandieri × *V. riparia*

Eine der frühen, immer noch sehr wichtigen Unterlagen in vielen Ländern.

Herkunft: Kreuzung von *Vitis berlandieri* und *V. riparia* durch Rességuier 1886. Samen schickte er an den ungarischen Weingutbesitzer Sigmund Teleki. 1904 schickte Teleki einige der interessantesten Sämlinge an den österreichischen Weinbauinspektor Franz Kober, der sie an Hand ihrer Merkmale mit einer Zahlen-Buchstabenkombination kennzeichnete, hier z. B. mit 5 BB.

Merkmale: Geschlossene bis halboffene Triebspitze. Junge Blätter spinnwebartig behaart, kupferfarben, ausgewachsen groß, ungeteilt; Adern an der Unterseite schwach borstig behaart; die Seitenadern und der Blattstiel bilden an der Stielbucht ein rotes 'T'; lyrenförmige Stielbucht. Ranken nur einfach gegabelt (Unterscheidung zu Selektion Oppenheim 4). Kleine Blütenstände, weibliche Blüten. Kleine

Millardet et de Grasset 101–14
101–14, 101–14 Mgt

Unterlage für Spezialfälle, bei denen geringe Wüchsigkeit oder frühe Reife gefragt sind. Wird in Deutschland nicht verwendet, in Frankreich nur in der Gironde und in den Pyrenäen.

Herkunft: wie 41 B, aber Kreuzung zwischen *Vitis riparia* und *Vitis rupestris.*

Merkmale: Halbgeschlossene, fahlgrün glänzende Triebspitze mit leicht behaarter Unterseite. Junge Blätter schwach kupferfarben, gefaltet, Adern der Blattunterseite spärlich behaart; ausgewachsenes Blatt weich, matt gelbgrün, schwach dreilappig mit langgezogenen Spitzen an Haupt- und Seitenlappen; Blattstielbucht weit offenes U; rote Blattstiele. Weibliche Blüte, kleine Trauben mit kleinen, runden, schwarzen Beeren. Holz rötlichgelb, an den Knoten spärlich behaart.

Eigenschaften: Eine schwachwachsende Unterlage mit relativ kurzer Vegetationszeit und beschleunigter Trauben-

reife. Gute Reblaus- aber nur geringe bis mittlere Kalktoleranz. Empfindlich gegen Trockenheit. Gut zu bewurzeln und zu veredeln. Liebt fruchtbare, frische Tonböden.

Wein: Trauben wegen der geringen Qualität nicht zur Weinherstellung verwendet.

Millardet et de Grasset 41 B
41 B

In Deutschland nicht verwendete Unterlagssorte. Wegen der sehr hohen Kalktoleranz vor allem in Gebieten mit extremen Kalkböden: Charentes, Champagne, Languedoc und Vaucluse verwendet. Eine der wichtigsten Unterlagen Frankreichs, jedoch fast nur dort verwendet.

Herkunft: 1882 von Millardet in Bordeaux als Kreuzung zwischen Chasselas und *Vitis berlandieri* gezüchtet und zuerst bei Marquis de Grasset et Pezenas getestet.

Merkmale: Filzig weiße Triebspitze mit schwach-rosa Rändern. Junge Blätter flaumig behaart, bronzefarben. Ausgewachsenes Blatt schwach dreigelappt, hellgrün mit nach unten gerolltem Rand, nur Blattadern an Unterseite schwach spinnwebartig behaart. Sehr lange, gegabelte Ranken ähnlich Chasselas. Weibliche Blüten an sehr kleinen Blütenständen. Kleine, runde, schwarze Beeren. Holz mit silbergrauer Borke und schokoladenbraunen Knoten.

Eigenschaften: Relativ kurze Vegetationsperiode, jedoch länger als bei sonst in Deutschland üblichen Unterlagen der Berlandieri × Riparia-Gruppe. Hohe Kalkresistenz, gute Bewurzelung, Förderung der Fruchtbarkeit des Edelreises; aber langsame Anfangsentwicklung und nur geringere Reblausfestigkeit.

Wein: Produziert Trauben, aber wegen zu geringer Qualität nicht zu Wein verarbeitet; Unterlagssorte.

Paulsen 1103
1103 P

Unterlage für trockene Kalkstandorte aber auch für schwere Böden. Hauptverbreitung: Sizilien, Algerien, Marokko, Tunesien, zunehmend auch in anderen warmen, trockenen Gebieten. **Herkunft:** Kreuzung zwischen Berlandieri Rességuier Nr. 2 und Rupestris du Lot 1892 von Paulsen auf Sizilien. **Merkmale:** Spinnwebartig behaarte rosa Triebspitze. Junge Blätter bronzefarben, unbehaart, ausgewachsene dunkelgrün, schwach dreilappig; Blattadern schwach behaart, purpurfarben. Blattstielbucht offen. Männliche Blüten, daher keine Trauben. **Eigenschaften:** Wüchsige Unterlage mit guter Reblaus-, Kalk-, Trocken- und Salztoleranz, hohe Trockentoleranz. Verzögert etwas die Traubenreife, weshalb diese Unterlage in Deutschland – zumindest bisher – nicht verwendet wird. Gute Bewurzelungs- und Veredlungseigenschaften.

Richter 110
110 R

Unterlage der wärmeren Zonen mit hoher Trockentoleranz. Wegen Reifeverzögerung ungeeignet für kühlere Anbaugebiete. Zunehmende Bedeutung in niederschlagsarmen Gebieten. Die nahe verwandte Sorte Richter 99 hat ähnliche Eigenschaften, bei geringerer Trockentoleranz. **Herkunft:** Kreuzung zwischen Berlandieri Rességuier Nr. 2 und Rupestris Martin 1889 von Franz Richter. **Merkmale:** Triebspitze weiß behaart mit rotem Rand. Junge Blätter ebenfalls behaart, bronzefarben, glänzend, in der Mitte gefaltet. Alte Blätter breiter als lang, ebenfalls gefaltet; Oberseite glänzend. Blattstielbucht weit geöffnet; Blüten männlich, keine Trauben. Holz braun bis grau-braun. **Eigenschaften:** Wüchsige Unterlage, Bewurzelung und Tischveredlung problematisch, gut bei Feldveredlung. Gute Reblaus-, Kalk- und Trockentoleranz.

Riparia Gloire de Montpellier

Riparia Portalis

Eine der ersten reblausfesten Unterlagen, die jedoch durch neuere Sorten immer mehr an Bedeutung verliert.
Verbreitung: Anbau überwiegend in den französischen Gebieten Gironde, Dordogne, Loiretal, Saône-et-Loire und Languedoc.
Herkunft: Selektion aus *Vitis riparia* auf dem Gut Portalis in der Nähe von Montpellier ausgelesen (Synonym).
Merkmale: Fahlgrüne, geschlossene spazierstockförmige Triebspitze. Junge Blätter fahlgrün. Ausgewachsene Blätter groß, dreilappig mit langen schlanken Blattzähnen, dünn und weich, an Blattunterseite auffällige Haarbüschel an Verzweigungen der Haupt- und Seitenadern; lyrenförmige Blattstielbucht. Männliche Blüten, daher keine Trauben. Holz meist dünn, leuchtend gelb- bis rot-braun mit leicht ablösbarer Borke.

Eigenschaften: Schwachwachsende Unterlage mit sehr hoher Reblaustoleranz, sehr einfach zu bewurzeln und zu veredeln, beschleunigt die Traubenreife, recht kalkempfindlich.
Wein: Keine Trauben und keine Weinherstellung möglich, da rein männliche Form.

Ruggeri 140

140 R, 140 Ru

Unterlage für Weinbau unter trockenen Bedingungen und auf Kalkböden. Hauptverbreitungsgebiete: Mittelmeer-Anrainer wie Sizilien, Tunesien, Marokko, Algerien; zunehmendes Interesse in Südfrankreich und Australien.
Herkunft: Um die Jahrhundertwende von Ruggeri in Sizilien aus Berlandieri Rességuier Nr. 2 und Rupestris du Lot gekreuzt.
Merkmale: Triebspitze spinnwebartig weiß behaart mit rötlichem Rand. Junge Blätter blaßgrün leuchtend.

Ausgewachsene Blätter mittelgroß, schwach dreilappig, dick, leuchtend, in der Mitte gefaltet und oft in sich verdreht; fast unbehaart mit offener lyrenförmiger Blattstielbucht, Ansatzpunkt des Blattstiels und Blattstiel purpurrot. Männliche Blüten, daher keine Trauben. Holz dunkles Mahagonirot, an den Knoten schwach wollig behaart.
Eigenschaften: Sehr wüchsige, anspruchslose Unterlage. Gute Reblaus-, Salz- und Kalktoleranz, verzögert jedoch die Traubenreife. Tiefgehende Wurzel bedingt die hohe Trockentoleranz dieser Sorte. Bewurzelung mittel bis gut, Tischveredlung kann problematisch sein, aber Feldveredlung sehr gut möglich.
Wein: Keine Trauben und keine Weinherstellung möglich, da rein männliche Form.

Selektion Oppenheim Nr. 4
SO 4

Eine der wichtigsten Unterlagssorten Deutschlands und Frankreichs, aber auch in USA, Kanada, Neuseeland, Australien und vielen anderen Ländern verwendet.
Herkunft: Entstammt einer Kreuzung von Berlandieri Rességuier und *Vitis riparia*, die der französische Rebschulist Rességuier 1886 herstellte. Zweiundzwanzig Pfund Samen schickte er an den ungarischen Weingutbesitzer Sigmund Teleki. Dieser brachte sie zum Keimen und pflanzte etwa 40 000 davon. Einige dieser Sämlinge wurden an der Lehranstalt Oppenheim züchterisch weiter ausgelesen, der Zuchtstamm Nr. 4 erwies sich dabei als den anderen überlegen.
Merkmale: Geschlossene bis halboffene Triebspitze mit geringer Wollbehaarung. Junge Blätter spinnwebartig behaart, grün bis kupferfarben. Großes ungeteiltes Blatt; Adern an der Blatt-

unterseite schwach borstig behaart; rosa Blattstiel an der Stielbucht; Stielbucht weit geöffnetes U. Ranken meist mehrfach gegabelt (Unterscheidung von 5 BB). Kleine Blütenstände mit männlichen, immer sterilen Blüten, keine Trauben. Purpurrote Knoten am grünen Trieb. Holz an den Knoten schwach borstig behaart, fein gerippt, schokoladenfarben mit unauffälligen Knoten.

Eigenschaften: Die Sorte läßt sich gut bewurzeln und zufriedenstellend veredeln. Hat eine recht kurze Vegetationszeit, und ist deshalb gut für kühlere Gebiete mit kürzeren Vegetationszeiten geeignet. Toleriert bis zu 18% freien Kalk im Boden und ist besonders gut für fruchtbare Lehmböden. Auch bei blühempfindlichen Edelsorten wie Gewürztraminer oder Riesling guter Fruchtansatz. Auf weniger fruchtbaren Böden kann vor allem bei reichtragenden Sorten das vegetative Wachstum des Edelreises zu gering werden, weshalb SO 4 an solchen Standorten gemieden werden sollte.

Wein: Keine Trauben und Weinherstellung, da rein männliche Form.

Teleki 8 B
8 B

Eine Unterlagssorte mit großen Vorzügen, aber – zu Unrecht – sehr geringer Verbreitung.

Herkunft: Wie Kober 5 BB als Kreuzung zwischen *Vitis berlandieri* und *V. riparia* entstanden. Details siehe dort.

Merkmale: Geschlossene bis halboffene Triebspitze mit geringer bis mittlerer Anthocyanfärbung und geringer Wollbehaarung. Ältere Blätter groß, ungeteilt, mit dunkelgrüner glatter Oberseite; Nerven der Unterseite und Blattstiel stark borstig behaart; Blattstielbucht weit offen; Trieb mittel bis

stark borstig behaart. Männliche Blüte, daher keine Trauben. Ausgreiftes Holz dunkelbraun.

Eigenschaften: Mittel bis stark wachsende Unterlage mit guter Reblausfestigkeit, guten Bewurzelungs- und Veredlungseigenschaften. Die derzeit beste Unterlage für schwere und sehr schwere Böden, gute Ergebnisse aber auch an trockenen Standorten. Trotz dieser guten Eigenschaften wird diese Unterlage von Winzern in Deutschland viel zu wenig verwendet.

Wein: Keine Weinproduktion möglich, da rein männliche Form.

Abouriou

Beaujolais, Gamay du Rhône, Malbec Argenté, Noir Hatif, Plant de Nauge, Plant Précoce, Précoce Noir (Frankreich); Early Burgundy (Australien, USA).

Mitte des 19. Jahrhunderts von einem Bauern an den Mauern einer Burgruine bei Villeréale in Südfrankreich beim Schneiden des Gestrüpps entdeckt.
Verbreitung: Hauptsächlich angebaut in Südwestfrankreich (550 ha). Dort im AOC-Wein Côtes du Marmandais. Außerdem in vielen roten Landweinen (Vin de Pays). Auch in Kalifornien (120 ha).
Herkunft: Wahrscheinlich ein Sämling alter französischer Rebsorten. Häufig weisen synonyme Bezeichnungen auf den frühen Austrieb und die dunkle Beerenfarbe hin.
Merkmale: Triebspitze weißwollig. Ränder der ersten kleinen Blättchen rosa. Ausgewachsene Blätter kreisförmig, leicht blasig und fünflappig, mitteltief eingeschnitten. Stielbucht lyrenförmig, offen. Zähne spitzbogig. Auf der Unterseite Borstenhaare. Trauben mittelgroß, kompakt. Beeren schwarz, rund und saftig.
Eigenschaften: Zeichnet sich durch seine Frohwüchsigkeit und die relative Widerstandsfähigkeit gegen Echten und Falschen Mehltau aus. Die dicke Beerenhaut schafft eine gewisse Resistenz gegen den Botrytispilz. Einziger Nachteil ist der frühe Austrieb, wodurch er von Spätfrösten empfindlich geschädigt werden kann. Ertrag 70–100 hl/ha.
Wein: Intensiv rot gefärbt, neutral und manchmal sehr gerbsäurehaltig. Wird als süffiger Tischwein getrunken.

Affenthaler, Blauer

Säuerlicher Burgunder, Kleiner Trollinger.

Im Schwinden begriffene, spätreifende, alte württembergische Rotweinsorte. Keine Verwandtschaft zum Blauen Arbst.
Verbreitung: unterer und mittlerer Neckar, Enz- und Remstal.
Herkunft: alte Sorte, die zusammen mit Limberger und Trollinger gepflanzt wurde.
Merkmale: Blatt tief gelappt, mittelgroß, derb. Traube mittelgroß, länglich, locker. Beere mittelgroß, schwarzblau, blauduftig, Geschmack süß-säuerlich.
Eigenschaften: später als Blauer Burgunder reifend, bringt er säuerlichherbe Weine.

Arbst, Blauer

Affenthaler, Rother, Pineau Franc (Frankreich), Pignola (Italien).

Alte im Aussterben begriffene Burgundersorte.
Verbreitung: Früher in Baden um Bühl verbreitet. War mit Blauem Spätburgunder Grundsorte des Affenthaler. Aber mit gleichnamiger Sorte nicht identisch.
Merkmale: Ähnlich Blauem Spätburgunder. Blätter runder, weniger gebuchtet, Blattstiel dick, kurz. Traubenstiel sehr dick. Trauben ungeteilt. Beeren länglich. Reife später als Blauer Burgunder.
Eigenschaften: Die robuste Sorte stellt keine besonderen Ansprüche an Schnitt und Erziehung. Sie verhält sich beim Anbau wie der Blaue Spätburgunder. Wegen unsicherer Erträge und der späten Reife von diesem abgelöst.

Afus Ali

Actoni Maceron, Rosaki (Griechenland); Afuz Ali, Bolgar, Raisin de Constantinople (Bulgarien); Aleppo, Karaburnu (Sowjetrepubliken); Dattier de Beyrouth (Frankreich); Hafiz Ali, Razaki (Türkei); Regina, Uva Donna (Italicn); Stamboleze (Albanien); Waltham Cross (Australien, Südafrika).

Weltweit bedeutendste Tafeltraube nach Sultanina. Bis vor wenigen Jahren importierte Deutschland allein 250 000 Tonnen, das waren 90 % der von Deutschland jährlich eingeführten Tafeltrauben.

Verbreitung: Mit 150 000 ha Anbaufläche weltweit an 7. Stelle. Hauptanbaugebiete Italien (40 000 ha), Bulgarien (40 000 ha), Türkei (30 000 ha), Spanien (10 200 ha) und Griechenland (10 000 ha), Marokko (250 ha 1988) und Frankreich. Südafrika (830 ha 1992), Argentinien (150 ha 1990), Chile und Australien (880 ha 1991).

Herkunft: Stammt aus dem Orient. Ein Seidenhändler brachte sie 1883 von Beyrut nach Frankreich. Dort taufte man sie Dattier (Dattel) de Beyrouth, wegen der großen, dattelförmigen Beeren.

Merkmale: Triebspitze unbehaart, kleine Blätter stellenweise bronziert; ausgewachsenes Blatt fünflappig, mittel- bis tief eingeschnitten; obere Bucht oft überlappend; Stielbucht lyrenförmig, offen. Zähne spitzbogig, gesägt. Oberfläche glatt, Unterseite unbehaart. Trauben 20–25 cm lang, Beeren goldgelb, ellipsoid 25–30 mm lang.

Eigenschaften: sehr frohwüchsige Rebe, die unter günstigsten Bedingungen – starkwüchsige Unterlage, tiefgründiger Boden, Bewässerung, warmes Blütewetter – eine Ernte von 300 dt/ha einbringt. Verträgt als Pflanze warmer Klimate keinen Frost. Oidium-, Peronospora- und Botrytis-empfindlich.

Trauben: Locker gepackt, knackige Beerenschale und angenehm fleischiges Fruchtfleisch.

55

Aglianico

Uva Aglianica, Guanico, Guanica, Gagliano, Uva dei Cani (Hundstraube).

Zur Zeit der Römer war sie Bestandteil des Falerners. Bekannte Weine Südita-liens, wie der Taurasi verdanken dieser Sorte ihre typische Note.

Verbreitung: Hauptsächlich zu finden in den Mittelmeerregionen Italiens, vor allem in Kampanien, Apulien und Basilicata.

Herkunft: Nach Überlieferungen von den Phöniziern aus Nubien nach Ita-lien eingeführt, hatte die größte Ver-breitung im 15. und 16. Jahrhundert.

Merkmale: Triebspitze starkwollig, weißlichgrün, Blatt mittelgroß, drei-bis fünflappig, schwach gezähnt, Blatt-oberseite entlang der Blattnerven leicht behaart, Blattunterseite mit spinnwebartiger Behaarung; Traube mittelgroß, zylindrisch bis leicht kegel-förmig, lockerbeerig; Beeren mittel-groß, rundlich, stark beduftet, hart-schalig, von gleichmäßig hellblauer Farbe, saftiges Beerenfleisch, leicht säuerlich.

Eigenschaften: Früh austreibend, be-vorzugt sonnige, trockene Standorte wie den vulkanischen Boden des Monte Vulture. Ist sehr starkwüchsig mit hohem Ertrag, Reifezeitpunkt Mitte Oktober. Extrem anfällig gegen Peronospora und Botrytis.

Wein: Trocken, leicht tanninhaltig, neutral mit lebhafter Säure und ange-nehmer Gerbstoffnote. Farbe kräftig granatrot. Die Gerbstoffe in Verbin-dung mit der hohen Säure geben dem Wein eine gute Alterungsfähigkeit. Mit zunehmendem Alter wird der Geschmack voller und runder. Die Jungweine sind äußerst herb und rauh. Mit zunehmendem Alter ändert sich die Farbe allmählich zu Orangerot, das Bukett wird feiner und der Geschmack voller und runder, mitunter fast samtig.

Airén

Lairen, Manchega, Valdepenera, Blanca (Spanien).

Außerhalb Spaniens fast unbekannt und doch die meistangebaute Rebsorte der Welt. Fehlt in allen bedeutenden Ampelographien.

Verbreitung: Die mit 476 000 ha flächenmäßig meistangebaute Rebsorte der Welt findet sich nur in einer Region Spaniens. Sie ist die typische Rebe aus La Mancha, dem Land Don Quijotes und wird nur hier angebaut.

Herkunft: Alte, schon seit dem Mittelalter bekannte spanische Landsorte.

Merkmale: Triebspitze starkwollig bis filzig, weißlichgrün, Blatt mittelgroß, schwach fünflappig mit breitem, keilförmigem Mittellappen, Blattoberseite dunkelgrün, glatt, Unterseite hellgrün, schwach spinnwebig, Nerven leicht beborstet, Stielbucht U-förmig, weit geöffnet, Blattrand unregelmäßig gezähnt; Traube groß, länglich, geschultert, mittelkompakt, Beere mittelgroß, leicht ellipsenförmig, dickschalig, beduftet, gelblichgrün, mit leicht säuerlichem Geschmack.

Eigenschaften: Starkwüchsig, halbaufrecht wachsend, kommt gut zurecht auf trockenen, heißen Standorten, nicht empfindlich gegen Chlorose und Winterfrost, gute Blütefestigkeit, im trockenen Klima der Mancha nur gering anfällig gegen Oidium und Peronospora, Reifezeit spät. Bedingt durch die geringen Niederschläge (350 mm im Jahr) werden nur ca. 25 hl/ha geerntet.

Wein: In der Regel einfache, hellgelbe, oft alkoholbetonte (13–14%) Weißweine mit gefälligem Duft, aber wenig Frucht und nur geringer Säure. Ihrer neutralen Art wegen werden sie oft als Verschnittpartner in anderen Regionen benutzt, auch in großem Umfang destilliert. Durch frühe Lese und kühle Gärung werden heute auch leichte, etwas fruchtigere, frische Weine gewonnen.

Albalonga
WÜ B 51–2–1

Weiße Traube für hochwertige Weine.
Herkunft: 1951 an der Bayerischen Landesanstalt für Weinbau und Gartenbau Würzburg von Hans Breider aus Rieslaner (Silvaner × Riesling) × Silvaner gekreuzt. 1971 Sortenschutz.
Merkmale: Triebspitze schwach behaart, Blatt mittelgroß; Traube mittelgroß, lang walzenförmig (Name), dichtbeerig; Beeren klein bis mittelgroß, gedrückt rund, grüngelb, Geschmack saftig, süß, ohne besonderes Sortenaroma. Reife mittelfrüh nach Müller-Thurgau.
Eigenschaften: Sorte mit hohen Anforderungen an Lage und Boden, vor allem kalkempfindlich. Neigung zu Beerenbotrytis, erlaubt die Gewinnung hochreifer Auslesen.
Wein: Fruchtig elegant mit lebendiger Säure bis edelsüße Auslesen. Bei ungenügender Reife der Trauben unter 80°Oechsle Weine wenig ansprechend.

Aleatico
Aleatico di Toscana, Moscatello Livatiche, Liveatica, Occhio di Pernice, Uva dei Gesuiti (Italien).

Bekannt durch Dessertweine.
Verbreitung: Toskana, Latium, Apulien, auf der Insel Elba, Korsika, in Chile, Neusüdwales und Kalifornien.
Herkunft: Aus Griechenland stammend, wird erstmals im Mittelalter von Pier de' Crescenzi erwähnt.
Merkmale: Triebspitze starkwollig, gelbgrün, rötlich überlaufen; Blatt mittelgroß, grob gezähnt drei- bis schwach fünflappig, Stielbucht offen, lyraförmig, Traube mittelgroß, länglich, lockerbeerig, teils geschultert; Beeren rund, mittelgroß, beduftet, hartschalig, blauviolett.
Eigenschaften: Mittel bis starkwüchsig, liefert konstante, mittlere Erträge, reift gegen Ende September.
Wein: Natursüße Likör- und Dessertweine von rubinroter Farbe, aromatisch mit einem deutlichen Muskatton. Läßt sich lange lagern.

Alfrocheiro Preto

Tinta Bastardinha, Tinta Francesa de Viseu (Portugal).

Wurde früher aufgrund der sehr ähnlichen Blattform für eine Verwandte des Blauen Spätburgunders gehalten.
Verbreitung: Nur in Portugal, dort Hauptanbau der Sorte im Dão-Gebiet.
Herkunft: Alte portugiesische Landsorte, vermutlich hier entstanden, da Hinweise über eine Einfuhr fehlen.
Merkmale: Triebspitze starkwollig, grünweiß mit rötlichem Anflug; junges Blatt schwach dreilappig, grüngelblich, bronziert, flaumig behaart; Blatt klein, drei bis schwach fünflappig, Blattoberseite hellgrün, schwach blasig, Stielbucht V-förmig, überlappend, Blattrand gezähnt, Unterseite schwachwollig; Traube klein bis mittelgroß, leicht geschultert, kompakt; Beere mittelgroß, elliptisch, leicht beduftet, blauschwarz mit fester Beerenhaut, Beerenfleisch farblos, weich, saftig.

Eigenschaften: Mittelstarker, halbaufrechter Wuchs, nur gering anfällig gegen Botrytis.
Wein: Jung getrunken sind die Weine zu tanninhaltig und unharmonisch, nach längerer Lagerung entfaltet sich ein schönes Brombeeraroma; sie werden samtig, nachhaltig mit einer tiefdunklen, granatroten Farbe.

Alicante Henri Bouschet

Alicante Bouschet (Algerien, Australien, Frankreich, Italien, Marokko, Portugal, Rumänien, Tunesien, Uruguay, Spanien, Zypern); Alicante Tinto (Portugal), Alikant Buse (Kroatien, Slowenien), Garnacha Tintorera, Tinto Velasco, Tintorera (Spanien), Petit Bouschet (Algerien).

Gehört zu den Färberreben, denn das Fruchtfleisch der Beeren ist rot gefärbt. Diese Neuzüchtung des Südfranzosen Henri Bouschet war gleich zu Beginn der Vermehrung 1886 sehr erfolgreich und verbreitete sich schnell in der weinbautreibenden Welt.
Verbreitung: In Algerien bis zur Unabhängigkeit von Frankreich 1962 auf 72 000 ha zu finden. Sehr farbintensiver Wein und deshalb in Frankreich zur Verbesserung der Farbe mancher Rotweine verwendet. 1988 in ihrer Heimat mit 15 770 ha. Weitere 15 830 ha in Spanien (1989). Auch in Marok-

ko (1 956 ha 1988), Kalifornien, Argentinien (67 ha 1990), Südafrika.
Herkunft: 1855 von Henri Bouschet durch Kreuzung von Petit Bouschet, einer Färberrebe, mit der spanischen Sorte Garnacha Tinta gezüchtet.
Merkmale: Triebspitze dicht weißwollig mit rosa Färbung an den Rändern. Die jungen Blätter auf der Blattoberseite weniger, auf der Blattunterseite noch stark behaart. Rötlich die blasigen Wölbungen auf den Blättchen. Das ausgewachsene Blatt kreisförmig, glänzend und ganzrandig. Blattränder stets nach unten gebogen, so daß die spitzbogigen Blattzähne nicht zu sehen sind. Unterseite wollig behaart. Im Herbst gänzlich rot gefärbtes Laub. Große, geschulterte Trauben, Beeren rund und reichlich mit Wachs überzogen.
Eigenschaften: Auf magerem Boden 50–80 hl/ha. Auf fruchtbarem Boden bis zu 250 hl/ha, mit ein Grund für ihre schnelle Verbreitung. Widerstandsfähig gegen Echten Mehltau, aber anfällig gegen andere Pilzkrankheiten.
Wein: Von lebendigem Tiefrot und alkoholreich, wenn er aus guten Lagen kommt. Wird oft mit weniger gefärbten Weinen verschnitten.

Aligoté

Blanc de Troyes, Carcarone, Chaudenet, Griset Blanc, Plant de Trois, Vert Blanc (Frankreich).

1780 erstmals erwähnt unter dem Namen Plant de Trois Raisins (Pflanze der drei Trauben je Trieb), was auf eine reiche Ernte schließen läßt. Hatte als ertragreiche Sorte große Bedeutung in Burgund, die Anbaufläche schrumpft aber seit vielen Jahren zugunsten der Modesorte Chardonnay.
Verbreitung: In Frankreich hauptsächlich in Burgund auf 1 276 ha (1988). In Rußland Grundlage für Schaumwein und zu einem Tafelwein mit leichtem Bittergeschmack verarbeitet. Bringt in Rumänien überreif einen säurearmen Wein mit Nußaroma. In Bulgarien auf 2 500 ha. Außerdem in Kalifornien, Chile und Schweiz.
Herkunft: Wahrscheinlich burgundischen Ursprungs, da fast ausschließlich in diesem und den angrenzenden französischen Weinbaugebieten anzutreffen.
Merkmale: Triebspitze schwach wollig mit rötlichem Saum. Blätter kreisförmig, ganzrandig bis dreilappig, wenig eingeschnitten, Oberseite glatt, Unterseite schwachwollig, Borstenhaare. Stielbucht V-förmig, offen. Zähne gesägt. Traube klein (7–12 cm), locker bis dichtbeerig, Beeren rund, dünnhäutig und hellgrün.
Eigenschaften: Frohwüchsige Pflanze, die im Frühjahr beizeiten austreibt. Ergibt auf tiefgründigem Boden 150–200 hl/ha, auf mageren Hängen 50–70 hl/ha. Wehrt sich gegen Oidium, aber von anderen Pilzkrankheiten befallen.
Wein: Ziemlich herber Weißwein. Altert leicht und muß dementsprechend jung getrunken werden. In Burgund wegen seiner Herbheit gern mit einem Spritzer Crème de Cassis (Likör von schwarzen Johannisbeeren) zu dem berühmten Apéritif Kir kombiniert.

Alphonse Lavallée

Enfes (Türkei), Ribier (Kalifornien),
Royal Albert (Belgien).

Zuerst in England in Gewächshäusern
angebaut, dort 1900 zum ersten Mal
beschrieben.

Verbreitung: Weltweit geschätzt und
deshalb vielerorts kultiviert, allein in
Südfrankreich auf 3 534 ha (1988).
Frankreich exportiert vor allem in
angelsächsische Länder, weniger nach
Deutschland, wo weiße Tafeltrauben
bevorzugt werden. Weitere Pflanzungen in Kalifornien (1 052 ha 1992),
Italien (1 000 ha), Argentinien (900 ha
1990), Südafrika (850 ha 1992), Portugal (800 ha), Israel (600 ha), Marokko
(380 ha 1988), Rumänien (300 ha),
Türkei, Belgien, Spanien, Moldavien,
Ukraine, Chile (6 034 ha 1993), Peru,
Equador, Australien.

Herkunft: Soll um 1860 von einem
Rebveredler bei Orléans gezüchtet und
nach dem damaligen Präsidenten der
Obstbaugesellschaft, Alphonse Laval-
lée, benannt worden sein. Über die
Kreuzungseltern ist nichts bekannt.

Merkmale: Triebspitze und die ersten
jungen Blätter bis zum Rand stark
weißwollig, von braunroten Zähnen
abgeschlossen. Mit zunehmender
Blattgröße und abnehmender Wollbehaarung dringt das Bronzierte der
Blattfläche immer mehr durch. Blätter
groß, fünflappig, mitteltief eingeschnitten. Stielbucht U-förmig, offen, um die
Stielbucht rot gefärbte Rippen. Zähne spitzbogig. Unterseite schwachwollig, Borstenhaare. Traube groß und
locker mit großen, fleischigen Beeren
(25 mm), von rund bis ellipsoid und
oft mit abgeflachter Spitze.

Eigenschaften: Reift je nach klimatischen Bedingungen des Anbaugebietes
auf der Nordhalbkugel von Mitte
August bis Oktober. Leicht können
100 dt/ha geerntet werden. Nachteilig
die Verrieselungsanfälligkeit und die
manchmal ungleichmäßige Färbung
der Trauben. Regenwetter kurz vor der
Ernte läßt die Beeren platzen, trotz
ihrer dicken Haut. Dies führt zu
bedeutenden Verlusten. Anfällig auch
gegen viele Pilzkrankheiten. Fühlt sich
auf fruchtbaren Böden wohl. Qualität
des Weines nur mittelmäßig.

Trauben: Der Erfolg dieser Sorte liegt
sicherlich am attraktiven Aussehen der
Trauben und den tiefblauen, großen,
mit Wachsbelag überzogenen Beeren.
Zu beanstanden wären mangelnde
Geschmacksfülle und der leicht grasige
Geschmack der Beerenhaut.

Altesse

Fusette d'Ambérieu, Fussette de Montagnieu, Mâconnais, Roussette, Roussette de Montagnieu, Roussette Haute.

Altesse heißt übersetzt Hoheit.

Verbreitung: In Frankreich auf 175 ha (1988) in den Départements Ain, Savoie, Haute-Savoie und Isère.

Herkunft: Möglicherweise Zypern. Wie die Sorte von dort im 14. Jahrhundert nach Frankreich gelangte, ist nicht eindeutig. Vielleicht brachte Amédée IV., Herzog von Savoyen, diese Weißweinsorte von der Mittelmeerinsel mit, als er 1366 aus dem Orient zurückkehrte, wo er seinem Cousin, dem Kaiser Paléologue Hilfestellung geleistet hatte. Daher vielleicht auch der Name Altesse. Galet bemerkt die morphologische Ähnlichkeit mit der Tokayer-Rebe Furmint und formuliert die Hypothese, daß Furmint mit den Tempelrittern nach Zypern und unter neuem Namen nach Frankreich gelangte. Dies würde die Wucht und Fülle der Weine in selbst kühlem Klima erklären.

Merkmale: Triebspitze stark weißwollig. Junge Blätter weißwollig, sehr bronziert. Ausgewachsenes Blatt glänzend, schwach blasig, keilförmig, drei- bis fünflappig. Obere und untere Seitenbucht flach eingeschnitten. Stielbucht V-förmig offen. Stielansatz rot. Zähne gesägt und spitzbogig. Unterseite mittelstarke Wollbehaarung, Rippen beborstet. Trieb auf der der Sonne zugewandten Seite rot. Traube klein bis mittelgroß, zylindrisch, kompakt, oft geschultert. Beere grüngelb, rund oder leicht eiförmig. Haut dick, rötlich bei Vollreife.

Eigenschaften: Austrieb mittelfrüh, Reife mittelspät. Frostempfindlich, starkwüchsig, sehr anfällig für Botrytis, anfällig für Falschen Mehltau und Phomopsis, widerstandsfähig gegen Oidium. Bevorzugte Böden sind Geschiebe-, Ton- und Kalkmergel. Schwachwüchsige Unterlagen wie Riparia Gloire de Montpellier und 3309 Couderc beschleunigen die Reife. Kurzer Rebschnitt, z. B. Kopfschnitt empfohlen. Ertrag mit 20–50 hl gering.

Wein: Meistens trocken, körperreich, würzig, voll. Reichhaltig duftende Nase. In den Départements Savoie und Ain werden zwei unterschiedliche Weine, sortenrein oder im Verschnitt mit Chardonnay oder Mondeuse Blanche, ausgebaut: ein trockener Weißwein mit 10–13% Alkohol, sehr parfümiert wie der Marestel aus den Gemeinden Jongieux und Lucey oder ein Süßwein, perlend, moussierend wie die Roussette von Bugey. Überzeugende Qualität des sortenreinen stillen Seyssel-Weines. Seyssel-Schaumwein ist ein Verschnitt von Altesse mit etwas Molette.

Alvarinho
Albarino (Spanien)

Die Königin der Rebsorten im Vinho Verde.
Verbreitung: In Portugal nur in der Region um Monção zur Bereitung sortenreiner Vinho Verdes zugelassen. In Spanien in Galicien, vor allem in der Umgebung von Pontevedra angebaut.
Herkunft: Portugal.
Merkmale: Triebspitze starkwollig; Blatt klein, dreilappig, Stielbucht V-förmig, offen, Blattoberseite mit hellgrünen Blattnerven; Blattunterseite hellgrün, Borstenhaare an den Nervenwinkeln, Blattrand gesägt; Traube klein bis mittelgroß, pyramidenförmig, geschultert, kompakt; Beere klein, rundlich, gelblich grün, dickschalig.
Eigenschaften: Früher Austrieb, aufgrund der Blütefestigkeit sehr ertragreich, für nicht zu trockene Lagen.
Wein: Trockene, frische Weine, fruchtig, leicht aromatisch, üppig strukturiert, leicht perlend, säurebetont.

Amigne

Alte weiße Rebsorte des Wallis.
Verbreitung: Schweiz, Wallis, Vétroz als Besonderheit.
Herkunft: Wie bei anderen alten Rebsorten wird auch hier über die alte Bezeichnung Vitis amminea der Anschluß an die Römer gesucht.
Merkmale: Starkwüchsig. Blatt sehr groß, Oberseite blasig, Unterseite filzig behaart; Blattrand grob gezähnt; Trauben langstielig, sehr groß, kegelförmig, lang, geteilt, lockerbeerig; Beere leicht oval, grün bis gelbgrün, spätreif.
Eigenschaften: Späte Holz- und Traubenreife begrenzen den Anbau auf gute Lagen.
Wein: Neutral, fein mit fruchtiger Säure. Die lange haltbaren Weine erhalten erst nach längerer Lagerung ihre optimale Reife. Da sie im Verschnitt den Partnern schon bei kleinen Anteilen gute Eigenschaften weitergeben, wird vom „Doktorwein" gesprochen.

Antão Vaz

Typisches Beispiel für Sorten, die nur in einer kleinen Region beheimatet sind, dort aber den Weincharakter entscheidend bestimmen.

Verbreitung: Wird ausschließlich in Portugal in der Region Alentejo angebaut. Besonders empfohlen ist sie für die Gebiete Moura und Vidigueira.

Herkunft: Alte portugiesische Landsorte des Alentejo.

Merkmale: Triebspitze schwachwollig, hellgrün, rot überlaufen; junges Blatt dreilappig, hellgrün, kahl, glänzend; Blatt mittelgroß, keilförmig, fünflappig, dunkelgrün, Stielbucht V-förmig, weit geöffnet, Blattrand gezahnt, Blattadern auf der Oberseite hellgrün ohne Anthocyanfärbung, kahl, Unterseite Borstenbüschel in den Nervenenden; Traube mittelgroß, zylindrisch, kompakt, ungeschultert; Beere sehr klein, rund, gelblichgrün, leicht beduftet, dünnschalig, von leicht saurem, neutralem Geschmack.

Eigenschaften: Stellt keine besonderen Bodenansprüche, ist von mittlerer Wuchskraft, blütefest mit niedrigen Erträgen.

Wein: Strohgelb, alkoholbetont, mit guter Struktur und angenehmen Bittertönen im Abgang. Wird überwiegend nicht Sortenrein ausgebaut.

Aramon Noir

Eromoul (Algerien)

Heute stark zurückgehende Anbaufläche. Hat im letzten Jahrhundert aber
drei bis vier Winzergenerationen des
Languedoc und der Camargue reich
gemacht, als 1854 der Echte Mehltau
zu einer katastrophalen Mißernte
führte, und der Aramon Noir sich als
relativ resistent erwies. Im Département Hérault z. B. verdoppelte sich die
Anbaufläche innerhalb von 20 Jahren
auf 214 000 ha (1896).
Verbreitung: Nur noch 65 000 ha
(1988) in Frankreich. Als spätreifende
Sorte fast ausschließlich in südfranzö-
sischen Départements, wie Hérault
(30 600 ha), Gard (18 200 ha), Aude
(8 000 ha), außerdem Ardèche, Pyrénées Orientales, Var, Bouches-du-
Rhône, Vaucluse u. a. Einige Pflanzungen in Argentinien.
Herkunft: Unklar; ein Vorfahr des
Marquis d'Aramon soll sie von Spani-
en in sein gleichnamiges Heimatdorf
im Département Gard mitgebracht
haben. Möglicherweise auch aus der
Provence, da dort unter vielen Synonymen bekannt.
Merkmale: Triebspitze weißwollig.
Kleine Blätter grüngelb, schwach behaart; Blätter groß, dreilappig, wenig
eingeschnitten; Stielbucht V-förmig, offen; Zähne gesägt; Unterseite mit Borstenhaaren. Lange, große Trauben wie-
gen 300–400 g, in Einzelfällen sogar
1 kg. Große, dunkel-violette Beeren mit
dünner, leicht platzender Haut.
Eigenschaften: Lange Wachstumsperiode bei frühem Austrieb und später
Reife. Spätfrostgefährdet, anfällig für
Falschen Mehltau, Phomopsis, Botrytis, relativ resistent gegen Oidium.
Äußerst ertragreiche Sorte. Auf fruchtbarem Boden mit starkwüchsiger
Unterlage sind 400 hl/ha möglich,
allerdings auf Kosten der Qualität.
Wein: Blaßrot, schwacher Alkoholgehalt, kaum Extrakt, wenig Charakter.
Seit 1955 in Frankreich keine empfohlene Sorte mehr. Im Languedoc und
der Camargue werden Teinturier-Sor-
ten, wie Alicante Henri Bouschet und
Grand Noir de la Calmette, daneben
gepflanzt, um wenigstens die Farbe des
Weines aufzubessern. Bei scharfem
Rebschnitt, auf eine schwache Unterlage gepfropft, können auf mageren
Hangböden ansprechende, fruchtige
Weine mit 10–12 % Alkohol entstehen.

Aramon Gris
Aramon Blanc

Aramon neigt zu Variantenbildung.
Durch Mutation der Beerenfarbe ent-
standen Aramon Gris mit grauer und
Aramon Blanc mit weißer Beerenhaut.
Beide Sorten auf mehreren 100 ha im
Languedoc. Die Weinqualität mit der
des Aramon Noir vergleichbar.

stark gleichmäßig verzweigt, pyramidenförmig, an der Basis rötlicher, kurzer Traubenstiel; Beeren klein, oval, ungleichmäßig, feste Schale, saftiges Fruchtfleisch.

Eigenschaften: Es gibt verschiedene Formen dieser Sorte, einige mit großen, andere mit kleinen Trauben, sodaß es sich nicht nur um eine formenreiche Sorte, sondern sogar um eine Sortengruppe handeln könnte, wie man dies z. B. beim Spätburgunder kennt. Die Erkennungsmerkmale sind die gleichen. Auf feuchten Standorten sehr ertragreich.

Wein: Säurereich, sehr feiner Geschmack mit blumigem Bukett, entfernt an Riesling erinnernd, kann aber auch sehr alkoholreich und brandig werden. Im Alter entwickelt er eine harzige Zitronennote.

Arinto

Pedernão

Eine von altersher berühmte Sorte.
Der britische Oberbefehlshaber Herzog von Wellington bot Wein dieser Rebsorte dem damaligen britischen Erbprinzen und späteren König Georg III. an.

Verbreitung: Wird nur in Portugal angebaut. Eine der Hauptsorten des Gebietes Bucelas, etwa 25 km von Lissabon, im Tal des Flusses Francao.

Herkunft: Da er oft mit Riesling verglichen wird, vermutet man, daß er eventuell von Kreuzfahrern aus dem Rheingebiet mitgebracht wurde. Die Sorte ist jedoch keine Abart des Weißen Rieslings.

Merkmale: Blatt groß, genau so lang wie breit, fünflappig, geschlossene Stielbucht, tiefe Seitenbuchten, doppelt gezahnter Blattrand, blasig, Blattoberseite grün und kahl, Blattunterseite wollig; Traube mittelgroß, kompakt,

Arnsburger
Geisenheim 22–74

Der Name soll an die Weinbautradition der Zisterziensermönche erinnern, die sich große Verdienste um die Verbreitung des Weinbaues im Rheingau erwarben. Das Zisterzienserkloster Eberbach im Rheingau gründete das Kloster Arnsburg in der Wetterau.

Verbreitung: Zur Zeit stehen ca. 4 ha in den deutschen Weinbaugebieten, doch laufen derzeit Bestrebungen, diese Sorte in Madeira als Weißweinsorte zu klassifizieren.

Herkunft: Fachgebiet Rebenzüchtung und Rebenveredlung der Forschungsanstalt Geisenheim. Kreuzung: Rieslingen Klon 88 × Riesling Klon 64 aus dem Jahr 1939. Züchter: H. Birk. Erteilung des Sortenschutzes am 27. 4. 1984, Eintragung in die Sortenliste am 23. 5. 1984.

Merkmale: Triebspitze schwachwollig, gelblich grün mit rötlichem Anflug. Junges Blatt siebenlappig mit lang aus-gezogenen Zähnen des Blattrandes, blasiger Oberfläche, rötlich-gelbgrün, glänzend. Blätter groß, deutlich siebenlappig, weite Einbuchtungen, Stielbucht seltener V-förmig, mehr sich berührend bis leicht überlappend; Blattrand unterschiedlich lang gezähnt; Blattfläche glatt von dunkelgrüner Farbe. Traube groß, breit kegelförmig, geschultert, langstielig, lockerbeerig, Beeren mittelgroß, kurzoval, mit derber Beerenhaut, gelbgrün, beduftet.

Eigenschaften: Kräftige Triebentwicklung mit aufrechtem Wuchs, wenig Geiztriebe. Phänologisches Verhalten wie Müller-Thurgau mit etwas späterem Reifebeginn, bevorzugt tiefgründige, feinerdereiche Böden, frostgefährdete Lagen sollten vermieden werden, bei ungünstigem Blütewetter Neigung zum Verrieseln, Botrytisanfälligkeit aufgrund der Lockerbeerigkeit gering, sehr hohes Ertragspotential.

Wein: Wegen der rieslingähnlichen, fruchtigen Säure besonders geeignet zur Bereitung von Sektgrundweinen mit feinfruchtigem Geschmack.

Arvine
Petite Arvine

Alte weiße Rebsorte des Wallis.
Verbreitung: Schweiz, Wallis (Sitten-Martigny) als Besonderheit (50 h).
Herkunft: Verbindung zur römischen *Vitis helvola* wird gesucht.
Merkmale: Blatt groß, wenig gebuchtet, glatt; Traube klein, locker; Beere klein, rund.
Eigenschaften: Eine starkwüchsige, spätreifende Sorte.
Wein: Kraftvolle, feinblumige Weine mit salzigem Charakter, die sich durch eine lange Haltbarkeit auszeichnen. Bei voller Reife erlangen die würzigen Weine die Zartheit des Honigs.

Arvine Grande
Eine Bezeichnung im Wallis für den Grünen Silvaner.

Assario Branco

Boal Cachudo, Malvasia Fina, Olho de Lebre, Arinto do Dão (Portugal).

Verbreitung: In Portugal: Dão, Alentejo und Algarve.
Herkunft: Alte portugiesische Rebsorte, vermutlich aus dem Dão Gebiet.
Merkmale: Triebspitze starkwollig bis filzig, weißlich-hellgrün mit rötlichem Anflug; Blatt mittelgroß, drei- bis fünflappig; Stielbucht V-förmig, offen; Blattoberseite kahl, blasig, dunkelgrün; Unterseite schwachwollig; Blattrand gezähnt; Traube mittelgroß, stark verzweigt, lockerbeerig mit kurzem Stiel; Beere klein bis mittel, rund (an ein Hasenauge erinnernd) goldgelb.
Eigenschaften: Ertragreich, gute Mostausbeute, Botrytis- und Oidium-anfällig. Hat kurze, brüchige Triebe; gedeiht am besten auf feuchten, tiefgründigen Standorten.
Wein: leichter, frischer, säurebetonter Wein von strohgelber Farbe.

Aubun

Carignan de Gigondas, Carignan de Bédoin, Moutardier (Frankreich).

Nicht, wie bis vor kurzem angenommen, identisch mit der Sorte Counoise, die von namhaften Persönlichkeiten als die beste Sorte von Châteauneuf du Pape gelobt wird.

Verbreitung: In der Provence und dem Languedoc empfohlen, Anbaufläche dort stetig wachsend. Von 1 655 ha (1958) auf 3 700 ha (1988). Einige Anlagen in Kalifornien, in Australien in einem alten Weinberg im Great Western District, zweifellos direkte Nachkommen von Edelreisern, die 1832 von James Busby aus Europa mitgebracht wurden.

Herkunft: Aus der Gegend von Gigondas und Mont Ventoux im Vaucluse.

Merkmale: Triebspitze stark weißwollig mit rötlichem Saum. Laubfarbe blaugrün; Blätter kreisförmig, fünflappig, Seitenbuchten sehr tief eingeschnitten, offene runde Buchtbasis, häufig mit einem Zahn versehen; Zähne spitzbogig. Im Herbst intensive Rotfärbung. Traube fest gepackt und groß, schwarze Beeren rund oder leicht oval, fleischig und kaum saftig.

Eigenschaften: Treibt spät aus, deshalb nicht spätfrostgefährdet. Hat sogar den harten Winter 1956 gut überstanden. Trotzt dem Falschen und Echten Mehltau und ist auch relativ Botrytis-fest. Die nachgesagte Reblausfestigkeit beruht auf dem Umstand, daß die Sorte im Ventoux häufig auf leichten Böden gepflanzt war. Von Nachteil die Verrieselungsanfälligkeit und das Abbrechen der Triebe bei starkem Wind (Mistral, Tramontane). Erntemenge 60–80 hl/ha, auf fruchtbaren Böden in der Ebene auch darüber.

Wein: In der Regel nur von durchschnittlicher Qualität. Im Vergleich zum Carignan im Tanningehalt schwächer, weniger lebendig und blasser in der Rotweinfarbe. Oft bitter im Abgang.

Augster Blau

Blaue Oliventraube, Blauer Ranful, Bajor Kék, Gohér Kék, (Ungarn), Blauer Fingerhut (Steiermark), Blauer Ritscheiner.

In den Ebenen Ungarns angebaute, alte Wein- und Tafeltraube.

Merkmale: Triebspitze rötlich und weißwollig; Blätter rund, fünflappig, groß, spitz gezähnt. Seitenbuchten teilweise gezähnt. Stielbucht offen. Unterseite weißfilzig; Blüte weiblich; Traube groß, locker, ästig, Beere dick oval, dunkelblau, grauduftig;, dickschalig; Geschmack fleischig süß.

Eigenschaften: starkwachsende weibliche Tafeltraubensorte, die auch leichten Wein bringt.

Augster Weiß

Weißer Lagler, Budaz Gohér (Ungarn), Casarola (Italien), Runa Ranina (Kroatien)

Ampelographisch mit dem Blauen Augster vergleichbare, weibliche Rebsorte mit frühreifenden Trauben. Geschmack angenehm, sehr süß, leicht muskatiert. Dünne Schale begrenzt Verwertbarkeit als Tafeltraube.

Auxerrois

Auxois, Auxera, Blanc de Laquenexy.

Frühreife Sorte der Burgunder-Gruppe für weniger säurebetonte Weißweine.

Verbreitung; Deutschland (60 ha), hauptsächlich in Baden, Frankreich (1 600 ha), Elsaß, Champagne, Burgund, Luxemburg (160 ha).

Herkunft: Sorte der Burgundergruppe, die sich in der Literatur nicht klar vom Weißen Burgunder, Chardonnay und Morillon trennen läßt. Name eventuell von Grafschaft Auxerrois zwischen Burgund und Chablis.

Merkmale: Burgunderähnlich. Unterscheidung vom Burgunder: Blatt weniger gebuchtet, Mittellappen kürzer als Seitenlappen, Hauptadern der Stielbuchtlappen bilden gerade Linie; Traube mittelgroß, locker. Beeren hellgelb bei Vollreife bräunlich. Geschmack fruchtig süß.

Eigenschaften: Anforderungen an Weinberg ähnlich Weißer Burgunder,

stärker Fäule gefährdet. Neigung zu Verrieselung begrenzt Ertrag.

Wein: runder, mit weniger Säure als Weißer Burgunder, zu Fisch, hellen Fleischspeisen, bei würziger Ausprägung zu Terrinen.

Babeasca Neagra

Cracana, Cracanata, Großmuttertraube, Hexentraube, Poama Rara Neagra, Serecsia (Rumänien), Babiaska Niagra, Rara Niagra, Rastriopa, Rekhavo Grozdi, Richkirate, Rimtzourate (GUS), Sereksia Chornaya (Kanada).

Die traditionsreiche rumänische Rebsorte von den Rebhängen der Moldau.

Verbreitung: Weit verbreitet in Moldavien, Rumänien in der Umgebung von Nicoresti und Odobesti, dort Basissorte für die Rotweine, sowie in der Ukraine.

Herkunft: Traditionelle rumänische Sorte, seit dem 14. Jahrhundert dort kultiviert.

Merkmale: Triebspitze starkwollig, grünrötlich, rötlich überlaufen; Blatt mittelgroß, fünflappig, deutlich gebuchtet, gewellt, Oberseite glänzend, kahl mit rötlichen Blattadern, Unterseite flaumig behaart, Blattrand gezähnt, Stielbucht lyraförmig, offen; Traube mittelgroß, geschultert, lockerbeerig, Beere mittelgroß, rund, beduftet, schwarzblau.

Eigenschaften: Triebe glasig und im Frühjahr leicht abbrechend, starkwüchsig, reichtragend, sehr anfällig gegen Oidium.

Wein: Junge, frische, hellrote Tafelweine, ausgewogen, saftig und von großer Geschmacksfülle. Die Weine sind in der Regel nicht lagerfähig und sollten nach 2–3 Jahren getrunken sein. Es werden auch süße Dessertweine erzeugt, die sich meist oxidativ, braunrot präsentieren.

Bacchus
Geilweilerhof 33–29–133

Verbreitung: In Deutschland (3 425 ha 1996) besonders in Rheinhessen (1 841 ha) und Franken (673 ha). Weiter in der Pfalz (426 ha), an der Nahe (257 ha), an Mosel-Saar-Ruwer (210 ha) und Baden (58 ha).
Herkunft: Züchtung von Peter Morio und B. Husfeld, Institut für Rebenzüchtung Geilweilerhof, Siebeldingen/Pfalz. Kreuzung (Silvaner × Riesling) × Müller-Thurgau (1933).
Merkmale: Triebspitze dicht weißwollig. Kleine Blätter grün, Unterseite wollig. Blätter leicht blasig, drei- bis fünflappig. Obere Seitenbucht mitteltief, untere Bucht mäßig eingeschnitten. Stielbucht lyrenförmig, offen. Blattrippen auf der Oberseite von der Stielbucht bis zur Hälfte des Blattes rot. Zähne spitzbogig, kurz. Unterseite wollig. Traube geschultert, dichtbeerig, mittelgroß. Beere mittelgroß, oval bis rund, gelbgrün. Leichter Muskatgeschmack.

Eigenschaften: Austrieb und Reife mittelfrüh. Mittel- bis starkwüchsig. Holzreife gut. Ertrag um 120 hl/ha mit durchschnittlich 75 °Oechsle. Qualitätsfördernd sind tiefgründige und nährstoffreiche Böden mit guter Wasserversorgung. Zu meiden sind kalte, zu stauender Nässe neigende Böden. Bei starker Ertragsbelastung Beerenbotrytis und Stiellähme möglich, Verbesserung durch größeren Stockabstand. Gute Chorosefestigkeit.
Wein: Blumig und fruchtig, mit leichtem Muskatton. Frische Qualitätsweine, seltener Spätlesen und Auslesen.

Baco Blanc

Baco 22 A, Maurice Baco, Piquepoul de Pays (Frankreich).

Verbreitung: In Frankreich 4360 ha (1988) in der Gascogne. Abnehmend, da im Armagnac sehr von Flavescence dorée befallen, durch Ugni Blanc ersetzt. In Neuseeland 100 ha.
Herkunft: Bélus, Landes, Frankreich. Neuzüchtung von François Baco (1898). Kreuzung von Folle Blanche mit Noah (*Vitis labrusca* × *Vitis riparia*).
Merkmale: Triebspitze stark weißwollig, Saum leicht rot. Kleine Blätter gelbgrün, Unterseite stark weißwollig. Blätter keilförmig abgestumpft, dunkelgrün, blasig, dreilappig; obere Seitenbucht manchmal sehr tief eingeschnitten; Stielbucht V-förmig, weit offen; Zähne gesägt; Unterseite wollig. Kontinuierliche Rankenfolge, zeitweilig unterbrochen. Trauben mittelgroß, walzenförmig, locker. Beeren rund, mittelgroß, goldgelb; Fruchtfleisch weich. Geschmack bei Vollreife mit Foxton.
Eigenschaften: Austrieb früh. Reife spät. Starkwüchsig, ertragreich (100–250 hl/ha). Windbruchgefährdet. Reblaus- und kalkempfindlich. Anfällig gegen Peronospora, weniger gegen Oidium. Seit einigen Jahren sehr von Flavescence dorée befallen.
Wein: säurereich, alkoholarm. Für Brennzwecke geeignet. Leichter Foxton. Für Armagnac: Nicht so fein wie von Folle Blanche, schneller trinkfertig.

Baco Noir
Baco 1

Einzige im Anbau befindliche Sorte der *Vitis vinifera* × *Vitis riparia*.
Verbreitung: In USA 1951 eingeführt. Im Osten in allen weinbautreibenden Staaten: New York State (300 ha), Michigan, Mississippi, Wisconsin. In Kanada 71 ha (1991). In Frankreich früher auf 11 000 ha, 1988 nur auf 180 ha, da nicht mehr in EG Sortenliste.
Herkunft: Bélus, Landes/Frankreich. Neuzüchtung von François Baco (1902). Kreuzung von Folle Blanche mit *Vitis riparia*.
Merkmale: Triebspitze weißwollig, grün. Kleine Blätter schwach behaart, bronziert. Blätter groß, keilförmig, matt, eben, ganzrandig. Riparia-Typ. Stielbucht lyrenförmig, am Stielansatzpunkt rot; Zähne spitzbogig und gesägt; Unterseite borstig, besonders in den Adernverzweigungen. Traube mittelgroß, walzenförmig, kompakt. Beeren klein, schwarz, krautiger Geschmack.

Eigenschaften: Austrieb früh, spätfrostgefährdet. Beiaugen wenig fruchtbar. Reife früh. Wegen kurzem Wachstumszyklus für Gebiete mit kurzer Wachstumsperiode geeignet. Starkwüchsig, Ruten lang. Ertragreich bei langem Rebschnitt. Als Direktträger wegen Starkwüchsigkeit mittlere Reblaustoleranz, als Unterlage meist anfällig. Sehr gute Oidiumresistenz. Etwas anfällig gegen Peronospora. Anfällig gegen *Agrobacterium tumefaciens*. Verrieselungsfest.
Wein: Als Rotwein mit 10–13 % Alkohol dunkelrot, schwer, grasig, bitter. Verbessert durch lange Lagerung. Als Roséwein angenehm, fruchtig.

kurzem unverholztem Stiel; Beere mittelgroß, oval, gleichmäßig mit dicker Beerenhaut, blau, leicht beduftet, Beerenfleisch hellrot, saftreich.

Eigenschaften: ertragreich, sehr robust, stellt keine hohen Ansprüche an den Boden, hohe Farbausbeute, geringe Oidium- und Botrytisanfälligkeit.

Wein: Ausgesprochen tanninreich, voll, kräftig, recht säurebetont, feinfruchtig, gelegentlich plump und streng, langlebig, Farbe violettrot.

Baga

Bago de Louro, Poeirinho, Tinta Bairrada, Tinta da Baga.

Vermutlich Portugals meist angebaute Rotweinsorte.

Verbreitung: Mit ca. 90 % dominierende Rotweinsorte in der Region Bairrada, wird aber auch in den Regionen Oeste, Minho und Dão angebaut, wo sie fast zur Hälfte des roten Dão beiträgt.

Herkunft: Alte portugiesische Landsorte.

Merkmale: Triebspitze starkwollig bis filzig, rötlich gerandet; junges Blatt schwach fünflappig, hellgrün, leicht blasig; Blatt groß, genauso lang wie breit, fünflappig mit breitem Mittellappen, dunkelgrün, Stielbucht V-förmig offen bis sich berührend, Blattoberseite blasig, schwachwollig, Blattunterseite starkwollig, leicht rostfarben, Blattrand schwach gezähnt; Traube mittel bis groß, konisch, sehr kompakt mit

Barbera

Eine der Rebsorten mit großer Verbreitung aber bescheidenem Image.

Verbreitung: Gehört in 35 Weinbau betreibenden Provinzen Italiens zu den empfohlenen Rebsorten und ist damit eine der wichtigsten in diesem Land. Ihr Anbau erfolgt auch in Kalifornien, Argentinien, Brasilien und Uruguay.

Herkunft: Im Jahr 1600 wird sie erstmals von B. Croce in seiner Abhandlung über die Weine der Turiner Gebirge beschrieben. Die Provinz Alessandria und besonders die Umgebung von Asti und Casale gelten als die eigentliche Heimat der Rebsorte.

Merkmale: Triebspitze starkwollig, grünlichweiß, rosa umrandet; junges Blatt fünflappig, stark bronziert, Blattoberseite kahl, Unterseite starkwollig; Blatt groß, fünflappig, stark gebuchtet, Blattoberseite kahl, schwachblasig, dunkelgrün, Unterseite starkwollig bis filzig, Blattrand breit gezähnt, Stiel-

bucht V-förmig, überlappend; Traube mittelgroß, pyramidenförmig, bisweilen fast walzenförmig, geästet, kompakt; Beere mittelgroß, oval, beduftet, dickschalig, von schwarzblauer Farbe und gerbig saurem Geschmack.

Eigenschaften: Starkwüchsig, stellt keine großen Ansprüche an den Standort, auf tiefgründigen Böden sehr ertragreich, sollte deshalb kurz angeschnitten werden.

Wein: Körperreich, mitunter alkoholbetont, als junger Wein mit leichten Bittertönen und rubinroter Farbe, die bei Lagerung in Granatrot übergeht. Mit zunehmender Reife werden die Weine harmonischer, rund mit delikatem Bukett. Je nach Standort liefert die Sorte aber auch leichte, spritzige, frische Rotweine mit früher Trinkreife. Eignet sich auch gut für Eichenholzlagerung.

Baroque

Baroca, Bordelais Blanc, Escripet, Muscadelle de Nantes, Petit Bordelais, Sable Blanc (Frankreich).

Aus der Region Tursan in Südwestfrankreich, bis Ende des 19. Jh. von den Ampelographen ignoriert und fehlt sogar in dem großen ampelographischen Werk von Viala und Vermorel.

Verbreitung: Derzeit die Basissorte für den Tursan Blanc, der zu 90 % aus Baroque bestehen muß. Anbaufläche dennoch in diesem Gebiet seit 1958 von 5 657 ha auf 1 451 ha (1988) geschrumpft. In dieser Zeit begann man vermehrt auf Rotwein umzustellen, und Baroque mußte zugunsten des Tannat weichen.

Herkunft: Bei Weinbauern von Bellcoq, Puyoo und aus der Umgebung von Salies seit über einem Jahrhundert unter dem Namen Petit Bordelais bekannt. Dies könnte darauf hindeuten, daß sie tatsächlich aus der Gegend von Lesparre (Gironde) im Bordelais stammt, wie von einigen Fachleuten angenommen wird. Andere wiederum schließen von dem Synonym Baroca auf eine Verwandtschaft mit der portugiesischen Sorte Tinta Barroca.

Merkmale: Triebspitze stark weißwollig. Kleine Blätter gelbgrün, Oberseite schwach, Unterseite mittelstark wollig. Blatt kreisförmig, schwach dreigelappt; obere Bucht mitteltief eingeschnitten. Stielbucht lyrenförmig, geschlossen. Zähne gesägt. Unterseite Woll- und Borstenhaare. Trauben mittelgroß, kompakt. Beeren rund, matt grünrosa.

Eigenschaften: Spät austreibend, wegen ihrer Widerstandsfähigkeit gegen Schwarzfäule, Echten und Falschen Mehltau geschätzt. Wurzelecht gepflanzt gegen Botrytis unempfindlich, sehr anfällig als gepfropftes Edelreis.

Wein: Kräftig und schwer (bis zu 13 % Alkohol), mit einem eher rustikalen als eleganten Aroma. Bouquet erinnert an den Sauvignon.

Blauburger
(181-2)

Neue Sorte für markante Rotweine.
Verbreitung: Österreich (900 ha).
Herkunft: Züchtung von Fritz Zweigelt 1923 an der Höheren Bundeslehr-
und Versuchsanstalt Klosterneuburg
aus Blauem Portugieser und Blaufränkisch (Limberger).
Merkmale: Triebspitze grün, wenig
bronziert, kahl; Blatt mittelgroß, drei-
bis fünflappig. Blattrand stumpf gezähnt. Traube langstielig, mittel bis
groß, leicht geschultert, dicht. Beere
mittelgroß, rund, schwarzblau. Geschmack knackig, saftig.
Eigenschaften: Geringe Ansprüche an
Lage und Boden und geringe Empfindlichkeit gegen Pilzkrankheiten und
Winterfrost.
Wein: Kräftig gefärbte, dunkelrote und
extraktreiche Weine mit ausgeprägtem
Rotweincharakter.

Boskoops Glorie

Robuste amerikanische Hausrebe.
Verbreitung: Nordrhein-Westfalen.
Herkunft: Entdeckt von Gerard van
Tol, Boskoop, Holland. Nach Deutschland gebracht von Günther Pfeiffer,
Bad Endbach. Vermehrte, an Isabella
erinnernde Sorte mit Erbgut von *Vitis
labrusca*.
Eigenschaften: Anspruchslose, widerstandsfähige Hausrebe mit lockeren,
geteilten Trauben und mittelgroßen
blauen, runden Beeren, vollsaftig, aromatisch, sehr süß. Dezenter Erdbeer-
geschmack. Frosthart; erträgt Temperaturen bis −25 °C. Frühreif.

Bouviertraube

Bouvier (Österreich), Bovije, Buveleova Ranka, Buvijeova Ranina, Buvijeova Ranka, Radgonska Ranina, Ranina, Ranina Bela (Slowenien, Kroatien).

Verbreitung: In Österreich (480 ha) vor allem im Burgenland und in der Steiermark angebaut, findet sich auch in Ungarn, in Slowenien und Kroatien.
Herkunft: Im Jahr 1900 vom Winzer C. Bouvier aus Radkersburg gezüchtet. Abstammung unbekannt.
Merkmale: Triebspitze weißwollig, rot umrandet; Blatt mittelgroß, rund bis länglich, drei- bis fünflappig, tief gebuchtet, hellgrün, Blattrand scharf gezähnt, Unterseite an den Nerven leicht spinnwebig, Stielbucht lyraförmig, überlappend; Traube mittel bis klein, teils geschultert, lockerbeerig; Beere mittelgroß, rund, dickschalig, goldgelb, knackig.
Eigenschaften: Mittlerer Wuchs, Lageansprüche gering, bevorzugt tiefgrün-dige Böden, gute Holzreife, neigt zu Chlorose, wenig anfällig für Botrytis.
Wein: Mild, extraktreich, meist hohe Restsüße, je nach Standort mehr oder weniger starkes Muskatbukett. Im ehem. Jugoslawien unter der Bezeichnung „Tigermilch" vermarktet. Schmackhafte Tafeltraube für den Frischverzehr.

Findling

Früh reifende, weiße, an Bouvier oder Müller-Thurgau erinnernde Sorte.
Verbreitung: Vornehmlich Baden.
Herkunft: Von Franz Kimmig, Tiergarten als Müller-Thurgau-Mutation angemeldet. Sortenschutz und Sortenliste 1971. Klassifiziert 1972.
Merkmale: Triebspitze stark wollig. Blatt mittelgroß, mittel bis stark fünflappig. Traube mittelgroß, locker bis dicht. Beeren mittel bis groß, grün bis gelb. Geschmack saftig, süß.
Eigenschaften: Ähnlich Müller-Thurgau, weniger Ertrag und Bukett, höhere Mostgewichte, neutrale Weine.

Brachetto

Würzig aromatische Traubensorte mit kräftig blauer Farbe.

Verbreitung: Fast ausschließlich im südlichen Piemont, in den Provinzen Asti und Alessandria angebaut.

Herkunft: Ursprüngliche Vermutungen, daß die Sorte aus Nizza importiert wurde, mußten verworfen werden. Neuere Untersuchungen legen den Ursprung in das Hügelland von Asti und Monferrato.

Merkmale: Triebspitze starkwollig bis filzig, grüngelb mit rötlichem Anflug; junges Blatt hellgrün, leicht bronziert, rötlich umrandet; Blatt mittelgroß, rundlich, dreilappig mit kaum ausgeprägten Blattbuchten, Stielbucht lyraförmig, offen bis sich berührend, Blattoberseite tief dunkelgrün, blasig, glänzend, Blattunterseite hellgrün, verkahlend, Blattrand unregelmäßig gezahnt, Traube mittelgroß, zylindrisch, dichtbeerig, geschultert, Beere mittelgroß, länglich rund, schwarzviolett, dünnschalig, beduftet mit festem, saftigem, farblosem Beerenfleisch, sehr aromatisch.

Eigenschaften: schwachwüchsig, mittlere, konstante Erträge, Austrieb und Blüte erfolgen früh, Reifezeit liegt Mitte September.

Wein: Rubinrot, zum hellen Granatrot oder Rosé tendierende Farbe mit zartem Muskat- und Rosenaroma. Wird in der Regel süß ausgebaut. Bekannt sind auch die sehr aromatischen Schaumweine.

Breidecker
Gm 49–84

Benannt nach dem gleichnamigen deutschstämmigen, neuseeländischen Weinbaupionier, der die Sorte in diesem Kontinent erfolgreich anbaute.

Verbreitung: In Deutschland nur im Versuchsanbau zugelassen, in Neuseeland und dem amerikanischen Kontinent ist das Interesse an dieser Sorte groß.

Herkunft: Fachgebiet Rebenzüchtung und Rebenveredlung der Forschungsanstalt Geisenheim. Kreuzung: (Silvaner × Riesling) × Seibel 7053. Züchter: H. Birk.

Merkmale: Triebspitze hellgrün, schwachwollig, junges Blatt hellgrün, leicht bronziert, glänzend, kahl; Blatt mittelgroß, schwach dreilappig, Seitenbuchten oft nur angedeutet, rundlich, schwach blasig, dunkelgrün, Stielbucht V-förmig sich berührend bis überlappend, Traube mittelgroß, konisch, geschultert, lockerbeerig; Beere mittelgroß, rundlich, grüngelb, zart beduftet, mit kleinen schwarzen Punkten, dickschalig, Beerenfleisch weich, süß, feinfruchtig.

Eigenschaften: Durch das Einkreuzen amerikanischer Wildarten und die nachfolgende Rückkreuzung mit europäischen Edelreben ist es gelungen, pilzresistente Zuchtstämme mit befriedigenden Ertrags- und Qualitätseigenschaften zu erhalten. Die Sorte zeichnet sich aus durch eine gute Widerstandskraft gegen Peronospora und eine in der Regel ausreichende Oidiumfestigkeit. Gedeiht auf tiefgründigen Böden, stellt aber keine hohen Ansprüche an die Lage. Die gute Holzreife bedingt eine hohe Frostfestigkeit. Wuchs mittelstark mit geringer Geiztriebbildung.

Wein: Von neutralem Typ, gehaltvoll, rassig, von traditioneller Art.

Buffalo

Der rote Büffel mit dem Foxaroma.

Verbreitung: Wird nur in den Nordstaaten der USA und in Kanada angebaut.

Herkunft: Neuzüchtung der Forschungsstation in Geneva, New York State aus dem Jahr 1952. Kreuzung: Herbert × Watkins. Nach der amerikanischen Großstadt Buffalo benannt.

Merkmale: Triebspitze weißwollig, rosa umrandet; junges Blatt weißwollig, rundlich bis schwach herzförmig; Blatt groß, rund, dick, dreilappig mit keilförmigem Mittellappen, kurz eingeschnitten, Oberseite glatt, dunkelgrün, Unterseite graugrün, weißfilzig mit langem rötlichen Blattstiel; Blattrand schwach kuppelförmig gezahnt; Stielbucht V-förmig, offen; Traube mittelgroß, unregelmäßig, lockerbeerig, teilweise geschultert; Beere mittelgroß, rund, rotblau, stark beduftet, dickschalig, fleischig mit typischem Foxgeschmack.

Eigenschaften: Mittel bis starkwüchsig, resistent gegen Oidium und Peronospora, sehr hohe Frostfestigkeit.

Wein: Samtig, leicht gerbstoffbetont, fruchtig mit einem gehörigen Schuß Erdbeeraroma. Wird auch zur Herstellung von Traubengelee und für den Frischverzehr verwendet.

Hinweis: Burgunder-Weine siehe unter Pinot.

Cabernet Franc

Acheria, Bouchet, Bouchy, Breton, Grosse Vidure, Noir Dur, Sable Rouge, Messanges Rouge, Trouchet Noir, Véronais (Frankreich), Cabernet (Österreich), Kaberne Frank (Slowenien, Kroatien).

Der kleinere Bruder des Cabernet Sauvignon, den er meist weder in Güte noch Menge erreicht. Aber ohne ihn würden den großen Weinen von Bordeaux, die aus dem Verschnitt von drei bis fünf Rotweinen entstehen, Frucht, Körper und Wucht fehlen. Der weiche Charakter paßt gut zur Milderung des strengeren Cabernet Sauvignon.

Verbreitung: In seinem Heimatland Frankreich von 22 606 ha 1979 auf 30 256 ha 1988. 1979 im Südwesten (Gironde 10 000 ha, Dordogne 1 080 ha, Lot et Garonne 500 ha), im Loire-Tal (Maine-et-Loire 5 350 ha, Indre-et-Loire 3 000 ha) und seit einigen Jahren auch im Midi-Gebiet (500 ha). Von dort in alle Kontinente verbreitet. Bedeutende Rolle in Nord-Ost-Italien, mit 5 669 ha (1990) größte Anbaufläche außerhalb Frankreichs. Bedeutende Flächen in Spanien, Ungarn, Rumänien, Bulgarien, Rußland, Argentinien (80 ha 1991), Brasilien (680 ha 1994), Chile, Kalifornien, Kanada, Südafrika (195 ha 1992), Australien (370 ha 1991), Neuseeland (82 ha 1994).

Herkunft: Seit langem bekannte Sorte aus dem Bordelais, weit verbreitet in der Gironde, Pyrenäen und dem Département Landes. In einem Bericht von 1784 als besonders gut für das Libournais beschrieben, wahrscheinlich von dort ins Médoc gelangt. Zur Zeit des Kardinals Richelieu an die Loire gekommen. Von Guyenne mehrere 1 000 Pflanzen dem Abt Bréton geschickt, Verwalter der geerbten Güter des Klosters Saint Nicolas de Bourgueil, der sie in Chinon und Bourgueil pflanzte. Hieß in notariellen Vermerken über Neuanpflanzungen Plant Breton, „die Pflanze des Abts Breton".

Merkmale: Triebspitze stark weißwollig mit rötlichem Saum. Junge Blätter mittelstark behaart mit bronzierten Stellen. Blätter hellgrün, fünflappig, sehr tief eingeschnitten, meist mit Zähnen in den oberen und unteren Blattbuchten. Stielbucht lyrenförmig, leicht offen bis überlappend, Zähne spitzbogig und gesägt. Unterseite schwach wollig behaart. Trauben mittelgroß, lockerbeerig, Beeren klein, rund dunkelblau.

Eigenschaften: Frohwüchsiger, im Austrieb und in der Reife 10 Tage früher als Cabernet Sauvignon. Ertrag 30–40 hl/ha. Auf fruchtbarem Boden, hoher Drahtrahmenerziehung und großzügigem Rebschnitt 80 hl/ha, wie beispielsweise im Languedoc, ergibt einen feinen Wein, tiefrot mit 11,5 % Alkohol. Gegen Echten und Falschen Mehltau, Schwarzfäule und Botrytis anfällig. Eignet sich besser für kühleres Klima als Cabernet Sauvignon.

Wein: Als junger Wein milder und deshalb ansprechender als der stark tanninhaltige, säurereiche Cabernet Sauvignon. Aroma erinnert an Himbeeren und Veilchen. In einem Vergleichsausbau der vier Bordeauxsorten Cabernet Sauvignon, Cabernet Franc, Merlot und Cot war Cabernet Franc nach 15 Jahren Reifung strahlender Sieger. Verdrängt in den Rotweindörfern an der Loire die Weißweinsorte Chenin Blanc. Weiche und fruchtige Weine auf Kiesböden in Flußnähe und auf Kalktuff an Hängen. Die frischen Rotweine von Bourgueil und Chinon werden auch Beaujolais aus der Bordeauxtraube Cabernet Franc genannt. Von leichter Struktur in Friaul und Venetien.

Cabernet Sauvignon

Bidure, Marchoupet, Petite Vidure (Frankreich), Bordeaux (Rumänien), Burdeos Tinto (Spanien), Kaberne-Sovinjon, Lafite (Rußland, Bulgarien); Petit Cabernet (Marokko).

Schon im 13. und 14. Jh. wurden Weine aus der Rebsortenkombination Cabernet Sauvignon, Cabernet Franc, Merlot, Petit Verdot und Malbec von den englischen und aquitanischen Höfen bevorzugt. Sie haben den Wein- und Rebenexport Frankreichs nach allen Erdteilen begründet.

Verbreitung: Mit einer Gesamtanbaufläche von 140 000 ha weltweit an 7. Stelle. In seinem französischen Heimatland ansteigend, von 22 962 ha 1979 auf 36 467 ha 1988, davon drei Viertel im Bordelais und dort wiederum drei Viertel im Médoc (75 % der Rebfläche) und Graves (50 % der Rebfläche). Alle Cabernet Sauvignon-Flächen dieser Region sind für die Produktion von AOC Weinen bestimmt. Im Loiretal auf 1700 ha. Verschnitt mit Cabernet Franc ergibt Anjou Rouge und Anjou Rosé. In Bulgarien (18000 ha), zweitgrößte Anbaufläche außerhalb Frankreichs. Rumänien (10000 ha). In Italien im Piemont, Trentino, Südtirol, Emilia Romagna, Toskana. Chile (11500 ha), Argentinien, Brasilien, Südafrika, Kalifornien (14000 ha 1992) im Napa und Sonoma Valley. Australien in Coonawarra und Hunter Valley; Neuseeland. **Herkunft:** Schwer zu ergründen. Die drei Sorten: Cabernet Sauvignon, Cabernet Franc und Carmenere wurden lange in alten Ampelographien verwechselt. Heimat im Midigebiet, im Bordelais, oder im Ebro-Tal in Nordspanien. Möglicherweise (oder Cabernet Franc) identisch mit der von Columella und Plinius geschätzten „Biturica", von keltischen Biturgern und römischen Weinbaupionieren zuerst in den Graves und später im Médoc angebaut. Beide Sorten heißen in den Graves heute noch Vidure (von vigne dure = harte Rebe, oder von Biturica?).

Merkmale: Triebspitze mittel- bis stark wollig; bei kleineren Blättern Behaarung nachlassend, Blattzähne leuchtend rot, Oberfläche blasig. Blätter mittelgroß, blasig, tiefgrün, glänzend; fünflappig, Seitenbuchten tief eingeschnitten, außen überlappend, innen einen offenen Kreis bildend; Stielbucht lyrenförmig, geschlossen bis überlappend, oft mit bloß liegenden Adern an der Stielbuchtbasis; Blattunterseite mit Woll- und Borstenhaaren; Zähne groß, spitzbogig. Trauben klein bis mittelgroß, geschultert; Beeren schwarz, klein, rund; Wachsbelag, dicke harte Beerenhaut, festes Fruchtfleisch. Zusammenziehende Eigenschaft.

Eigenschaften: Von Secondat, Sohn des Montesquieu, 1785 als vollkommene Rebe beschrieben. Gerechtfertigt hinsichtlich der Ertragssicherheit, der Weinqualität, der Resistenz gegen Botrytis. Etwas resistent gegen Falschen Mehltau und Schwarzfäule. Sehr anfällig gegen Oidium, Eutypa und Schwarzfleckenkrankheit. Aufrechter Wuchs, spätaustreibend. Auf den leichten Kies-, Quarz- und groben Sandböden vom Médoc und den Graves als eine der frühesten Sorten geerntet. Sehr widerstandsfähig gegen Trockenheit, verlangt frostgeschützte Lagen. Auf den schweren Böden in Pomerol und St. Emilion in nassen kühlen Herbsten keine Vollreife möglich. Ausgezeichnete Qualität auf mageren trockenen Böden, mit schwachwüchsiger Unterlage und kurzem Rebschnitt. Für Weine der Klassifizierung grands crus Ertrag auf 25 hl/ha begrenzt. Junge Anlagen mit 100 hl/ha bringen Weine zweiten Ranges. In Coonawarra, Australien, erstklassige Weine durch das vor etwa 25 Jahren entwickelte Rebschnittsystem Minimal Pruning, trotz 150 hl/ha Ertrag.

Wein: Sortenrein außergewöhnlich streng, tief rot. Verschnitt mit den milderen Rebsorten Cabernet Franc, Merlot, Malbec, Petit Verdot bringt große Vielfalt in Körper und Bouquet, die sich in der weiteren Entwicklung fortsetzt. Bordeauxweine halten sich lange, altern nur ganz allmählich. Wein mit 80–90% Cabernet Sauvignon Anteil ist nach fünf Jahren tintenschwarz, adstringierend, beißend herb und hart, ohne Charme und Ansprache. Nach 20 Jahren ein feiner, geschmeidiger und körperreicher, großartiger Wein. Zu diesem Zeitpunkt mit leuchtender, tief gedeckter Farbe, Veilchenbouquet, und charakteristischem Aroma der grünen Paprika. Lagerung in neuen Eichenfässern vermehrt Tanningehalt der jungen Weine. Seit hoher Gerbstoffgehalt nicht mehr gleichbedeutend mit hoher Qualität ist, beginnt man auch außerhalb Frankreichs mit milderen Sorten zu verschneiden.

Canaiolo Nero

Caccione Nero, Cagnina, Canaivola, Uva Canina, Tindilloro (Italien).

Die Sorte wurde schon von dem römischen Autor Columella in seinem Werk „De re rustica" erwähnt. **Verbreitung:** Anbau auf Italien beschränkt. Dort hauptsächlich in der Toskana, wo er Bestandteil des Chianti ist, aber auch in Umbrien, Latium, den Marken, auf Sardinien und in der Emilia-Romagna, wo er rote Dessertweine hervorbringt. **Herkunft:** Sehr alte Landsorte aus der Toskana. **Merkmale:** Triebspitze wollig, grün, rötlich umrandet; Blatt mittelgroß, fünflappig, Blattoberseite dunkelgrün, kahl, blasig, Unterseite hellgrün, filzig, Blattrand kurz und spitz gezahnt; Traube mittelgroß, kegelförmig, geschultert, lockerbeerig, langstielig; Beere mittelgroß, länglich, dünn- und hartschalig, beduftet, schwarzblau mit neutralem, etwas säuerlichem Geschmack und hohen Zuckerkonzentrationen.

Eigenschaften: Schwachwüchsig, treibt spät aus und ist dadurch nicht spätfrostgefährdet. Zur Steigerung seiner Fruchtbarkeit ist ein langer Anschnitt erforderlich, da die basalen Augen nicht fruchtbar sind. Sehr Anfällig gegen Oidium und Peronospora. Bevorzugt frische, tiefgründige Böden. **Wein:** Wird in der Regel nicht sortenrein ausgebaut, da er zu hochfarbige und bittere Weine hervorbringt. Als Verschnittpartner bringt er neben der Farbe vor allem Feinheit und Duft.

Cardinal

Early Cardinal war lange die frühreifste dunkelbeerige Tafeltraube auf dem Markt.

Verbreitung: In Südfrankreich in den Départements Gard, Vaucluse, Hérault, Var und Bouches-du-Rhône auf etwa 1 800 ha (1988). In Spanien (5 700 ha), Italien (3 800 ha), Rumänien (3 800 ha), Bulgarien (2 000 ha), Kalifornien (1 400 ha), Griechenland, Chile, Argentinien (700 ha 1990), Peru, Marokko (150 ha 1988), Algerien, Libyen, Türkei, Südafrika und Australien (400 ha 1991).

Herkunft: 1939 von Snyder und Harmon in Fresno, Kalifornien gezüchtet. Kreuzung zwischen bekannten Tafeltrauben Ahmeur bou Ahmeur und Alphonse Lavallée.

Merkmale: Triebspitze schwach wollig, rötlich. Junge Blätter unbehaart, bronziert. Blätter groß, fünflappig, tief eingeschnitten; Stielbucht an der Basis breit, lyrenförmig, knapp offen; Blatt-nerven in Stielbuchtnähe rötlich; Zähne spitzbogig und gesägt; Unterseite unbehaart. Trauben groß, konisch, Beeren rund bis leicht oval (20–25 mm). Beerenhaut dick, Fruchtfleisch fest und fleischig. Geschmack neutral, bei Vollreife leichtes Muskataroma.

Eigenschaften: Sehr fruchtbar, manchmal drei Trauben je Trieb. Kurze Wachstumsperiode: später Austrieb und frühe Reife. In Südfrankreich in der zweiten Julihälfte auf dem Markt. Benötigt intensive Pflege zur Verbesserung von Ansatz, Beerengröße und gleichmäßiger Beerenfarbe: einaugigen Zapfenschnitt, Ausdünnung vor der Blüte und nach Beerenansatz, behutsame Bewässerung, schwachwüchsige Unterlage, gemäßigte Düngung. Regen zur Erntezeit läßt die Beeren platzen. Empfindich gegen Echten und Falschen Mehltau, Schwarzfleckenkrankheit, Winterfrost und Reisigkrankheit. Bei Kultur in Tunnel- oder Folienhäusern in Südfrankreich Traubenreife im Mai.

Trauben: Sehr gute Eßtraube. Erste Trauben auf dem Markt oft geschmacklos, wenn vor der eigentlichen Reife geerntet wurde, um einen Marktvorsprung zu erzielen.

Carignan Noir

Bois Dur, Carignane, Catalan, Girarde, Mataro, Plant de Lédenon, Roussillonen (Frankreich); Carignano (Italien), Legno Duro (Italien, Marokko), Marocain (Marokko), Uva di Spagna (Italien); Pinot d'Evora (Portugal); Cariñena, Crujillon, Crusillo, Mazuela, Samso (Spanien).

Verbreitung: Mit der Gesamtanbaufläche von 280 000 ha 5. Stelle im Weltweinbau. In Frankreich von 207 103 ha 1979 auf 167 200 ha 1988 zurückgegangen. Dennoch fast ein Fünftel der Rebfläche. Die Verteilung 1979: Aude (69 000 ha), Hérault (60 000 ha), Pyrénées Orientales (23 000 ha), Gard (22 500 ha), Var (12 000 ha), Vaucluse, Bouches-du-Rhône, Drôme, Ardèche und Korsika. In Spanien (8 100 ha 1989) hauptsächlich in Tarragona, Gerona und Rioja. Weiter in Italien (2 500 ha 1990), Marokko (4 400 ha 1988), Zypern (1 000 ha), Griechenland, in Kalifornien (3 880 ha 1992) vor allem im San Joaquin Valley, Mexiko (13 500 ha), Chile (1 500 ha), Argentinien, Uruguay, China. Algerien 140 000 ha bis Unabhängigkeit, selten in Südafrika und Australien.

Herkunft: Spanien. Um die Stadt Cariñena angebaut, daher Synonym Cariñena. Seit dem 12. Jh. in Frankreich. Von westlichen Pyrenäen über gesamtes Midigebiet ausgebreitet.

Merkmale: Triebspitze stark weißwollig. Kleine Blätter gelblich, Oberseite leicht, -unterseite stark behaart. Ausgewachsene Blätter sehr groß, Waffelung um die Stielbucht; fünflappig; Seitenbuchten meist tief eingeschnitten; Stielbucht U-förmig, offen bis überlappend; Zähne groß, lang, spitzbogig; Behaarung der Blattunterseite spinnwebartig. Trauben groß, walzen- bis kegelförmig, kompakt, geschultert. Beeren schwarz, rund, mittelgroß mit dicker, gerbstoffreicher Beerenhaut.

Eigenschaften: Aufrechter Wuchs. Synonym Bois Dur = hartes Holz. Von

Vorteil für die Gobelet-Erziehung, jedoch bruchgefährdet in Windlagen. Spät austreibend, spät reifend. An mageren Hängen, bei scharfem Rebschnitt 30–70 hl/ha bei 12% Alkohol. Auf fruchtbaren Böden 200 hl/ha und 9% Alkohol, aber Weine ohne Charakter und sauer. Sehr anfällig gegen Echten Mehltau, anfällig gegen Botrytis, Falschen Mehltau und Bekreuzten Traubenwickler. In Sandböden resistent gegen Meloidogyne Nematoden.

Wein: Von mageren Böden tiefrot, kräftig, gerbsäurebetont, ab und zu unangenehm bitter. Deshalb Verschnittanteil nur 30–50% in den französischen AOC Weinen Côtes-du-Rhône, Coteaux du Languedoc, Corbières, Minervois, St. Chinian, Côtes du Roussillon, Côtes de Provence und Coteaux d'Aix-en-Provence. Guter Verschnittpartner im Westen des Midigebiets sind Syrah, Grenache Noir, Cinsaut, im Osten Grenache. Sie verleihen dem Wein Weichheit und Substanz. Im Rioja-Rezept zu 10% enthalten. In Kalifornien kaum sortenrein ausgebaut. Meist Verschnittpartner für billige Rot- und Roséweine.

Carignan Gris, Carignan Blanc

Spielarten von Carignan Noir sind die beiden hellen Sorten, erstere 1892 im Département Aude gefunden, 50 ha Anbaufläche. Carignan Blanc 1900 beschrieben, auf 2 300 ha im Languedoc. Ergibt leichte, säurereiche Weine. Ebenso empfindlich gegen Krankheiten wie Carignan Noir.

Chancellor
Seibel 7053

Verbreitung: In Frankreich einst die meistgepflanzte Hybride mit 40 000 ha, wird dort heute nicht mehr angebaut, wohl aber im Osten der USA und in Kanada (Ontario).

Herkunft: Aubenas, Ardèche, Frankreich. Züchtung von Albert Seibel (1844–1936) durch Kreuzung von Seibel 5163 × Seibel 880.

Merkmale: Triebspitze schwach wollig. Kleine Blätter bronziert, ältere Blätter kreisförmig, mittelgroß, wellig, ganzrandig; Stielbucht lyrenförmig, überlappend; Zähne spitzbogig und gesägt; Unterseite unbehaart. Trauben mittelgroß, walzenförmig, kompakt. Beeren rund bis länglich, klein, schwarzblau, fleischig.

Eigenschaften: Austrieb früh, spätfrostgefährdet, Beiaugen sind fruchtbar. Reife mittelfrüh. Wuchskraft mittel. Ertrag mittel bis hoch. Peronospora-Resistenz an Blättern mittel, Trauben werden stark befallen. Anfällig gegen Oidium und Mauke.

Wein: Einfach, fruchtig, sehr gute Qualität. Dunkler als der von Cabernet Sauvignon, etwas bitter. In USA nach Holzfaßlagerung sehr angenehm.

Chardonnay

Pinot Chardonnay, Morillon, Auxerrois.

Weltweit wichtigste, weißtraubige Form der Burgunderfamilie, häufig mit Weißem Burgunder und Morillon verwechselt.

Verbreitung: In Deutschland erst seit 1990 im Anbau (334 ha). Bekanntestes Anbaugebiet Frankreich (20 000 ha) Burgund, Champagne, Elsaß mit Pinot Blanc, für Chablis ausschließlich klassifiziert, Schweiz (200 ha). In Norditalien zusammen mit Weißburgunder (Pinot Chardonnay). In Übersee, Kalifornien (25 000 ha), Chile (4 500 ha 1995), Argentinien (900 ha), Kanada (250 ha), Australien (5 000 ha), Südafrika (2 300 ha). Anbauversuche in fast allen Weinbauländern.

Herkunft: Soll von den Kreuzrittern nach Frankreich und von den Benediktinern in Burgund verbreitet worden sein. Um 1850 wurde der Wert der

Sorte erkannt. Trotzdem werden bis in die Gegenwart unterschiedliche Formen der Burgunderfamilie als Chardonnay beschrieben. Erst Galet schreibt 1958 das unverwechselbare Merkmal der blattgewebefreien Stielbucht dem Chardonnay zu und trennt ihn vom Weißen Burgunder als eigene Sorte. Die Rebenformen mit diesem Merkmal besitzen eine erhebliche Variation, die von Weißburgunderähnlich über Typ Chardonnay fast bis zum Muskateller reicht.

Merkmale: Unterschied zum Weißen Burgunder: dunkleres Grün der Blätter, glatter, weniger blasig; Stielbucht U-förmig, offen; Stielbucht durch Blattnerven, die des Weißen Burgunders durch Blattgewebe abgegrenzt. Trauben meist kleiner als W. B., Beeren gelb bis goldgelb. Geschmack laubig-fruchtiger als W. B. Als Eßtraube wenig geeignet.

Eigenschaften: Vergleichbar mit W. B. aber empfindlicher gegen Verrieselung und Beerenbotrytis. Meist geringerer Ertrag und höhere Mostgewichte.

Wein: Bei Unreife dünn und grasig. Reif wuchtig, mit grüner Frucht und deutlicher Säure, daher Säureabbau und Ausbau im Holzfaß oder Barrique positiv. Weiße Grundsorte des Champagners.

Vielfalt der Weine ermöglicht die Anpassung an Terrinen, Fisch, Muscheln, hellen Braten, Käse; Edelsüße Weine sind wenig üblich.

Chasselas, Weißer Gutedel

Moster, Junker, Schönedel, Chasselas (Frankreich, Westschweiz), Fendant (Wallis), Perlan (Genfer See), Dorin (Waadtland), Tribianco Tedesco, Marzemina Bianca (Italien), Biela pleminka praskava (Slowenien, Kroatien); Fabian, Gyöngyzölö (Ungarn), Chrupka (Tschechische Republik), Royal Muscadine, Queen Victoria, White Chasselas (England), Chasselasdere (Spanien).

Bringt wohlschmeckende Tafeltrauben und einfachen, lebendigen Kneippwein.

Verbreitung: Prägende Rebsorte der Westschweiz (5 300 ha), Deutschland (1 289 ha), Baden, Markgräflerland (1 277 ha), Spanien (500 ha), wenig in Österreich und Osteuropa. In Übersee etwas in Kalifornien und Neuseeland.

Herkunft: Die große Formenfülle des Gutedel weist auf ein hohes Alter der Sorte hin. Ob aus 5 000 Jahre alten Grabmalerein auf ebenso alten Anbau in Ägypten geschlossen werden kann, ist überprüfenswert. Mit Gutedel vergleichbare Sorten finden sich in der Oase Fajum, 100 km südwestlich von Kairo. Allgemein wird die Urform im Orient vermutet. 1523 soll Vicomte d'Auban, Diplomat unter Franz I. am Hofe Sultan Suleimans II. Gutedelreben von Konstantinopel nach Frankreich gebracht haben, wo sie als Tafeltraube (Thomery) in Gewächshäusern gepflanzt wurden. General Courten soll unter Ludwig XV. Stecklinge von Fontainebleau in die Schweiz gebracht haben. Aber auch über den umgekehrten Weg wird berichtet. Ab dem frühen 17. Jh. ist er für Württemberg und Franken und seit dem 18. Jh. für Sachsen und Baden belegt. Ein Förderer der Sorte war Markgraf Karl Friedrich von Baden, der 1780 Pflanzgut vom Genfer See (Schweiz) einführte. Ähnlich wie der Elbling war der Gutedel im „Gemischten Satz" weit verbreitet. Bronner schreibt 1833 noch, unter Edenkoben in der Pfalz, südlich beginnt das Gutedelland. Heute gibt es dort nur noch einige Hausreben.

Merkmale: Triebspitze auffallend rötlich, kahl. Ranken auffallend groß, rötlich. Blatt mittelgroß, hellgrün, rot gefärbte Adern, kahl; tief fünflappig gebuchtet; Blattrand scharf gesägt (weniger als Muskateller). Stielbucht V-förmig geschlossen. Traube groß, länglich, auch leicht geschultert, lockerbeerig (Tafeltraube). Beeren groß, rund, grüngelb, Sonnenseite bräunlich, Schale dünn aber fest, Geschmack saftig bis knackig süß. Haltbare, schmackhafte Tafeltraube.

Eigenschaften: Auf fruchtbarem Boden in windgeschützter Lage (Verrieselung) beste Bedingungen. Spätfrost-gefährdet, da Beiaugen wenig fruchtbar. Empfindlich gegen Peronospora und Stiellähme, wenig gegen Bee-

renbotrytis (Eignung als Tafeltraube). Reife mittelfrüh.

Wein: Leichte, bekömmliche Kneippweine mit wenig Säure als Schoppen oder zu Fisch und hellen Fleischspeisen. Wohlschmeckende, transportierbare, lange lagerfähige Tafeltraube.

Chasselas Rouge, Roter Gutedel

Roter Junker, Chasselas Rouge, Chasselas Piros (Ungarn). Foto oben links.

Dem Weißen Gutedel nahestehende Form mit roten Trauben, späterem Austrieb und größerer Botrytisneigung der Beeren. Markgräflerland 50 ha.
Deutlich vom Gutedel unterscheiden sich die Tafeltraubensorten.

Königsgutedel
Frühroter Krachgutedel, Chasselas Violet, Ceraso.
Frühe Tafeltraube mit dickschaligen, blauroten Beeren und weniger geschlitzten Blättern.

Petersiliengutedel

Geschlitztblättriger Gutedel, Chasselas Cioutat (Frankreich), Spanischer Gutedel. Foto oben rechts.
Als Kuriosität in Sortimente gepflanzte Sorte mit stark geschlitzten Blättern (Petersilie) und mit Gutedel vergleichbaren, gelbgrünen Trauben.

Früher Weißer Gutedel
Diamanttraube, Chasselas Coulard.
Form mit früh reifenden Trauben.

Muskat-Gutedel
Chasselas Blanc Musqué, Passatuti.
Die Trauben der dem Muskat Ottonel ähnlichen Sorte besitzen ein feines Muskatbukett.

Krachgutedel
Krachender Süßling, Chasselas Croquant.
Früher in Baden und im Elsaß verbreitete Sorte, besonders knackige Eßtraube und gute Weintraube.

Chenin Blanc

Anjou, Cruchinet, Rougelin (Frankreich); Pineau de la Loire (Kanada, Frankreich), Pinot de la Loire (Argentinien); Steen, Vaalblaar Stein (Südafrika).

In außereuropäischen Weinbaugebieten oft unter falschem Namen. War unter dem Namen Steen eine der meistangebauten Rebsorten Südafrikas. Erst 1965 als Chenin Blanc identifiziert. In Australien Semillon und Albillo, in Chile und Argentinien jahrzehntelang Pinot Blanco genannt.

Verbreitung: In Frankreich rückläufig. 1958 auf 16 500 ha, 1988 auf 9 550 ha, besonders im Loiretal. Geringe Flächen in den Départements Aude (55 ha), Gard (16 ha), Gironde (16 ha) und Dordogne (8 ha). Große Bedeutung in Südafrika (28 000 ha 1992). Soll 1655 von Jan von Riebeck, Mitglied der holländischen Ost-Indien Gesellschaft, eingeführt worden sein.

Holländer, die schon vor dem 15. Jh. bis Ende 19. Jh. fast die gesamte Anjou-Ernte bekamen, wollten ähnlichen Wein in den Kolonien produzieren. Wichtige Sorte in den USA, Kalifornien (12 000 ha 1992), Argentinien (4 000 ha 1990), Chile (3 000 ha), Mexiko (500 ha), Brasilien, Uruguay, Australien (650 ha 1991) und Neuseeland (176 ha 1994). Weltweit etwa 70 000 ha.

Herkunft: Anjou. Seit 845 bekannt. In einer Urkunde von Karl dem Kahlen erwähnt. In Touraine 1490 von Thomas Gohier als Plant d'Anjou eingeführt. Der Schloßherr von Chenonceaux wollte einen Weinberg um sein Schloß anlegen. Zur gleichen Zeit von seinem Schwager Denis Briçonnet, dem Abt von Cormery gepflanzt, der zurückgezogen auf dem kleinen Herrensitz bei Mont Chenin, am Ufer des Echaudon, unmittelbar südlich der Touraine lebte.

Merkmale: Triebspitze stark weißwollig, leicht rötlicher Saum. Kleine Blätter bronziert, Oberseite wollig, Unterseite stark wollig; Blätter kreisförmig, dunkelgrün und blasig; fünflappig, obere Bucht mitteltief, untere Bucht weniger eingeschnitten; Stielbucht lyrenförmig, offen; typisch die roten Blattadern um die Stielbucht; Zähne spitzbogig; Blattunterseite wollig behaart. Trauben mittelgroß, kegelförmig, geschultert, kompakt. Beeren grün, mittelgroß, rund, mit dünner Beerenhaut.

Eigenschaften: Früher Austrieb, deshalb spätfrostgefährdet. Mittelspäte Reife. Starkwüchsig. Anfällig für Echten Mehltau, Graufäule und Traubenwickler. Mittlere Resistenz gegen Falschen Mehltau. Resistent gegen Schwarzfäule. Klone unterscheiden sich im Reifezeitpunkt und Ertrag (20–130 hl/ha). Morphologische Merkmale der Klone sind auch verschieden: kaum bis tief eingeschnittene Blattbuchten, lockere bis kompakte Trauben, rote bis grüne Triebe.

Wein: Sehr fruchtig, mit viel Bukett (Pfirsiche, Aprikosen, Haselnüsse). Von knochentrocken bis sehr süß. Als junger Wein sauer. Ausgereift nervig, kräftig, honigartig. Langlebig, erreicht erst nach fünfzig Jahren seinen Höhepunkt. In Vouvray und Montlous auf flachen Kalksteinhügeln und Sandböden weiche, fruchtige, trockene Weine. Um Tours auf Kalkhügeln trockene bis liebliche, kräftige, weiße Dessertweine mit Edelfäule. Um Chinon auf Sandböden frische, blumige Weine. Um Saumur auf Kalkboden, frisch mit Steingeschmack. Um Angers auf kreidehaltigen Tuffböden geschmeidige Weine und Schaumweine. Der weiße Anjou besteht aus mindestens 80% Chenin Blanc, verschnitten mit Chardonnay oder Sauvignon. Coteaux du Layon besteht ausschließlich aus Chenin Blanc Trauben, edelfaul geerntet. Crémant de Loire, ein Schaumwein, der 12 Monate auf der Hefe liegen muß. An der Westküste von Kalifornien fruchtig, halbtrocken oder lieblich, oft säurearm. In Südafrika neben Wein auch zu Sherry, Port und Brandy verarbeitet.

Ciliegiolo

Ciliegino, Ciliegiolo di Spagna.

Verbreitung: In der Toskana, in Lazio, Umbrien, Ligurien und Marche.
Herkunft: Alte spanische Rebsorte, 1870 in die Toskana eingeführt.
Merkmale: Blatt mittelgroß bis groß, drei- bis fünflappig, langgezogen, Stielbucht offen, U-förmig, Blattbuchten V-förmig, überlappend, Blattadern rötlich; Traube groß, länglich, zylindrisch bis pyramidenförmig, geschultert, kompakt; Beeren rund, mittelgroß, dickschalig, beduftet, schwarzviolett.
Eigenschaften: Starkwüchsig, hohe, konstante Erträge, reift Mitte August.
Wein: Alkoholreiche, robuste, tieffarbige Weine mit geringer Säure. Farbe und Geschmack an Kirschen erinnernd. Bestandteil des Chianti (70–90% Sangiovese, 5–10% Canaiolo Nero und Ciliegiolo, 5–10% Malvasier und Trebbiano). Ausschließlich zum Verschnitt.

Cinsaut

Chainette (Algerien), Cinsault (Algerien, Frankreich, Marokko, Tunesien); Espagnol, Monterille, Plant d'Arles, Salerne (Frankreich); Hermitage (Südafrika), Oeillade (Algerien, Frankreich), Ottavianello (Italien), Picapol (Uruguay), Senso.

Verbreitung: Gesamtfläche weltweit 80 000 ha, an 16. Stelle. In Frankreich 1958 auf 11 176 ha, 1988 auf 48 200 ha: Languedoc (ca. 33 000 ha), Provence (ca. 10 000 ha), Korsika (ca. 4 500 ha). In Italien 3 000 ha in Apulien. In Griechenland, Bulgarien, Rumänien, Rußland, Portugal, Marokko (6 200 ha 1988), Libanon, Südafrika (4 560 ha 1992), Kalifornien, Australien. Vor 1962 auf 60 000 ha in Algerien.
Herkunft: Midigebiet, Languedoc, Provence.
Merkmale: Triebspitze stark weißwollig, mit rotem Saum. Kleine Blätter

wollig, blasig, gelbrötlich; ältere Blätter kreisförmig, mittelgroß, hellgrün; fünfgelappt, tief eingeschnitten, manchmal mit einem Zahn in der Seitenbucht; Zähne spitzbogig und gesägt; Stielbucht lyrenförmig, offen bis geschlossen; Blattunterseite schwachwollig. Typisch sind die langen Ranken dieser Sorte. Trauben groß, walzen- bis kegelförmig, kompakt. Beeren blau mit Wachsbelag, groß, oval; Beerenhaut fest und knackig, Fruchtfleisch saftig. **Eigenschaften:** Mittlere Wüchsigkeit, hängende Wuchsform. Austrieb spät, Reife mittel. Anfällig gegen Echten und Falschen Mehltau, Eutypa, Schwarzfäule, Botrytis und zahlreiche Insekten. Verträgt gut Trockenheit, deshalb ehemals in Algerien weit verbreitet. Für maschinelle Ernte geeignet. Ertrag in der Ebene 100 hl/ha bei wüchsiger Unterlage und gemäßigtem Rebschnitt. Dies ergibt dünne, charakterlose Weine. Bei 50 bis 90 hl/ha auch nur für Tafelwein geeignet, da farblos, alkohol- und säurearm. Ertrag an Hängen liegt bei 35–40 hl/ha bei schwachwüchsigen Unterlagen, wie Couderc 3309, Malègue 4453.

Wein: Von Hanglagen bei mäßigem Ertrag leuchtende Farbe, weich mit angenehmem Duft, an Mandeln und Nüsse erinnernd. Enthält wenig Gerbstoffe, nicht für lange Lagerung. Im Midi verschnitten mit Grenache und Carignan verleiht Harmonie, mildert Alkoholüberschuß des Grenache und reduziert Bitterkeit und Tanninüberschuß des Carignan. Rundet ab, bringt Frische und Substanz beim Verschnitt mit Shiraz und Cabernet Sauvignon. Liefert ausgezeichnete Roséweine. In AOC Weinen des Châteauneuf-du-Pape, Côtes-du-Rhone, Côtes de Provence, Coteaux du Languedoc enthalten. In Südafrika bei hohem Zuckergehalt auch als portähnlicher Wein verarbeitet.

Traube: Dickschalige, fleischige Beeren. In Frankreich unter dem Namen Oeillade verkauft. Wenig exportiert, da Beere zu klein.

In Südafrika auch Cinsaut Gris und weißbeerige Cinsaut mit Namen Albatros, die sich außer in der Beerenfarbe nicht von Cinsaut Noir unterscheiden.

Clairette Blanche

Blanquette (Frankreich, Marokko), Bou Afrara (Algerien), Clairette Pointue (Algerien, Frankreich); Ovsianka, Vivsianka (Rußland).

Früher besonders genutzt zur Herstellung von Wermutwein, da hoher Alkoholgehalt und rasche Oxidation. Heute Wermut nicht mehr gefragt.

Verbreitung: In Frankreich rückläufig. 1958 auf 14 128 ha, 1988 auf 3 900 ha. In der Provence: Var (1 087 ha), Bouches-du-Rhône (270 ha), Drôme (609 ha). Im Languedoc: Gard (1 318 ha), Hérault (805 ha), Ardèche (245 ha), Aude (120 ha). Außerdem in den Départements Gers, Gironde, Tarn-et-Garonne, Pyrénées Atlantiques. Größere Bedeutung in Südafrika (2 200 ha 1992) zur Herstellung des Schaumweins Vonkelwyn. Algerien, Marokko (380 ha), Italien, Israel, Sardinien (im DOC Wein Nuragus di Cagliardi), Rumänien, im Hunter Valley in Australien (100 ha), Uruguay, Kalifornien.

Herkunft: Südfrankreich, Midigebiet, möglicherweise Hérault. Seit langem im Gebiet des Olivenanbaus.

Merkmale: Triebspitze stark weißwollig, kleiner rötlicher Saum. Kleine Blätter starkwollig. Blätter kreisförmig, dunkelgrün, dick und blasig; fünflappig, flach eingeschnitten; Stielbucht geschlossen, weit überlappend; Zähne klein, spitzbogig und gesägt; Blattunterseite dichtwollig und Borstenhaare. Trauben mittel bis groß, kegelförmig, geschultert und etwas locker. Beere klein bis mittelgroß, eiförmig, hellgrün bis weiß, dünnhäutig und sehr süß.

Eigenschaften: Sehr starkwüchsig und dauerhaft. Spätreif. Widerstand in Südfrankreich von allen europäischen Sorten mit am längsten der Reblaus. Geeignet für magere Böden. Benötigt schwachwüchsige Unterlage, um nicht zu verrieseln. Rebschnitt meist Gobelet (Kopfschnitt) oder Kordon. Widerstandsfähig gegen Echten Mehltau und

Schwarzfleckenkrankheit, sehr anfällig gegen Falschen Mehltau, Milben und Traubenwickler. Niedriger Ertrag von 50 hl/ha ergibt 12–14% Alkohol und rasch maderisierenden Wein. In der Ebene liegt der Ertrag bei 100 hl/ha. Wein ist alkoholärmer, sollte jung getrunken werden.

Wein: Sortenrein in AOC Weinen Clairette de Bellegarde im Département Gard und Clairette du Languedoc im Hérault. Sehr würzig, alkoholreich, goldgelb. Nachgeschmack leicht bitter. Oxidiert leicht, ergibt typischen „Rancio" Ton. Clairette de Languedoc als Süßwein (vin de liqueur), trocken und als oxidierter Wein (vin rancio) ausgebaut. Letzteres, wenn Trauben bei der Ernte überreif waren und dreijährige natürliche Alterung stattgefunden hat. Clairette de Die, Schaumwein aus dem Département Drôme. Dort im Verschnitt mit Muscat Blanc. Clairette bringt Leichtigkeit und Frische, Muscat Blanc das Bouquet. Prickelnd, goldgelb, weich, süß und fruchtig mit Muskat- und Rosenduft. Im AOC Schaumwein Blanquette de Limoux zu geringem Anteil mit Mauzac verschnitten. Außerdem in AOC Weinen wie Châteauneuf-du-Pape, Côtes-du-Rhône, Côtes-de-Provence, Cassis und anderen zu finden.

Traube: In Frankreich im Midi Gebiet und Südwesten auf etwa 100 ha als Tafeltraube angebaut. An einer Schnur aufgehängte Trauben halten sich bis zum April, Beere runzelt nur leicht.

Clairette Rose unterscheidet sich von Clairette Blanche durch Färbung der Beere. Kultiviert in den Départements Gard, Aude, Hérault, Var und Vaucluse.

Colombard

Blanc Emery, Bon Blanc (Frankreich);
Colombar (Südafrika), French Colombard (Kanada, Chile, Israel)

Bis etwa 1900 oft mit Semillon verwechselt.

Verbreitung: In Frankreich 1958 auf 13 105 ha, 1980 nur noch auf 4 900 ha, da Anteil im AOC begrenzt ist und in der Charente der ertragreichere Ugni Blanc vorgezogen wird. Verteilung 1979: Gironde (3 537 ha), Gers (1 114 ha), Charente Maritime (860 ha). Außerdem in der Charente, den Landes, Lot-et-Garonne, und Loire Atlantique. In Kalifornien auf 21 900 ha (1992) und damit dort flächenmäßig wichtigste Weinsorte, hauptsächlich im San Joaquin Valley, in Mendocino und Lake. Auch in Texas. Außerdem in Südafrika (8 500 ha 1992), Australien (800 ha 1991) und Israel (Golanhöhen).
Herkunft: Charente, aus der Gegend der Borderies. Lieferte alkoholreichere

und nicht so herbe Weine wie Folle Blanche, geschätzt von den holländischen Handelshäusern.
Merkmale: Triebspitze stark weißwollig. Kleine Blätter weniger behaart, gelblich. Blätter kreisförmig mit nach unten gerolltem Blattrand, ganzrandig bis schwach dreilappig; charakteristisch die weit offene V-förmige Stielbucht; Zähne spitzbogig; Blattunterseite wollig, zum Teil als kleine Knäuel an den Nerven verteilt. Trauben mittelgroß walzenförmig, geschultert. Beeren goldgelb, rund, mittelgroß; Fruchtfleisch saftig.
Eigenschaften: Starkwüchsig. Haltung der Triebe halbaufrecht, brechen im Frühjahr bei starken Winden. Austrieb früh, Reife mittelspät. Pfropfung steigert Wuchskraft und reduziert Verrieselung. Sehr anfällig gegen Echten Mehltau, Botrytis und Stiellähme. Mittlere Widerstandsfähigkeit gegen Falschen Mehltau. Ertragreich, 80–170 hl/ha. Von 80–120 hl/ha guter Wein. Was darüber hinausgeht ist sauer. Bei 8% Alkohol grün und ungeschliffen. Gedeiht auch in warmen trockenen Lagen.
Wein: Hauptmerkmal ist die kräftige Säure. Liefert deshalb auch in heißem Klima frischen Wein und in größeren Mengen. Besonders in Kalifornien fruchtig und blumig. In Südafrika Verschnitt mit Chenin Blanc ergibt Markenwein Stein. Im AOC Süßwein Pineau des Charentes enthalten.
Bei Bränden: Qualität etwas geringer als Folle Blanche und Ugni Blanc. Empfohlene Sorte für AOC Cognac und Armagnac.

Concord

Die berühmteste Rebe des Staates New York.

Verbreitung: Anbau überwiegend in den Nordstaaten Amerikas, 11 600 ha stehen alleine im Staat New York, Kanada und Brasilien.

Herkunft: Von E. W. Bull aus Concord (Massachusetts) 1843 aus Samen von *Vitis labrusca* gezogen. Er benannte sie nach seiner Heimatstadt.

Merkmale: Typische morphologische Merkmale der *Vitis labrusca,* wie kontinuierliche Rankenfolge; Triebspitze starkwollig, weißlich-hellgrün, karminrot umrandet. Junges Blatt weißlich überhaucht mit leicht rötlichem Blattrand; Blatt groß, schwach dreilappig mit breitem keilförmigem Mittellappen, rund, oben dunkelgrün, fein blasenartig, Unterseite dichtbehaart; Stielbucht Lyra-förmig, weit offen. Traube ziemlich groß, pyramidal, mehr lockerbeerig. Beere groß, unregelmäßig rund, dunkelviolett, blau beduftet, mit einzelnen grünen Beeren untermischt mit stark fuchsigem Beigeschmack.

Eigenschaften: Sehr starkwüchsig, reichtragend, bevorzugt leichte, sandige Böden, gute Resistenz gegen Peronospora und Oidium, sehr hohe Winterfrostfestigkeit.

Wein: Hellrubinrot, leicht adstringierend, Bukett und Geschmack sind zart umschrieben von ausgeprägtem Erdbeerton. Kenner behaupten, der Wein ströme den Geruch von nassem Fell aus. Der gleiche Duft ist schon ab der Blütezeit im Weinberg wahrnehmbar.

Schatten gelbgrün, in der Sonne goldgelb. Gute Eßtraube mit festem Fruchtfleisch.
Eigenschaften: Austrieb und Reife mittelfrüh. Starkwüchsig, ertragssicher,
botrytisanfällig.
Wein: Trocken. Hell strohgelbfarben
mit leichter Tendenz zu Grün, reich-
haltiges Bukett. Geschmack herb, harmonisch, fruchtig, frisch, nach Bittermandel. Alkoholgehalt nie hoch, zwischen 10 und 12 %. Liefert den teuersten trockenen Weißwein Italiens, den
möglichst jung zu trinkenden DOC-
Wein Cortese di Gavi. Weitere zwei
Cortese DOC-Weine sind Colli-Torto-
nesi Cortese und Cortese dell'Alto
Monferrato. Als Aperitifwein mit einer
Temperatur von 8–10 °C, als Tischwein
mit 10–12 °C anzubieten. Wegen des
hohen Säuregehalts auch als Grund-
wein für Spumante (Schaumwein)
beliebt.

Cortese
Courteisa, Courteis

Zusammen mit Erbaluce eine der selte-
nen Weißweinsorten im Piemont.
Verbreitung: In Italien auf 1851 ha
(1982) in den Provinzen Alessandria,
Asti und Cuneo.
Herkunft: Möglicherweise aus der
Provinz Alessandria im Piemont. Dort
mindestens seit dem 18. Jahrhundert
bekannt.
Merkmale: Triebspitze stark weißwollig, mit rotem Saum. Junge Blätter
grün, leicht bronziert. Ausgewachsenes
Blatt fünfeckig, überwiegend siebenlappig, obere Bucht tief, untere Bucht
mitteltief eingeschnitten, Seitenlappen
überlappend. Stielbucht mit rundem
bis ovalem Loch über dem Blattstielansatz, darüber stets überlappend.
Rippen am Blattstielansatz rötlich.
Zähne klein, spitz, gesägt. Unterseite
schwach wollig. Traube groß
(20–25 cm), konisch pyramidenförmig.
Beere mittel bis groß, länglich. Im

Corvina Veronese
Corvina, Cruina (Italien)

Corvinone, früher als Klon von Corvina Veronese angesehen, ist eine andere eigenständige Sorte.
Verbreitung: In Italien auf 4 484 ha (1990) in der Provinz Verona.
Herkunft: Talebene von Verona.
Merkmale: Triebspitze schwach weißwollig, am Rand rosa. Junge Blätter grün. Ausgewachsenes Blatt fünfeckig, fünflappig. Seitenbuchten tief eingeschnitten. Stielbucht lyrenförmig, offen. Zähne lang und spitz, überwiegend gesägt. Unterseite Borstenhaare, schwach wollig. Trieb grün. Traube mittelgroß, kompakt, zylindrisch. Beere klein bis mittelgroß (15 mm), schwarz-violett, eiförmig, dickhäutig, sehr bereift. Geschmack neutral.
Eigenschaften: Austrieb und Reife spät. Gute Wuchsstärke. Ertragssicher. Sehr botrytisanfällig. Abhilfe schafft magerer Boden und eine luftige Exposition am Südhang.

Wein: Sortenrein ausgebaut tief dunkelrot, mit lebhafter Säure, herb, etwas fehlender Harmonie, aber mit Finesse. Corniva ist die Basissorte für die Weine von Valpolicella (mit einem Anteil von 40–70 %) und Bardolino (mit einem Anteil von 35–36 %), neben den Sorten Rondinella, Molinara, Dindarella und neuerdings der vergessenen alten Qualitätssorte Oseletta. Beste Lagen bringen einen nach Pflaumen und Zimt duftenden, dunkelfarbenen, dicht gewobenen und nachhaltigen Wein. Corvina Veronese wird außerdem zur Herstellung der klassischen Recioto (mit einem Anteil von 40–70 %) und Amarone eingesetzt. Amarone ist mit 15 % Alkohol ein schwerer Wein. Nach der Lese werden die Trauben drei Monate auf einem Gitterrost zur Konzentration des Saftes in den Beeren getrocknet und dann erst verarbeitet.

105

Cot

Auxerrois, Balouzat, Cahors, Cauly, Etranger, Mourame, Pressac (Frankreich); Cot Malbec (Uruguay), Cot Rouge (Chile), Malbec (Argentinien, Australien, Chile, Frankreich, Rußland, Schweiz, Spanien, Südafrika), Malbech (Italien).

Lieferte in der Zeit vor der Reblaus die weltberühmten „schwarzen Weine von Cahors".

Verbreitung: In Frankreich Anbaufläche rückläufig: 1958 auf 10 752 ha, 1988 auf 5 300 ha. Im Südwesten, zum Teil verdrängt vom Merlot, hauptsächlich in der Gironde (2 148 ha), Lot (1 736 ha) und Dordogne (136 ha). Im Loire Tal (358 ha), in den Appellationen Anjou und Touraine. Département Aude (108 ha). Nord- und Süditalien (265 ha 1990). Argentinien einstmals 50 000 ha, 1990 noch 10 500 ha. Chile (6 000 ha), Peru, Kalifornien (200 ha), Australien (258 ha 1991), Neuseeland.

Herkunft: Nach überwiegender Ansicht aus dem Cahors. Dort auch Auxerrois genannt, weil auf Geheiß des Königs die Stadt Cahors Schnittholz nach Auxerre in Burgund senden mußte. Sicherlich nicht aus der Gironde, da dort Etranger (= Fremder) genannt. Früher in mehr als 30 Départements kultiviert, daher die Vielzahl der Synonyme.

Merkmale: Triebspitze stark weißwollig, schwach rötlicher Saum. Kleine Blätter anfangs noch stark behaart, später mit bronzierten Stellen. Blätter kreis- bis nierenförmig, Blattränder nach unten gebogen; ganzrandig bis schwach dreilappig; Stielbucht V- oder U-förmig, offen; Zähne gesägt; Unterseite schwach wollig als Knäuel; Laub im Herbst zum Teil rötlich. Trauben mittelgroß, geschultert, leicht lockerbeerig. Beeren klein (10–12 mm), schwarz, rund, wenig saftig.

Eigenschaften: Austrieb früh, Reife früh. Wüchsigkeit mittel. Sehr frostempfindlich und sehr verrieselungsan-

fällig. Verrieselt weniger in heißem Klima, wo Blütebedingungen besser sind. Anfällig gegen Falschen Mehltau, Botrytis, Schwarzfleckenkrankheit, resistenter gegen Oidium. Günstig sind großzügiger Rebschnitt, Pfropfung auf schwachwüchsige Unterlagen wie Riparia Gloire de Montpellier und Millardet 420 A. Beste Weine aus Kalksteinlagen. Ertrag im Midigebiet 80–100 hl/ha mit 11–12% Alkohol, im Bordelais 40–80 hl/ha.

Wein: Tiefrot, tanninhaltig, aber milder und weicher als Cabernets, früh trinkreif. In den roten AOC Weinen Bordeaux, Médoc, Graves, Saint-Emilion, Pomerol, Bergerac, Côtes de Duras, Côtes de Buzet, Fronsac, Bourgeais enthalten. Im Cahors mit 30% Merlot und Tannat verschnitten. Dort früher an Hängen, heute in fruchtbareren Lagen am Fluß Lot kultiviert, deshalb nicht mehr so tiefdunkel. Im Loiretal mit Gamay Noir und Cabernet Franc für AOC Wein Anjou Rosé verschnitten.

De Chaunac
Seibel 9549
(Bild oben)

Verbreitung: In USA (State New York, Minnesota, Michigan) und Kanada (Ontario) insgesamt 400 ha.
Herkunft: Aubenas, Ardèche, Frankreich. Neuzüchtung von Albert Seibel durch Kreuzung von Seibel 5163 × Seibel 793.
Merkmale: Triebspitze schwach behaart, Blätter unbehaart, klein, dreilappig; obere Seitenbucht mitteltief eingeschnitten; Zähne spitzbogig; Stielbucht V-förmig; Unterseite unbehaart. Traube mittelgroß, kompakt, geschultert. Beere rund, klein, schwarzblau.
Eigenschaften: Reife früh. Starkwüchsig. Ertragreich. Kurzer Rebanschnitt empfohlen. Frostempfindlich. Gute Pilzresistenz.
Wein: Mittlere Qualität. Dunkelrot, mild. Vollreif geerntet mit harmonischem Säure-Zucker Verhältnis. Ergibt guten Rosé.

Deckrot
Fb. 119–39

Spätreifende neue Färbersorte mit hoher Säure.

Herkunft: 1939 von Johann Zimmermann am Staatlichen Weinbauinstitut Freiburg aus Ruländer und Färbertraube gekreuzt. Sortenschutz und Sortenliste 1971.

Merkmale: Laub bei Austriebsbeginn schon dunkelgrün bis rot. Triebspitze stark wollig-filzig, weiß, rötlich behaart. Blatt klein bis mittelgroß, stark fünflappig, dunkelgrünrot. Traube mittelgroß, dichtbeerig. Beeren klein bis mittelgroß, rund, blau, grau beduftet. Saft intensiv rot gefärbt, süß bis säuerlich.

Eigenschaften: Ähnlich der Färbertraube spät austreibende, blühende und reifende, aber robuste neue Sorte mit intensiv roten, aber säurereichen Weinen. War ursprünglich als Färbersorte vor allem für die Farbvertiefung anderer, hellere Rotweine bringender Sorten gedacht. Wird nun von frühreifen Färbersorten, wie Dunkelfelder teilweise auch Dornfelder verdrängt, die neben der Farbverbesserung auch fülligere Weine bewirken (siehe Kolor).

Dolcetto

Ormeasco, Uva del Monferrato (Italien).

„Der kleine Süße" verdankt seinen Namen dem außerordentlich süßen Geschmack. Er gilt als der Portugieser Italiens.

Verbreitung: Typische Sorte in den Langhe-Bergen zwischen Dogliani, Alba, Acqui und Ovada, wird mittlerweile auch mit Erfolg im Raum Asti und Oltrepo Pavese angebaut.

Herkunft: Wird bei Monferrato in Piemont nachweislich schon seit dem 11. Jahrhundert angebaut. Nach Gallesio, dem Autor der Pomona italiana ist dort auch ihr Ursprung zu suchen.

Merkmale: Triebspitze starkwollig, grünlichweiß mit dunkelkarminrotem Rand; junges Blatt weinrot mit grünen Blattnerven, Unterseite wollig; Blatt mittelgroß, fünflappig, breiter als lang, Blattoberseite dunkelgrün, glänzend, kahl, Unterseite leicht beborstet; Traube mittelgroß, pyramidenförmig, geschultert, lockerbeeerig; Beere mittelgroß, rund, dünnschalig, beduftet, schwarzblau.

Eigenschaften: Mittel- bis starkwüchsig, sehr anfällig gegen Oidium und Peronospora, besitzt die Eigenart, zur Zeit der Traubenreife leicht die Beeren abzuwerfen; reift schon Mitte September, beansprucht tiefgründige Lagen, auf denen sie gute Erträge liefert.

Wein: Lebhaftes Rubinrot, sehr fruchtig, an Quitte und Bittermandel erinnernd, samtig. Präsentiert sich in seiner vollen Geschmacksbreite nur in jungen Jahren, eignet sich durch den geringen Gerbstoffgehalt nicht zur Lagerung.

Domina
Geilweilerhof 4–25–7

Gewinnt an Bedeutung, da farbintensiver als herkömmliche Standardsorten.
Verbreitung: In Deutschland (137 ha 1996) besonders in Franken mit 106 ha.
Herkunft: Züchtung von Peter Morio und B. Husfeld, Institut für Rebenzüchtung Geilweilerhof, Siebeldingen, Pfalz. Kreuzung von Portugieser × Spätburgunder (1927).
Merkmale: Triebspitze weißwollig. Kleine Blätter gelbgrün, Unterseite wollig. Blätter leicht blasig, fünf-, selten siebenlappig; Seitenbuchten tief eingeschnitten; Stielbucht stark überlappt; Unterseite wollig; Zähne gesägt und spitzbogig. Traube mittelgroß bis groß, dichtbeerig, geschultert. Beere blauschwarz, rund, mittelgroß.
Eigenschaften: Austrieb mittelfrüh, Reife mittelspät. Starkwüchsig, geringe Geiztriebbildung. Blühfest. Ertrag 120 hl/ha mit 75–80° Oechsle und 10–14% Säure. Bevorzugt Rotweinlagen. Sehr gute Holzreife, gute Winterfrostfestigkeit. Mittlere Botrytisresistenz, meist nur Spätbefall. Chloroseresistenz gut. Virustolerant.
Wein: Sehr dunkel. In guten Lagen vollmundig, extraktreich. Lagerung im Holzfaß rundet hohen Gerbstoffgehalt ab. Junge Weine meist säurebetont.

Dornfelder
We S 341

Frühreifende, starkwüchsige neue Sorte für tiefdunkle, markant fruchtige Rotweine.

Verbreitung: In fast allen deutschen Rotweingebieten (2 125 ha), Pfalz (981 ha), Rheinhessen (702 ha), Württemberg (207 ha), Nahe (115 ha). Versuchsanlagen im Ausland.

Herkunft: August Herold (1902–1973) kreuzte die Sorte 1955 in Lauffen aus Helfensteiner (Frühburgunder × Trollinger) × Heroldrebe (Portugieser × Limberger). Nach 1975 verbreitete sie sich in den deutschen Weinbaugebieten. Sortenschutz 1979, Sortenliste 1980. Die Sorte ist nach dem Weinbaufachmann Imanuel Dornfeld (1796–1869) aus Weinsberg benannt.

Merkmale: Starkwüchsig, großformatig. Triebspitze weiß bis rötlich, filzig behaart. Blatt sehr groß, stark, fünflappig, blasig, gewellt; Stielbucht weit überlappt, Ränder grob gezähnt. Trauben sehr groß, lang, breit geschultert, lockerbeerig. Beeren mittelgroß bis groß, rund bis leicht oval, tiefdunkel, blaugrau beduftet. Beerenschale dick, Saft leicht rot gefärbt, Geschmack fruchtig süß.

Eigenschaften: Dem starken aufrechten Wuchs folgend, großräumiger Drahtrahmen erforderlich. Leidet unter Trockenheit, empfindlich gegen Winterfrost, Peronospora-gefährdet. Meist lockere Trauben und dicke Beerenschale bedingen geringe Anfälligkeit gegenüber Botrytis, begrenzen die Eignung als Tafeltraube.

Wein: Betont fruchtiger, tiefdunkler bis blauroter, je nach Reife und Ausbauart zarter bis markanter Rotwein, der im ersten Fall zu Braten und Vorspeisen und im zweiten zu Wild und kräftigem Käse getrunken wird. Durch intensive Farbe interessant als Sorbet oder Sekt. Als Farbgeber beeinflußt er geschmacklich stark den Verschnittwein.

Dunkelfelder
Froelich V. 4.4, Purpur.

Frühreife Färbersorte mit nicht völlig geklärter Herkunft.

Verbreitung: Mit 212 ha auf Deutschland begrenzt, insbesondere in den Rotweingebieten: Pfalz 88 ha, Rheinhessen 19 ha, Baden 55 ha, Nahe (10 ha).

Herkunft: Schon vor 1939 unter der Zuchtnummer Froelich V. 4.4. in verschiedenen Rebsortimenten vertreten (z. B. Oberdorf/Lahn), überdauerte den 2. Weltkrieg im Scheusortiment der Landesanstalt für Rebenzüchtung in Alzey. Vor dem Aushauen 1948 wurden etwa 300 alte Sorten, darunter Dunkelfelder, vom Reblauskommissar Hermann Conrad vermehrt und von Fritz Uhl in der Rebveredlungsanstalt Rhodt angepflanzt. Von Stöcken 276a und b stammen die Vermehrungen in Neustadt und Geisenheim. Mit Dunkelfelder wollte der Namensgeber, Helmut Becker, auf die ungeklärte

Herkunft und den dunkelroten Wein hinweisen. Über die Züchtungen Gustav Adolf Froelichs (1847–1912), Edenkoben, sind keine Unterlagen erhalten. Kreuzungseltern daher unbekannt, vermutlich Portugieser und Färbertraube.

Merkmale: Für Färbersorten typische, im Sommer schon beginnende intensiv rote Herbstverfärbung. Triebspitze dichtwollig, rötlich filzig. Blatt mittelgroß, fünflappig, mit betontem Mittellappen; Stielbucht offen bis gerade geschlossen, Blattrand grob gezähnt. Traube mittelgroß, breit gedrungen, oft stark geschultert bis geteilt. Beeren rund bis leicht oval, vor der Reife oft grün bis rotfleckig, bei Reife intensiv rotblau bis blauschwarz, graurot beduftet. Saft stark dunkelrot gefärbt (färbt Lippen und Zähne); Biß knackig saftig, Geschmack fruchtig süß bis säuerlich.

Eigenschaften: Wegen sehr frühem Austrieb nicht für Frostlagen. Verlangt wegen schwachen Wuchses fruchtbare, feuchte Böden und starkwüchsige Unterlagen; neigt zu Verrieseln und Oidium. Kurze Internodien verlangen kleinräumigen Drahtrahmen. Trotz angenehmem Geschmack wegen der Farbe nicht als Eßtraube zu empfehlen. Frühe Reife (noch vor Portugieser) bedingt im Gegensatz zu alten Färbersorten (Färbertraube, Deckrot, Kolor) niedrige Säuregehalte.

Wein: Die tief dunkelroten, markant kräftigen Deckrotweine werden zunehmend auch unverschnitten zu Wild, Grillgerichten oder kräftigem Käse getrunken.

Ehrenfelser
Gm 9/93

Die Benennung erfolgte nach der Ruine Ehrenfels bei Rüdesheim im Rheingau.

Verbreitung: der Anbau von 1996 insgesamt 361 ha erfolgt überwiegend in den Weinbaugebieten Rheinhessen (98 ha), Pfalz (151 ha), Nahe und Rheingau, wird auch in geringem Umfang in Kalifornien, im Staat New York und Kanada angebaut.

Herkunft: Fachgebiet Rebenzüchtung und Rebenveredlung der Forschungsanstalt Geisenheim. Kreuzung: Weißer Riesling × Grüner Silvaner aus dem Jahr 1929. Züchter: H. Birk. Erteilung des Sortenschutzes und Eintragung in die Sortenliste am 12. 6. 1969.

Merkmale: Triebspitze starkwollig, gelblichgrün, weißlich überhaucht bis rötlich überlaufen mit weißem Treibspitzkern, oft karminrot berandet; junges Blatt gelbgrün, schwach rötlich überlaufen; Blätter mittelgroß bis klein, rundlich, fünflappig mit deutlichen Seitenbuchten, rieslingartig, Stielbucht V-förmig geschlossen, Blattrand grob gezähnt; Traube klein bis mittel, kegelförmig, teils geschultert, kompakt; Beeren gelbgrün, rund, mittelgroß.

Eigenschaften: Mittelstarker, aufrechter Wuchs mit geringer Geiztriebbildung, Austrieb-, Blüte- und Reifezeit sind mit dem Riesling vergleichbar. Lageansprüche sind mittel bis hoch, toleriert auch trockene Standorte wie Steillagen, die Erträge sind rieslingähnlich jedoch mit höheren Mostgewichten. Durch die sehr gute Stielfestigkeit können die Trauben länger am Stock belassen werden, um hochwertige Prädikatsweine zu ergeben.

Wein: Betont fruchtiger, rieslingähnlicher Typ mit einer rassigen Säure. Auffallend ist das dezente, elegante, leicht an Veilchen erinnernde Bukett. Die Weine entwickeln sich schneller als Rieslingweine, große Jahrgänge lassen sich aber ebenfalls lange lagern.

Weißer Elbling

Kleinberger, Alben, Klemplich, Burger (Elsaß, Schweiz), Großriesler (Österreich), Welschel (Südtirol), Albana (Italien), Allemand, Vert Doux, Gros Blanc (Frankreich), Gornisch (Siebenbürgen), Folschet (Luxemburg).

Ehemals verbreitete, reichtragende Rebsorte für leichte Weißweine.

Verbreitung: Das „Allerweltskind" Elbling ist zur Besonderheit geworden. Im bis zur Jahrhundertwende in Deutschland weithin üblichen „Gemischten Satz" mit fünf bis zehn (oder mehr) Rebsorten im Weinberg, die gleichzeitig geerntet wurden, bildete der Elbling mit den Heunischen die ertragssichere Weinbasis. Mit dem Übergang zum „Reinen Satz" (1 Rebsorte im Weinberg) schrumpfte die Verbreitung auf wenige Rückzuggebiete an Ober- und Untermosel. Deutschland (1113 ha), Mosel, Saar, Ruwer (1108 ha), Luxemburg (250 ha).

Herkunft: Die sprachliche Ähnlichkeit mit *Vitis alba* der Antike (Plinius, *Vitis albuelis* Columella, *Vitis albena* Macrobius) deutet auf römischen Ursprung, der aber nicht nachweisbar ist. Vermutlich schon im MA mit den eingangs erwähnten Sorten die Basis des Hunnischen Weines, während edlere Sorten oder reifere Jahre den teureren Fränkischen Wein lieferten. Versuche der Winzer im 17. u. 18. Jh. den Zehnten mit den reichtragenden Sorten zu begleichen und die besseren im eigenen Keller auszubauen, führte zu zahlreichen Anbauverboten. Zum Rückgang trug sicherlich auch die Ausbreitung des ertragsicheren, weniger säurereichen Grünen Silvaners und des Gutedels ab dem 17. Jh. bei. Der Anbau hat sich stabilisiert, nachdem der Wein zur erfrischenden Besonderheit und die Basis von Sekten geworden ist.

Merkmale: Erinnert an überdimensionierten Riesling. Triebspitze stark wollig, rötlicher Anflug. Blatt derb, groß, wenig gebuchtet, schwach drei- bis schwach fünflappig; Oberseite blasig, vereinzelte Wollhaare; Unterseite Nerven borstig bis wollig behaart; Rand scharf gezähnt; Stielbucht geschlossen, überlappend. Traube groß, dicht. Beeren dick, leicht oval, dünnhäutig, grün bis gelbgrün. Geschmack saftig, säurebetont, neutral. Wegen dünner Schale wenig haltbar und wegen neutralem Geschmack wenig als Eßtraube geeignet.

Eigenschaften: Anspruchslos, mittelfrüh, ertragssicher, aber empfindlich gegen Spätfrost (früh austreibend), Pilzkrankheiten (Peronospora, Botrytis) und Stiellähme.

Wein: Leicht, fruchtig, neutral. Als Tischwein zu Fisch, auch zur Sektherstellung.

Der Rote Elbling ist eine rottraubige Form des Weißen Elblings mit vergleichbaren Eigenschaften.

Emerald Riesling

Emerald Rizling (Slowenien)

Kalifornische Neuzüchtung mit europäischem Charakter.
Verbreitung: Der Anbau erfolgt überwiegend in Kalifornien im San Joaquin Valley und Monterey. Erprobt wurde die Sorte auch in Südafrika, Australien und Slowenien.
Herkunft: 1935 in der Universität von Kalifornien, Davis gezüchtet. Kreuzung: Muscadelle × Riesling, Züchter: H. P. Olmo.
Merkmale: Triebspitze grünlich, verkahlend, Blatt groß, rund bis schwach dreilappig, Oberseite dunkelgrün, glatt, glänzend, Nerven hellgrün; Unterseite glatt im Borstenbüscheln in den Nervenwinkeln; Stielbucht V-förmig, offen. Blattrand gezähnt. Traube groß, pyramidenförmig, geschultert, lockerbeerig. Beere mittelgroß, rund, blaugrün, beduftet, dickschalig. Beerenfleisch gelatineartig, würzig, süß.

Eigenschaften: Sehr starkwüchsig, bringt nicht selten Erträge über 150 hl/ha, sehr anfällig gegen Oidium, gutes Adaptationsvermögen, behält auch in heißen Lagen eine frische Säure, spätreifend.
Wein: In kühlen Lagen bringt die Sorte lebendige, frische, säurebetonte Weißweine mit kräftigem Körper hervor. Auf warmen Standorten zeigt sie ein würziges Aroma, behält eine fruchtige Säure, wird alkoholbetont.

115

Faberrebe
Faber, AZ 10375

Vielseitige Weißweinsorte für fruchtig-
frische Weine.

Verbreitung: Deutschland (1806 ha),
vornehmlich in Rheinhessen (1431 ha),
Pfalz (234 ha) und Nahe (112 ha).

Herkunft: 1929 von Georg Scheu an
der Landesanstalt für Rebenzüchtung
Alzey aus Silvaner und Weißburgunder
gekreuzt. Sortenschutz und Sortenliste
1967. Name nach dem erfolgreichen
Versuchsansteller Karl III. Schmitt,
Wollmesheim, „Handwerker" latini-
siert zu „faber".

Merkmale: Triebspitze mittelstark,
weißlich behaart. Blatt mittelgroß,
drei- bis schwach fünflappig; Blattrand
spitz gesägt. Traube mittelgroß, lang,
walzenförmig, locker bis dicht. Beere
mittelgroß, leicht oval, grün. Geschmack saftig, süß, dezent fruchtig.

Eigenschaften: Allgemein im Anbau
problemlose Sorte, begrenzt durch
Neigung zu Oidium und Stiellähme.

Wein: Früh beginnende, lange andau-
ernde Traubenreife ermöglicht bei günstigem Wetter verschiedenste Weinqualitäten, die meist als Qualitätsweine
bis Spätlesen zu kräftigen hellen
Fleischspeisen oder Terrinen getrunken werden.

Fer

Fälschlicherweise als Verdot bezeichnet in Mendoza und San Rafael (Argentinien), Fer Noir, Fer Servadou (Frankreich), Mansois (Estaing, Entraygues und Marcillac in Frankreich), Pinenc (Madiran und Tursan in Frankreich).

Der Name Fer, übersetzt Eisen, ist möglicherweise wegen der Härte des Triebes und der Festigkeit der Traube entstanden. Das Attribut Servadou hängt mit konservieren zusammen, da sich die Trauben bis in den Winter hinein halten. **Verbreitung:** In Frankreich auf 494 ha (1988), hauptsächlich in den Départements Aveyron, Tarn und Lot-et-Garonne. In den AOCs Madiran, Béarn, Gaillac, Côtes du Frontonnais enthalten. In Argentinien auf 733 ha. Daß es sich dort um einen Klon der Rebsorte Cot handelt, wird vielfach behauptet. Diesem widerspricht aber die ampelographische Beschreibung argentinischer Fachleute.

Herkunft: Wiege scheint in der Gironde und der an das Bergerac angrenzenden Region zu liegen.
Merkmale: Triebspitze stark weißwollig, am Rand rötlich. Junge Blätter bronziert. Ausgewachsenes Blatt drei- bis fünflappig, kaum eingeschnitten, leicht blasig. Stielbucht schmal geöffnet, selten überlappend. Zähne gesägt und spitzbogig. Blattunterseite mittelstark wollig. Trieb rotgestreift. Trauben mittelgroß, kegelförmig, kompakt. Beeren mittelgroß, schwach länglich, schwarzblau. Beerenhaut dick.
Eigenschaften: Austrieb mittelfrüh. Wüchsigkeit mittel bis stark. Widerstandsfähig gegen Echten und Falschen Mehltau, Schwarzfleckenkrankheit und Botrytis, aber sehr empfindlich gegenüber Traubenwickler und Zikaden. Gedeiht gut auf steinigen Böden. Langer Rebschnitt wird empfohlen, da nicht alle Augen fruchtbar sind. Mittelhoher Ertrag.
Wein: Dunkelrot, körperreich, fein und sehr typisch. Mittlerer Alkoholgehalt. Kann jung getrunken werden, eignet sich aber auch zur Lagerung. Im AOC Madiran ergänzt er die Sorten Tannat und Cabernet Franc. Im VDQS Marcillac, einem ausgezeichneten Wein mit Himbeerbukett, der sehr lagerfähig ist, wird er ergänzt von Gamay Noir, Jurançon Noir, Merlot und Cabernet. Auch die Weine des VDQS, hauptsächlich aus Fer bestehend, sind anspruchsvoll, weich und bukettiert.

Fernão Pires

Maria Gomes

Prägt die Weine des Vinho Verde.
Verbreitung: Nahezu in allen Weinbaugebieten Portugals und in Südafrika zu finden.
Herkunft: Vermutlich alte portugiesische Landsorte.
Merkmale: Triebspitze wollig, rötlich gerandet, gelblichgrün bis bronziert; Blatt klein bis mittel, halboffene, U-förmige Stielbucht, rund, fünflappig, mittelstarke Randzahnung; Blattoberseite gewellt, schwachwollig bis kahl; Blattunterseite starkwollig bis filzig. Traube mittelgroß, konisch, stark geschultert, kompakt. Beere mittelgroß, oval, grünlich-gelb mit Muskatgeschmack.
Eigenschaften: Sehr früher Austrieb, deshalb oft spätfrostgefährdet; Wuchs mittelstark; sehr anfällig für Peronospora und Oidium. Bevorzugt fruchtbare Böden in gemäßigtem bis warmem Klima; ertragreich, reift Ende August.
Wein: Duftet und schmeckt eigentümlich nach frischem grünem Pfeffer, ansonsten ein ausgeglichener, bukettreicher Wein.

Flame Seedless

Verbreitung: Derzeit Popularität zunehmend (10 879 ha 1992). USA in Kalifornien, Australien (219 ha 1991), Südafrika (51 ha 1992), Argentinien (120 ha 1990), Chile (8 253 ha 1993), Marokko, Tunesien, Herzegowina.
Herkunft: Züchtung von John H. Weinberger, Fresno, Kalifornien. Abstammung komplex: (Cardinal × Sultanina) × (Red Malaga × Tifafihi Ahmer) × (Muscat of Alexandria × Sultanina). 1962 gepflanzt, 1973 zugelassen.
Merkmale: Triebspitze schwachwollig. Kleine Blätter bronziert, fast unbehaart. Blatt groß, kreisförmig, fünflappig. Seitenbuchten sehr tief eingeschnitten. Stielbucht lyrenförmig, offen. Hauptadern um die Stielbucht intensiv rot. Zähne spitzbogig und gesägt. Unterseite unbehaart. Traube mittelgroß, kegelförmig, locker. Beere rot, rund, 16–18 mm lang und breit, samenlos.
Eigenschaften: Reife sehr früh. Mittlere Wuchsstärke. Basalaugen fruchtbar. Langer Rebschnitt führt deshalb zu hohen Erträgen, Gibberelinbehandlung zur Beerenvergrößerung. Hohe Temperaturen hindern Farbentwicklung. Ethephonbehandlung zur Intensivierung der Farbe empfohlen. Basalaugen fruchtbar. Sehr gute Transportfähigkeit.
Trauben: Attraktiv, leuchtend rote Farbe. Fruchtfleisch fest und krachig. Geschmack neutral.

Folle Blanche

Dame Blanche, Gros Plant, Mendic, Plant de Dame (Frankreich)

Alte Lieder und Dokumente beschreiben ihren hohen Wert für die Cognac-Herstellung.

Verbreitung: In Frankreich rückläufig: von 15 865 ha (1958) auf 3 566 ha (1988). Im Armagnac von 3 320 ha auf 200 ha. Außerdem in der Gironde, Dordogne, Vienne, Maine-et-Loire, Indre-et-Loire und Vendée. Größte Pflanzungen an der Loire Atlantique (2 800 ha) für VDQS „Gros Plant du Pays Nantais". Außerhalb Frankreichs in Südafrika, Argentinien, Kalifornien und Rumänien.

Herkunft: Wahrscheinlich schon 1630 in der Charente bekannt, als die ersten Brennereien errichtet wurden.

Merkmale: Triebspitze stark weißwollig. Kleine Blätter gelbgrün, Oberseite wollig, Unterseite stark wollig. Blätter mittelgroß, kreisförmig, blasig und dick; fünflappig; obere Bucht tief, untere Bucht leicht eingeschnitten; Stielbucht V-förmig, schwach offen; Zähne groß, spitzbogig; Blattunterseite mit Woll- und Borstenhaaren. Trauben mittelgroß, sehr kompakt. Beeren rund, leicht oval, mittelgroß, weißgrün.

Eigenschaften: Wurzelecht eher schwachwüchsig, jedoch guter Ertrag von 100 hl/ha. Austrieb früh, deshalb spätfrostgefährdet, Reife mittel. Geringe Affinität zu Unterlagen. Auf kalkhaltigen Böden des Cognac-Gebiets chloroseempfindlicher als Colombard und Ugni Blanc. Pfropfung, großzügiger Rebschnitt, starke Düngung steigern die Botrytisanfälligkeit. (Grund für Flächenverlust zugunsten des Ugni Blanc.) Anfälligkeit gegen Schwarzfäule ist Ursache für Verschwinden aus dem Armagnac.

Wein: Von blasser Farbe, dünn und leicht. Hoher Säuregrad. Deshalb im Pays Nantais noch bis weit in das 20. Jh. auf 10 Stöcke Muscadet eine Folle Blanche-Rebe gepflanzt. Für „Gros Plant du Pays Nantais" 50 hl/ha und mindestens 9% Alkohol vorgeschrieben. Leicht bitterer, etwas erdiger Geschmackston. Bleibt in Duft, Länge und Finesse deutlich hinter Muscadet zurück. Paßt zu Muscheln und Krebsen.

Cognac: In der Charente sehr feiner Cognac, sehr angenehmer Duft und Geschmack, mit auserlesener Nase und Bukett. Im Armagnac angenehm im Geschmack, weniger im Duft.

Freisa

Fresia, Monfra, Spanna (Italien).

Verbreitung: Italien in den Provinzen Asti, Alessandria, Turin und Cuneo und in Argentinien.

Herkunft: Piemont. Ende 16. Jh.

Merkmale: Triebspitze schwach weißwollig. Junge Blätter schwach bronziert. Blatt dreilappig. Stielbucht U-förmig, weit offen. Zähne gesägt. Unterseite sehr starke Borstenbehaarung. Traube mittelgroß, lang, zylindrisch, geflügelt, lockerbeerig. Beere klein bis mittelgroß, oval, blauschwarz, bereift.

Eigenschaft:en Starkwüchsig, Reife spät, Ertrag reichlich. Widerstandsfähig gegen Falschen Mehltau, oidiumgefährdet. Liebt sonnige, trockene Lagen.

Wein: Lebhaftes Rubinrot, gelegentlich rauh, säurebetont, langsam reifend. Selten sortenrein, oft mit Nebbiolo, Barbera, Dolcetto oder Bonarda verschnitten. Bestandteil des Monferrato Rosso. Außerdem sortenrein leicht moussierend (Frizzante naturale) und als lieblicher Spumante ausgebaut.

Freisamer

Fr. 21–5, Freiburger

Weiße Rebsorte mit bei guter Reife hochwertigen Weinen.

Verbreitung: Deutschland (40 ha abnehmend).

Herkunft: 1916 von Karl Müller, Staatliches Weinbauinstitut, Freiburg aus Silvaner × Ruländer gekreuzt, 1962 Sortenschutz und Sortenliste.

Merkmale: Triebspitze dicht weiß wollig bis filzig behaart. Blatt mittelgroß, an Burgunder erinnernd, drei- bis schwach fünflappig, Rand stumpf gezähnt; Stielbucht V-förmig bis geschlossen. Traube mittelgroß, dichtbeerig. Beere klein, grüngelb, bei Vollreife welk. Geschmack süß, neutral.

Eigenschaften: Ansprüche im Weinberg ähnlich Silvaner, Mostgewichte und Weincharakter ähnlich Ruländer. Rückgang des Freisamer durch zunehmendes Interesse am Ruländer und dessen durch züchterische Verbesserung angehobenen Anbauwert.

Gelber Furmint

Kiraly Furmint, Nemes Furmint (Ungarn), Fourminte, Tokaisky (GUS), Moslovac, Sipon (Kroatien, Slowenien), Zapfner, Gelber Moster, Luttenberger, Weißlaber, Mosler (Österreich).

Der Tokajer, der bekannteste Wein Ungarns, wegen seiner Qualität weltweit geschätzt, stammt von dieser Rebsorte.

Verbreitung: Hauptanbaugebiet ist in Ungarn, das Gebiet Tokaj-Hegyali am Fuße der Karpaten, aber auch in Balatonfüret-Csopak, Mecsek und Sopron gibt es größere Bestände. Weitere Anbaugebiete sind Kroatien, Slowenien, Österreich und die GUS-Staaten.

Herkunft: Nach Goethe stammt sie von der alten Militärgrenze (Moslawina – Mosler) gegen die Türken in Kroatien.

Merkmale: Triebspitze weißwollig, junges Blatt weißlichgrün, starkwollig;

Blatt groß, rundlich, schwach dreilappig, mattgrün, lederartig, oft schwarz gefleckt und punktiert, Unterseite weißfilzig, Blattrand ungleich, breit, fast kuppelförmig gezahnt; Stielbucht V-förmig, sich berührend. Traube groß, zylindrisch, lang, lockerbeerig. Beere sehr groß, länglich, oft ins runde übergehend, gelblichgrün, auf der Sonnenseite mit kastanienbraunen Flekken, fein punktiert, dickschalig, Saft etwas schleimig, fruchtig süß.

Eigenschaften: Sehr starkwüchsig, benötigt warmes, trockenes Klima, beste Lagen mit leichten, sich früh erwärmenden Böden, sehr anfällig gegen Oidium, gute Botrytisfestigkeit.

Wein: Robust, feurig, säurereich, oft sehr alkoholbetont. Weine mit 14% Alkoholgehalt sind durchaus nicht ungewöhnlich. Der typische Tokajer setzt sich zusammen aus den Rebsorten Furmint (50–70%), Lindenblättriger (20–40%) und Gelber Muskateller (5–10%). Der Jahrhunderte alten Tradition entsprechend werden zu einem Gönzer Faß (136 l) mit neuem, trockenem Wein 3 bis 6 Bütten Trockenbeeren zugegeben. Dadurch erhält man einen süßen, alkoholbetonten, sehr delikaten, likörartigen Ausbruchwein von hoher Qualität.

Gamaret
B 13 (Zuchtnummer)

Verbreitung: In der Schweiz auf 23 ha.
Herkunft: 1970 von M. André Jaquinet an der Eidgenössischen Landwirtschaftlichen Forschungsanstalt von Changins in der Schweiz gezüchtet. Kreuzung von Gamay Noir mit Reichensteiner. 1991 Eintrag in die Schweizer Sortenliste.
Merkmale: Triebspitze mittelstark weißwollig, Saum mit roten Wollhaaren. Junge Blätter gelbgrün mit rotem Saum. Ausgewachsenes Blatt fünfeckig, mittelstark blasig, fünflappig. Seitenbuchten mitteltief eingeschnitten. Stielbucht lyrenförmig, offen bis schließend, an der Basis oft freiliegende Rippen. Zähne kurz, spitzbogig und gesägt. Unterseite mittelstark wollig. Trieb rotgestreift. Traube klein, kurz, eher lockerbeerig. Beere blauschwarz, schwach länglich. Geschmack neutral.
Eigenschaften: Austrieb früh, Reife früh mit Blauem Spätburgunder. Mittelstarke Wuchskraft, gute Fruchtbarkeit, Ertragspotential mittelhoch bis hoch, ertragssicher. Zucker- und Säuregehalte des Mostes sind mit denen des Blauen Spätburgunders vergleichbar. Wegen Frühreife und guter Botrytisfestigkeit Pflanzung für ungünstigere Lagen geeignet.
Wein: Tiefrot, breit strukturiert, oft würzig. Interessante Gerbstoffe. Lagerfähig. Wegen Farbreichtum, Tannin- und Gerbstoff-Fülle zum Verschnitt mit Gamay Noir und Blauem Spätburgunder geeignet.

Gamay Noir

Gamay Beaujolais (Frankreich, Luxemburg, Schweiz); Gamay d'Arcenant, Gamay de Caudoz, Gamay Sainte-Foix (Schweiz); Gamay Noir à Jus Blanc (Luxemburg), Game (Slowenien, Kroatien), Olivette Beaujolaise (Frankreich).

Liefert den populärsten französischen Rotwein, den jung getrunkenen, fruchtigen Beaujolais.
Verbreitung: Weltweit 37 000 ha. In Frankreich auf 33 620 ha (1988). In Burgund und im Beaujolais auf 23 000 ha, an der Loire auf 5 456 ha. Auvergne auf 1 854 ha. Außerdem Départements Savoie, Ain, Haute-Savoie, Isère, Drôme und im Südwesten auf 1 576 ha. In der Schweiz auf 2 284 ha (1991). Hauptsächlich im Wallis, wo er verschnitten mit Pinot Noir den „Dôle" ergibt; Kantone Genf und Waadt. In Italien in den Provinzen Aosta, Gorizia, Udine, Florenz und Arezzo, Bulgarien, Ungarn, Slowenien, Israel (Golanhöhen), Rußland, Rumänien, Kalifornien, Kanada und Südafrika.
Herkunft: Wahrscheinlich schon vor der Römerzeit in Südost-Gallien von Kelten angebaut. Vom 14. bis 19. Jh. an der Côte d'Or sehr verbreitet. Gamay, Name eines burgundischen Dorfes zwischen Meursault und Santenay.
Merkmale: Triebspitze weißwollig, mit kleinen roten Zahnspitzen. Kleine Blätter kaum noch behaart, bronzierte Stellen. Blätter mittelgroß, kreisförmig, hellgrün, glatt und eben. Dreigelappt, obere Bucht mäßig eingeschnitten; Stielbucht V-förmig, offen; Zähne gesägt; Blattunterseite je nach Klon mit oder ohne Borstenhaare. Reblaub im Herbst zum Teil rot. Traube mittelgroß, walzenförmig, kompakt. Beeren mittelgroß, leicht länglich, blauviolett mit dickem Wachsbelag. Beerenhaut dünn, Fruchtfleisch saftig.
Eigenschaften: Früher Austrieb, deshalb spätfrostgefährdet, aber Beiaugen sind fruchtbar. Frühreife erklärt die Verbreitung im nördlichen Weinbau und in Höhenlagen. Wuchsstärke mittel. Kurzer Rebschnitt erhöht Lebensdauer. Pflanzdichte in den besten Lagen 9 000 bis 13 000 Stock/ha bei einem Ertrag von etwa 50 hl/ha. Sonst an den Hängen 60–70 hl/ha, in der fruchtbaren Ebene 200 hl/ha bei 8% Alkohol. Geeignete Unterlagen auf den Granitböden des Beaujolais sind Riparia und Vialla, auf Kalk-Lehmböden Couderc 3309 und auf kalkhaltigen Böden Millardet 41B. Anfällig gegen alle Rebkrankheiten.
Wein: Hellpurpur, fast Veilchenfarben. Herzhaft, frisch mit kräftiger Säure, gerbstoffarm, mittelschwer mit fruchtigem Aroma. Die besten Weine wachsen auf den Granit-Verwitterungsböden nördlich von Villefranche, auf den crus Saint Amour, Juliénas, Chénas, Moulin-à-Vent, Fleurie, Chiroubles,

Morgon, Brouilly, Côte de Brouilly. Appellation Beaujolais-Villages umfaßt etwa 40 Dörfer im Norden des Beaujolais. Südlich von Villefranche auf flachen lehmigen Böden entstehen einfachere Beaujolais: Beaujolais Supérieur mit mindestens 10% und Beaujolais mit mindestens 9% Alkohol. Spezialität ist der bukettreiche, gerbstoffarme Primeur, der jung und gekühlt getrunken werden muß. Vor 1985 war die Zuckeranreicherung der Weine nicht reglementiert, dadurch war das Verhältnis Alkohol/Extrakt zu hoch, die Weine unausgewogenen. Heute maximaler Alkoholgehalt auf 13% festgelegt. Bourgogne passe-tous-grains besteht aus zwei Drittel Gamay Noir und einem Drittel Pinot Noir, mindestens 9,5% Alkohol, Ertrag 45 hl/ha. In der Touraine je nach Lage zwischen wäßrig und kraftlos (Touraine), farbig, vollmundig und saftig (Touraine-Mesland).

Gamay Teinturiers
(Gamay Färberreben)

Verbreitung: 1958 noch 5 000 ha (Indre-et-Loire, Ardèche, Saone-et-Loire). Heute sehr zurückgegangen (1 470 ha 1988). Wichtige Sorten sind Gamay de Bouze, Gamay de Chaudenay und Gamay Fréaux (Bild rechts).

Gamay Teinturier de Bouze
Mourot, Petit Mourot, Rouge de Bouze

Herkunft: Unsicher. Vielleicht Knospenmutation von Gamay Noir oder eine Kreuzung zwischen Gamay Noir und Teinturier du Cher. 1823 vom Abgeordneten von Sâone-et-Loire, Caumartin, bei Russilly im Chalonnais vermehrt.
Merkmale: Triebspitze weißwollig, mit rotem Saum. Kleine Blätter schwach behaart, blaßgrün; Blätter kreisförmig,

blasig, Waffelung an der Stielbucht; dreilappig, obere Bucht mäßig eingeschnitten; Stielbucht lyrenförmig, offen; Zähne gesägt. Blattunterseite Wollhaare als Knäuel, schwache Borstenbehaarung. Laub im Herbst rot. Traube mittelgroß, walzenförmig. Beeren klein, eiförmig, Saft rosa.
Eigenschaften: Frühreif. Verrieselungsanfällig. Ertrag 80 hl/ha.
Wein: Farbintensität des Teinturier du Cher wird nicht erreicht. Weinqualität vom Gamay de Chaudenay ist besser.

Gamay Teinturier de Chaudenay
Gros Mourot, Plant Gris, Teinturier de Chaudenay

Herkunft: Knospenmutation vom Gamay de Bouze, 1832 von J. M. Bidault, Winzer in Chaudenay, entdeckt.
Merkmale: Triebspitze rosawollig. Kleine Blätter schwach behaart, blaßgrün; Blätter fünflappig, mitteltief ein-

geschnitten; Stielbucht lyrenförmig, offen; Zähne gesägt; Blattunterseite mit Borstenhaaren. Laub im Herbst rot. Trauben mittel bis groß, oft geschultert. Beeren eiförmig, Saft rot.
Eigenschaften: Frühreif. Ertrag 300 hl/ha. Schwachwüchsig, kurzer Rebschnitt deshalb zu empfehlen.
Wein: Liefert den besten Wein der Gamay Färberreben.

Gamay Teinturier Fréaux
(Bild Seite 127)
Barvarica, Game Bojadiser (Slowenien), Freaux (Rußland), Teinturier Fréaux (Rußland), Violet de Saint-Denis (Frankreich)

Herkunft: Knospenmutation von Gamay de Bouze, 1841 von A. Fréaux bei Couchey gefunden.
Merkmale: Triebspitze weißwollig. Kleine Blätter sehr rot, glänzend; Blätter mittelgroß; dreilappig, obere Bucht mäßig eingeschnitten; Stielbucht V-förmig, offen, wie beim Gamay Noir;

Zähne gesägt; Blattunterseite mit Borstenhaaren. Mit Anfang der Beerenreife färbt sich das Laub purpurviolett. Trauben klein, geschultert. Beeren eiförmig, klein. Saft tiefrot.
Eigenschaften: Frühreif. Ertrag 80–100 hl/ha, alkoholarm.
Wein: Dunkelrot. Von minderwertiger Qualität.

Gamay à Fleurs doubles, Blumenkohlrebe
(Bild oben)
Keine Trauben bringende Kuriosität.
Herkunft: Negative Blütenmutation, bei der aus dem Fruchtknoten keine Beeren sondern weitere Blüten entstehen. Die Trauben erinnern an Brokkoli.

Gänsfüßer, Blauer

Erlenbacher (Argant, Zimttraube nach Viala?)

Alte, vermutlich aus dem Süden stammende, sehr stark wachsende Rebsorte.

Verbreitung: Schon im 16. Jh. in der Pfalz, später an der Bergstraße, Württemberg, in und um die Steiermark und in Südtirol und den angrenzenden Weinbaugebieten verbreitet.

Herkunft: Erster deutscher Rebsortenerlaß des Kurfürsten von der Pfalz Johann Casimir vom 15. Juli 1584 für Neustadt, Weinstraße. Danach durfte kein Weinberg der Sorte ausgehauen werden, wenn kein neuer gepflanzt wird. Trotz des Erlasses verschwand er wegen zu starken Wuchses aus den Weinbergen und blieb vornehmlich in Haßloch, Pfalz als Hausrebe erhalten. Sie überspannt dort ganze Hofflächen und umwindet Häuser. Schon 1871 berichtet Breuchel von einer Rebe, die

in einem Jahr etwa 350 l Wein brachte. An der Staatlichen Lehr- und Forschungsanstalt in Neustadt werden Anbauversuche mit der historisch wertvollen Sorte unternommen.

Merkmale: Sehr stark, baumartig wachsend. Triebspitze kahl, hellgrün, leicht bronziert, glänzend. Blatt groß bis sehr groß, derb, Oberseite glänzend, länglich, tief fünflappig gebuchtet (Name Gänsfüßer); Blattrand lang, spitz gezähnt mit gelblichen Knöpfchen. Traube sehr groß, lang, locker hängend, walzenförmig aber geschultert. Beeren mittelgroß, rund, dunkelblau, graublau beduftet, dünnschalig, Reife spät. Geschmack saftig, fruchtig säuerlich.

Eigenschaften: Sehr stark wachsende, spätreifende Hausrebe, die im Weinberg nur bei weitem Stand regelmäßige Trauben bringt.

Wein: Bei guter Reife dunkelrot, in der Jugend von fruchtiger Säure geprägt, wurde für lange Haltbarkeit gerühmt.

Garanoir
B 28 (Zuchtnummer), Gastar, Granoir

Verbreitung: In der Schweiz auf 19 ha.
Herkunft: 1970 von M. André Jaquinet
an der Eidgenössischen Landwirtschaftlichen Forschungsanstalt von
Changins gezüchtet. Kreuzung von
Gamay Noir mit Reichensteiner.
Merkmale: Triebspitze stark weißwollig, mit sichtbarem rotem Saum. Junge
Blätter grüngelb, Unterseite mittelstark
weißwollig, an den Rändern rot. Ausgewachsenes Blatt fünfeckig, mittelstark blasig. Fünf- bis siebenlappig,
Seitenbuchten tief eingeschnitten.
Stielbucht lyrenförmig, überlappend.
Zwischen Stielansatz und Überlappung runde bis längliche Öffnung
(siehe Bild), Nerven teilweise freilie-
gend. Zähne groß, gesägt und spitzbogig. Unterseite schwach wollbehaart.
Trieb rotgestreift. Traube klein,
schwach dichtbeerig. Beere dunkelblau, mittelgroß, länglich. Geschmack
neutral.

Eigenschaften: Austrieb früh. Reife
früh mit Müller-Thurgau. Eher
schwachwüchsig mit lockerer Laubwand, benötigt starkwüchsige Unterlage. Fruchtbarkeit gut, überträgt leicht,
ertragssicher. Wegen Frühreife und
guter Botrytisresistenz für ungünstigere
Lagen geeignet.
Wein: Rubinrot, säurearm, kaum
Gerbstoffe, fruchtig. Für Rosé geeignet.

Garganega
Garganega di Gambellare, Garganega Comune, D'Oro

Das Synonym D'Oro beschreibt die bei Vollreife goldgelb gefärbten Beeren.

Verbreitung: In Italien auf 14 805 ha (1990), hauptsächlich in den Provinzen Vicenza, Verona und Padua.

Herkunft: Seit altersher bekannt. 1805 von Pier de Crescenzi aus Bologna in seinem klassischen Lehrbuch der Landwirtschaft erwähnt.

Merkmale: Triebspitze und junge Blätter weißwollig mit rotem Saum. Ausgewachsenes Blatt fünfeckig. Oberfläche eben, schwach blasig, matt. Fünflappig, obere Seitenbucht U-förmig, offen. Zähne spitz, überwiegend gesägt. Unterseite schwach wollig. Traube lang (20–25 cm), zylindrisch, geschultert. Lockerbeerig, besonders bei alten Rebstöcken. Beere mittelgroß, rund, grüngelb, in guten Lagen bernsteinfarben. Fleischig, neutraler Geschmack. Beerenhaut dünn, bereift.

Eigenschaften: Austrieb und Reife spät. Ausgesprochen wüchsig. Ertragreich und ertragssicher. Findet außerdem in geringem Umfang als Tafeltraube Verwendung. Wenig botrytisanfällig, deshalb gut zum Trocknen geeignet.

Wein: Garganega ist die Basissorte für die milden Soave Weine mit einem Anteil von 70–90 %. Ergänzt wird mit Trebbiano Toscano. Je höher der Garganega-Anteil ist, desto vielschichtiger und geschmeidiger präsentiert sich der Wein. Aus besseren Lagen mit Bittermandelgeschmack. Im Recioto di Soave ist Garaganega mit 70–90 % ebenfalls Hauptbestandteil. Zur Reciotobereitung werden die Trauben erst nach dreimonatiger Trocknung auf einem Gitterrost zu Wein verarbeitet, der nach vollendeter Gärung noch einen erheblichen Anteil Restsüße aufweist. Im Gambellara sind 80–85 %, im Colli Euganei Bianco 30–50 % und im Bianco di Custoza 20–30 % Garganega enthalten.

Gelbhölzer

Blauer oder Schwarzer Räuschling,
Blauer Kläpfer (Kaiserstuhl), Blauer
Hudler (Bruchsal)

Früher in der Pfalz, Baden und im
Elsaß verbreitete Weintraube, die
zusammen mit dem Blauen Spätburgunder hochwertige Rotweine brachte.
Merkmale: Schwach bis mittelstark
wachsend. Weißlich gelbbraunes Holz
(Name). Blatt mittel bis groß, drei- bis
fünflappig, Unterseite filzig behaart.
Traube groß, dicht, ästig. Beeren rund,
dunkelblau, dickhäutig, bei Reife leicht
platzend. Geschmack süßsäuerlich.
Wein: Früher Verschnitt mit Blauem
Spätburgunder und Trollinger (Malvasier in Gimmeldingen), allein zu säurebetont.

Goldburger
Zulassungsnummer 16–8

Neue Sorte für rassige, neutrale Weine.
Verbreitung: Österreich.
Herkunft: Von Fritz Zweigelt 1922
an der Höheren Bundeslehr- und
Versuchsanstalt Klosterneuburg aus
Welschriesling und Orangetraube gekreuzt.
Merkmale: Triebspitze hellgrün,
schwach bronziert, fast kahl. Blatt mittelgroß bis groß, ähnlich Welschriesling, fünflappig; Blattrand tief spitz
gesägt. Traube mittelgroß, geschultert,
dichtbeerig. Beere klein, rund, gelbgrün.
Eigenschaften: Mittlere Reifezeit,
geringe Boden- und Lageansprüche,
gute Winterfrostverträglichkeit und
geringe Neigung zu Pilzkrankheiten
bedingen den Anbauwert der Sorte,
die elegante rassig-fruchtige Weine
bringt.

Goldriesling

Frühreifende weiße Sorte für leichte Weine oder Federweißen.
Verbreitung: Saale Unstrut.
Herkunft: Einzige Kreuzung aus Riesling × Courtillier Musqué Précoce von Christian Oberlin, Colmar aus dem letzten Viertel des 19. Jhs., die gewisse Anbaubedeutung erlangt hat.
Merkmale: Starkwachsend, reichtragend. Traube mittelgroß, Beere grünweiß, überbräunt. Geschmack fein, würzig.
Eigenschaften: Frühe Reife und geringe Anfälligkeit gegen Winterfrost machen die Sorte für ungünstige Lagen interessant.
Wein: Dünn, deshalb überwiegend Neuer oder Federweißer.

Weitere Oberlin-Kreuzungen ohne Anbaubedeutung

Rieslingkreuzungen mit Bukett: Firnriesling (Riesling × Muscat Saint Laurent); Aromariesling (Riesling Rouge × Courtillier Musqué Précoce).
Mit Rieslingart: Reichsriesling (Selbstung); Marienriesling (Riesling × Muscat Saint Laurent); Augustriesling (Riesling × Muscat Saint Laurent).
Riesling frühreif: Frühriesling (Riesling × Courtillier Musqué Précoce); Feinriesling (Riesling × Courtillier Musqué Précoce).
Muskat-Rieslinge: Bukettriesling (Riesling × Courtillier Musqué Précoce); Muskatriesling (Riesling × Muskat Saint Laurent), sowie Muskatduft, Edelmuskat, Muskatbouquet, Feinmuskat, Diamantmuskat, Kaisermuskat, Muskatblume und Goldmuskat.

Graciano

Cagnulari (Italien), Matarou (Algerien), Monastrell (Frankreich), Tinta Miuda (Portugal).

Verbreitung: Spanien (Rioja, Navarra), Italien, Südfrankreich, Argentinien.
Herkunft: Oberes Riojatal, Spanien.
Merkmale: Triebspitze mittelstark weißwollig, Saum rot. Junge Blätter bronziert. Blatt dunkelgrün, blasig, fünflappig. Obere Seitenbucht tief, untere flach eingeschnitten. Stielbucht lyrenförmig, überlappend. Rippen rot. Zähne gesägt, kurz. Unterseite mittelstark weißwollig. Trieb mit roten Streifen. Trauben walzenförmig, geschultert, kompakt. Beere blauschwarz, rund, klein. Beerenhaut dick.
Eigenschaften: Austrieb spät, Reife spät. Ertrag gering. Wuchs aufrecht.
Wein: Dunkelrot, tannin- und extraktreich, kräftiges Aroma, zartes Bukett. Lange Haltbarkeit, sehr gute Qualität.

Grenache

Abundante (Portugal), Alicante (Algerien, Italien, Marokko), Bois Jaune, Roussillon (Frankreich); Cannonau, Francese, Garnaccia, Tocai Rosso (Italien); Garnacha Pais, Garnacha Tinta, Gironet, Lladoner, Tinto Aragones, Tinto de Navalcarnero (Spanien); Grenash Crni (Slowenien, Kroatien).

Mit der Gesamtanbaufläche von 378 000 ha – fast viermal so groß wie die Rebfläche von Deutschland – verbreitetste Rotweinsorte.
Verbreitung: In Spanien mit 105 000 ha (1989) wichtigste Rebsorte, in fast allen Provinzen anzutreffen. Gehört zu den empfohlenen Sorten der Appellationen Rioja, Navarra, Mentrida, Zaragossa, Teruel, Avila, Palencia, Valladolid, Tarragona. In Frankreich von 24 968 ha 1958 auf 86 715 ha 1988. In der Provence im Vaucluse (25 000 ha), Drôme (7 850 ha), Var (5 000 ha), Bouches-du-Rhône (3 600 ha) und Alpes

de Haute-Provence (180 ha). Im Languedoc in den Départements Gard (15 000 ha), Pyrénées Orientales (8 810 ha), Hérault (6 222 ha), Aude (5 414 ha), Ardèche (1 241 ha). In Italien (22 400 ha 1990) in Kalabrien, auf Sizilien und Sardinien. Außerdem in Griechenland, Israel, Algerien, Tunesien, Marokko (1 400 ha 1988), Argentinien, Peru, Uruguay, Kalifornien (5 225 ha 1992), Südafrika. In Australien (2 070 ha 1991) hauptsächlich im Barossa Valley, Riverland und Süd Wales.
Herkunft: Spanien, Weinbaugebiet Aragon. Von dort im 18 Jh. verbreitet. Sardiniens Weinbauern behaupten, Garnacha Tinta sei sardischen Ursprungs. Die Spanier hätten die Reben zur Zeit der Inselbesetzung (1297–1713) mitgenommen.
Merkmale: Triebspitze wollig, Saum rötlich. Kleine Blätter schwach behaart, glänzend, grün, leicht bronziert. Blätter mittelgroß, keilförmig, glatt, hellgrün, stark glänzend, in sich gedreht; fünflappig, obere Bucht mitteltief, untere Bucht mäßig eingeschnitten. Stielbucht lyrenförmig, leicht offen; Unterseite unbehaart. Trauben mittel bis groß, geschultert, kompakt. Beeren mittelgroß, rund bis leicht oval, saftreich. Beerenhaut dick.
Eigenschaften: Früher Austrieb, mittelspäte Reife. Bei schlechtem Blütewetter sehr verrieselungsanfällig. Aufrechter Wuchs und kräftige Triebe schützen vor Trockenstreß und Windschaden (Mistral, Tramontane). Meist Kopfschnitt. Widerstandsfähig gegen Oidium, sehr anfällig gegen Peronospora, Botrytis, Anthracnose, Traubenwickler. Ertrag von 20 hl/ha bis 60–80 hl/ha. Bei Drahtrahmenerziehung bis zu 100 hl/ha. Gute Qualität mit bis zu 14% Alkohol bringen Pfropfung auf schwachwüchsige Unterlagen wie Couderc 3309 und Malègue 4453 und Kultur an steinigen, trockenen Hängen wie in Rivesaltes oder Châteauneuf-du-Pape. Berlandieri-Rupestris-Unterlagen fördern die Wuchskraft, verzögern die Reife, verringern die Qualität.
Wein: In Spanien mit 15–16% Alkohol, hellrot, leicht oxydierend, nicht für lange Lagerung geeignet. Im Rioja mit Tempranillo verschnitten. Manche Weine sind alkoholstark, ohne Eleganz, andere samtig und üppig. In Navarra bei geringen Erträgen, höherer Säure und weniger Alkohol fruchtige Weine. In Frankreich in den Appellationen Châteauneuf-du-Pape, Côtes-du-Rhône, Tavel, Côtes de Provence, Coteaux du Languedoc, St. Chinian und den Dessertweinen Banyuls, Maury, Rivesaltes, Grand Roussillon, Rasteau. Dort roséfarben, würzig, körperreich und alkoholstark. Schnell alternd, leicht bitter, aber trotzdem mild. Bekannt ist der alkoholreiche Tavel Rosé. Als Dessertwein von Banyuls, süß, kräftig und schwer. In kalifornischen Roséweinen vom Central Valley und Mendocino bei einem Ertrag von 200 hl/ha leicht und süß. Außerdem zu Portwein verarbeitet. In Australien hellfarben, schnell alternd. Verwendung als Roséwein und Port. Für Rotweine Verschnitt mit Shiraz und Monastrell.

Grenache Blanc unterscheidet sich von Garnacha Tinta nur durch die weiße Beerenfarbe. Auf 16 000 ha im Roussillon, Südfrankreich, hauptsächlich zur Herstellung von Dessertweinen. In Spanien (7 455 ha 1989) in der Region Tarragona, Aragon und Navarra.

Grenache Rose und Grenache Gris für Dessertwein in Südfrankreich auf 3 600 ha.

Grignolino
Arlandino, Balestra, Barbesino, Barbesinone, Girodino, Rossetto, Verbesino

Die Weinstraße für Grignolino-Weine liegt im Piemont, bei Portacomare in der Nähe von Asti.
Verbreitung: In Italien hauptsächlich um Asti und Alessandria auf 1346 ha (1990).
Herkunft: Im Piemont schon seit Jahrhunderten bekannt.
Merkmale: Triebspitze mittelstark weißwollig, roter Saum. Junge Blätter bronziert, weißwollig. Ausgewachsenes Blatt überwiegend drei-, selten fünflappig. Stielbucht lyrenförmig, offen. Obere Seitenbucht tief, untere Seitenbucht flach eingeschnitten. Hauptrippen um die Stielbucht rot. Zahnform breit, gesägt. Unterseite mittelstark wollig. Traube groß, zylindrisch, dichtbeerig. Beere rotviolett, klein, oval, stark bereift.
Eigenschaften: Austrieb mittelfrüh, Reife mittelspät. Erfordert zur vollstän-

digen und vor allem gleichmäßigen Reife und Ertragsstabilität günstiges Mikroklima und guten sandigen Boden. Südhangexposition ist empfehlenswert. Günstige Unterlagen sind Rupestris du Lot und Kober 5BB. Gute Widerstandsfähigkeit gegen Peronospora, empfindlich gegen Oidium.
Wein: Ziegelfarben, trocken, herb. Wirkt leicht, enthält aber oft 13–14 % Alkohol. Duftet unnachahmlich nach Blumen und Kräutern. Leicht tanninhaltig und pfeffrig. Es gibt zwei DOC-Weine: Grignolino d'Asti (11 % Mindestalkoholgehalt) und Grignolino del Monferrato Casalese (11,5 % Mindestalkoholgehalt). Der Freisa-Anteil darf bis zu 10 % betragen, wenn er aus demselben Weinberg stammt. Qualität stark boden- und jahrgangsabhängig. Wirklich hochwertige Grignolino sind selten, denn die Produktion ist gering im Vergleich zum verkauften Wein. Lagerfähigkeit sechs Jahre.

Grolleau

Gamay Groslot, Groleau de Touraine, Grolleau de Tours, Groslot de Cinq-Mars, Groslot de Valère, Plant Boisnard, Plant Mini

Als reichtragende Sorte Gegenstück zum Aramon Noir in Südfrankreich.

Verbreitung: In Frankreich in den Départements Maine et Loire, Indre-et-Loire, Loire-et-Cher, Loire Atlantique, Deux-Sèvres und Vienne auf insgesamt 3 337 ha. Zwei Drittel der Anbaufläche liegt im Anjou, ein Fünftel in der Touraine.

Herkunft: Zum ersten Mal 1810 erwähnt auf dem Hof Grande Gaudrière in der Gemeinde Mazières, im Norden von Schloß Cinq-Mars.

Merkmale: Triebspitze sehr weißwollig, Saum rot. Die ersten fünf jungen Blätte sehr bronziert, Unterseite weißwollig. Ausgewachsenes Blatt leicht blasig. Blattränder leicht nach oben gewölbt. Ganzrandig bis dreilappig, obere Bucht schwach bis mitteltief eingeschnitten. Stielbucht lyrenförmig schließend, dennoch offen. Rippen in Stielbuchtnähe rot. Zähne gesägt und spitzbogig. Unterseite sehr beborstet, schwach wollig. Trieb rot. Traube groß, kegelstumpfförmig, geschultert, dichtbeerig. Beere mittelgroß, rund, blauschwarz.

Eigenschaften: Austrieb und Reife mittelfrüh. Mit 80–120 hl/ha reichtragend. Geplagt von Schwarzfleckenkrankheit und dem Virus der Reisigkrankheit.

Wein: Blaß, leicht, alkoholarm. Besser sind die Roséweine. Diese sind selten sortenrein ausgebaut, oft mit Gamay Noir, Cot, manchmal auch Cabernet Franc oder Cabernet Sauvignon verschnitten. Der bekannteste Wein von Anjou ist der AOC Rosé d'Anjou, mit etwa 80–90 % Grolleau, einfach, halbtrocken, leicht rosa bis lachsfarben. Ein preisgünstiges Massenprodukt. Beim AOC Touraine Azay-le-Rideau muß der Grolleau-Anteil mindestens 60 % betragen. Er ist blaßrosa, sehr trocken, frisch.

Durch Mutation der Beerenfarbe entstanden Grolleau Gris und Grolleau Blanc. Grolleau Gris wird als empfohlene Sorte an der Loire auf etwa 225 ha angebaut.

Harslevelü

Lipovina, Hars Levelu, Hachat Love-
lin, Lindenblättriger, Lämmerschwanz.

Eine der besten Weißweinsorten Ungarns.

Verbreitung: Wird in ganz Ungarn
kultiviert, überwiegend in den Gebieten um Kunbaja, Baja und Vilány. Eine
kleine Fläche findet sich auch in der
Tschechischen Republik.

Herkunft: Nach Viala soll die Sorte
ein natürlicher Sämling aus Ungarn
sein.

Merkmale: Triebspitze weißwollig bis
filzig mit leicht rosa Anflug; junges
Blatt hellgrün, Oberseite spinnwebartig überzogen, Unterseite stark wollig; älteres Blatt mittelgroß, dreilappig,
schwach gebuchtet, Blattoberseite
dunkelgrün, blasig, Blattunterseite
hellgrün, sehr wollig, Blattrand stumpf
gezahnt, Stielbucht lyraförmig offen.
Traube groß, geachselt, lang, lockerbeerig. Beere mittelgroß, rund,
weißgelb, beduftet, punktiert, dünnschalig.

Eigenschaften: Sehr starkwüchsig,
sehr botrytisanfällig, treibt früh aus,
bevorzugt trockene, warme Standorte
mit schweren Böden, um das sortenty-
pische Bukett zu gewinnen, sollte er
kurz angeschnitten werden.

Wein: Gelbgrüne Farbe, fruchtiges,
leicht aromatisches Bukett und zart
würzig im Geschmack, oft mit eleganter Säure und herbem Abgang. Die
Weine haben meist zwischen 11–13%
Alkohol und sollten jung getrunken
werden.

Heroldrebe
We S 130

Starkwüchsige, mittelfrüh reifende Rotweinsorte, die vornehmlich für die Bereitung von Weißherbst verwendet wird.

Verbreitung: Beschränkt auf Deutschland (208 ha) mit den Schwerpunkten Pfalz (135 ha), Rheinhessen (46 ha) und Württemberg (27 ha).

Herkunft: August Herold (1902–1973) kreuzte die Sorte 1929 in der staatlichen Lehr- und Versuchsanstalt Weinsberg aus Portugieser × Limberger. Nach ihm erhielt die Sorte den Namen. Ausgehend von der Pfalz verbreitet sie sich in den deutschen Rotweingebieten. Sortenschutz, Sortenliste 1960.

Merkmale: Triebspitze weißlich-gelbbraun, stark behaartes Blatt, sehr groß, dunkelgrün. Im Gegensatz zum Dornfelder schwach drei- bis fünflappig, blasig, Rand grob gezähnt, Stielbucht überlappend. Traube groß, länglich, einseitig geschultert, dichter als Dornfelder, Beeren mittelgroß, rund, blau beduftet, Schale mitteldick, Saft wenig gefärbt, süß bis säuerlich. Als Tafeltraube wegen dichtem Beerenstand und bei hohem Ertrag zu dünnen Beeren wenig geeignet.

Eigenschaften: Sehr stark wachsende, zwischen Portugieser und Spätburgunder reifende, aber früh färbende rote Sorte. Wenig gefährdet durch Winterfrost, Verrieselung und Peronospora. Aufrechter Wuchs, geringe Neigung zur Geiztriebbildung machen den Anbau bei weiträumigen Erziehungsarten problemlos.

Wein: Bei Lese im Anschluß an die Portugieserlese zu säurebetont, ergibt dann aber frische Weißherbste mit der an den Vater Limberger erinnernden rauchigen Art. Gut als Weißherbstschoppen oder trocken zu Vorspeisen, kalten Platten oder Kräuterterrinen geeignet. Bei gehöriger Reife als markanter Rotwein mit Limbergerflair zu kräftigen Speisen, Wild und Käse.

Weißer Heunisch

Hunsch, Heinsch, Grobheunisch, Hintsch, Hinschen, Hensch, Hünschene, Hentschler, Weiße, Braune, Hunnentraube, Hunschrebe, Grobweiße, Weißgrobe, Bauernweinbeer, Heunschlir, Belina, Drobna, Borzenauer (Schweiz), Biela Belina Velika (Kroatien), Rässer (Siebenbürgen).

Alte, früher im Gemischten Satz in Mitteleuropa weit verbreitete Massensorte. Heute ohne Bedeutung.
Verbreitung: Früher Deutschland, Elsaß, Niederösterreich, Steiermark, Südtirol, Kroatien.
Herkunft: Die Annahme, daß er von den Hunnen (nach 451 oder um 920) nach Deutschland gebracht wurde, ist nicht beweisbar. Möglicherweise wurde die Sorte als „Hunnische" schon ab der fränkischen Zeit mit anderen minderwertigen Sorten zusammengefaßt, während die besseren, vielleicht auch neu eingeführten Sorten (Blauer Spät-

burgunder) den hochwertigeren und teuren „fränkischen" Wein ergaben.
Merkmale: Triebspitze kahl, rötlich. Blatt mittelgrob, derb, wenig gebuchtet, ähnlich dem Elbling, Blattrand gesägt. Unterseite leicht wollig behaart. Traube groß, pyramidal, astig, dicht. Beere rund, weißgelb, sonnenseits braungefleckt. Schale dünn. Geschmack saftig, säuerlich-süß.
Eigenschaften: Anspruchslose, kräftig wachsende, mittelfrüh, vor Elbling reifende, reichtragende Sorte. Im Gemischten Satz Basis der Quantität. Weinqualität allein sehr gering, wässrig und sauer.

Grobheunisch
Eine Ausartung des Weißen Heunisch mit dicken und dünnen Beeren.

Gelber Heunisch, Bettschisser
Mit dem Weißen vergleichbare Sorte mit schärfer gezähnten Blättern und kleineren Trauben, gelblichen Beeren. Das Synonym im Breisgau und Elsaß deutet auf ihre laxierende Wirkung.

Heunisch, Rotgestreift
Mit dem Weißen vergleichbare Sorte mit mehr behaarten, schwächer gebuchteten Blättern und hellgelben, rotgestreiften Beeren.

Roter Heunisch
Umfaßt unterschiedliche Sorten. Goethe (1887) versteht darunter: Ranfler, Baboleih, Ranfolica, Brünner rot, Redeja belina, Redeza. Bei Müller (1930) zum Frühroten Veltliner gerechnet.
Verbreitung: In Österreich.
Merkmale: Blätter rund, dreilappig, wenig gebuchtet, kurz gezahnt. Traube groß, ästig, dicht. Beere rund, rot marmoriert bis rot. Saftig, angenehm süß, wegen laxierender Wirkung berüchtigt.
Eigenschaften: Starkwachsend, robust, sehr fruchtbar.

Weißer Honigler

Goldtraube, Honigtraube; Mézes feher, Zandler (Ungarn um Eger), Bieli medenac (Kroatien).

Vornehmlich im nördlichen Balkan bis Ungarn verbreitete alte Sorte.
Merkmale: Starkwachsend, fruchtbar. Blätter rund, tief fünflappig, unten graufilzig. Trauben groß, locker, an Elbling erinnernd. Beere rund, weißgelb, oft braungefleckt, dünnschalig. Geschmack angenehm, sehr süß. Ansehen ähnlich dem weiblichen Kleinweiß mit Muskatgeschmack.
Eigenschaften: Wegen großer Fäulnisneigung nur in Trockengebieten für guten Tischwein geeignet.

Humagne Blanc

Alte Rebsorte im Wallis.
Herkunft: Schon 1313 im Wallis urkundlich erwähnt, ist sie zur Rarität (7,4 ha) geworden. Die spät reifende Sorte mit länglichen Trauben und mittelgroßen, gelbgrünen Beeren ist wenig fruchtbar. Dem herben, lange haltbaren Wein wurden besondere gesundheitliche Wirkungen zugesprochen. Er galt als Wein der Wöchnerinnen.

Humagne Rouge
Alte spätreifende rote Rebsorte im Wallis, zu der Hornickel Verbindungen zum Petit Rouge aus der Oriou-Gruppe im Aostatal sucht. Wird nur noch wenig gepflanzt.

Huxelrebe
Az 3962

Im Weinberg empfindliche, durch kernlose Beeren hochwertige weiße Weine bringende Sorte.

Verbreitung: In Deutschland (1400 ha), besonders in Rheinhessen (800 ha), Pfalz (550 ha) und Nahe (50 ha).

Herkunft: 1927 von Georg Scheu an der Landesanstalt für Rebenzüchtung Alzey aus Gutedel und Courtillier Musqué gekreuzt. Sortenschutz und Sortenliste 1968. Name nach erfolgreichem Versuchsansteller Fritz Huxel, Westhofen.

Merkmale: Triebspitze stark wollig filzig behaart. Blatt groß bis sehr groß, rundlich bis schwach dreilappig, Blattrand unterschiedlich gezähnt. Traube sehr groß, je nach Verrieselung locker bis dicht, lang, häufig geteilt. Beere mit Kern sehr groß, ohne sehr klein, gelbgrün, Geschmack saftig, würzig. Kleine Beeren hochreif bis rosinenartig edelfaul. Trauben mit großen Beeren, trotz angenehmem Geschmack wegen dünnen Schalen als Tafeltraube wenig geeignet.

Eigenschaften: Im Weinberg starkwüchsig, empfindlich gegen Winterfrost, Pilzkrankheiten und hohen Kalkgehalt im Boden.

Wein: Bedeutung liegt in der Möglichkeit, hochwertige würzige, langlebige Dessertweine aus rosinenartigen kleinen und fruchtigen, großen Beeren zu gewinnen. Wein als Aperitif oder zu Desserts.

Isabella

Frutilla (Uruguay), Odessa (GUS)

Verbreitung: Meist angepflanzte Hybride der GUS-Staaten, wird in Georgien, Aserbeidschan, Dagestan, Krasnodar und in der Moldaurepublik angebaut. Ist auch in der Schweiz, Madeira, im Staat New York, Brasilien, Uruguay und früher in Frankreich angepflanzt worden.

Herkunft: Natürlicher Sämling aus Süd Carolina, 1816 erstmals beschrieben, wurde 1820 in Frankreich eingeführt.

Vermutlich ist auch die in Indien weit verbreitete Sorte 'Bungalore Blue' eine Selektion aus Isabella.

Merkmale: Triebspitze stark wollig, karminrötlich überhaucht. Blatt mittelgroß, dreilappig, mit lang ausgezogenem, keilförmigem Mittellappen, dick, Oberseite dunkelgrün, Unterseite grauweißlich, starkwollig bis filzig, Stielbucht V-förmig, geschlossen bis sich überlappend; Blattrand schwach gezähnt. Traube groß, zylindrisch bis konisch, einfach geschultert, meist lockerbeerig. Beere mittelgroß, oval, tiefschwarz, färbt schon vor der Reifezeit, stark beduftet, dickschalig, Beerenfleisch weich, gelbgrün, mit intensivem Fox-Geschmack.

Eigenschaften: Starkwüchsig, der Most ist schleimig und schwer zu vergären, dadurch wird die Ergiebigkeit der reichtragenden Sorte gemindert. Wegen der hohen Pilzfestigkeit ist diese Sorte als Tafeltraube in den Tropen weit verbreitet.

Wein: Ausgeprägter Labrusca-Geschmack, erinnert an künstlichen Erdbeersaft; Hauptverarbeitung zu Traubensaft und leichten Roséweinen.

141

Italia

Idéal (Frankreich), Muscat d'Italie (Marokko, Tunesien), Pirovano 65.

Verbreitung: Italien (10 000 ha), Rumänien (1 500 ha), Türkei, Ägypten, Tunesien, Marokko, Portugal, Spanien, Frankreich (500 ha 1988), Kalifornien (760 ha), Brasilien (5 250 ha).
Herkunft: Züchter A. Pirovano, Rom. Kreuzung Bicane × Muscat Hamburg (1911).
Merkmale: Triebspitze weißwollig. Kleine Blätter, teilweise bronziert. Blätter fünflappig; Seitenbuchten mitteltief eingeschnitten, Stielbucht lyrenförmig überlappend; Zähne spitzbogig; Unterseite schwachwollig. Trauben groß, locker. Beeren elliptisch, sehr groß, goldgelb. Haut dick.
Eigenschaften: Reife spät. Bei Pergolaerziehung und Bewässerung Ertrag 17–30 t/ha. Gute Transporteignung.
Traube: Mildes Muskataroma. Beeren fleischig.

Jubiläumsrebe
(24–125)

Aus roten Sorten gekreuzte weiße Sorte für hochreife Weine.
Verbreitung: Österreich.
Herkunft: Von Fritz Zweigelt 1922 an der Höheren Bundeslehr- und Versuchsanstalt Klosterneuburg aus dem Grauen Portugieser und Frühroten Veltliner (Regner) gekreuzt.
Merkmale: Triebspitze weiß behaart. Blatt mittelgroß, drei- bis fünflappig, stumpf gezähnt. Traube mittelgroß, walzenförmig, teils geschultert, dicht. Beere mittelgroß, rötlich.
Eigenschaften: Sehr frühe Reife, gute Winterfrostfestigkeit, keine besondere Neigung zu Pilzkrankheiten. Bringt durch Welken der Beeren hohe Mostgewichte (Dessertweine).

Jurançon Noir

Dame Noire, Dégoutant, Gouni, Jurançon Rouge, Petit Noir (Frankreich); Folle Noire (Frankreich, Uruguay), Vidiella (Uruguay).

Verbreitung: In Südfrankreich von 7 077 ha 1979 auf 3 789 ha 1988. Verteilung auf die Départements (1979): Tarn (3 254 ha), Gers (1 070 ha), Haute-Garonne (794 ha), Tarn-et-Garonne (672 ha), Lot (556 ha), Lot-et-Garonne, Aude, Aveyron. In Uruguay 500 ha.
Herkunft: Agenais, Südfrankreich.
Merkmale: Triebspitze stark weißwollig, Saum rot. Kleine Blätter mittelstark behaart, gelblich, zum Teil bronziert. Blätter mittelgroß, kreisförmig, blasig, um die Stielbucht gewaffelt. Fünflappig, Seitenbuchten mitteltief eingeschnitten. Stielbucht lyrenförmig, offen bis überlappend. Manchmal freiliegende Nerven in der Stielbucht. Zähne spitzbogig, klein. Blattunterseite schwach wollig, mit Borstenhaaren. Laub im Herbst teilweise rot. Traube groß, kompakt. Beeren mittelgroß, rund, schwarzblau.
Eigenschaften: Später Austrieb, Reife mittelspät. Empfindlich gegen Oidium, Peronospora, Botrytis und Traubenwickler. Widerstandsfähiger gegen Schwarzfleckenkrankheit. Magere Böden, schwachwüchsige Unterlagen, kurzer Rebschnitt verbessern Qualität. Guter Ertrag, ertragssicher.
Wein: Helle Farbe, wässrig, geringer Alkoholgehalt. Manchmal bitterer Nachgeschmack. Fast immer mit anderen Sorten verschnitten. Früher im AOC Cahors zu etwa 10% mit Cot verschnitten. Ab 1996 nicht mehr empfohlene Sorte für AOC Cahors. Außerdem in den VDQS Vins de Lavilledieu, Vins d'Estaing, Vins de Marcillac, Fel, Vins d'Entraigues.

Kadarka

Cadarca, Carca de Minis, Cadarca Neagra, Gimza, Schwartzer Cadarca (Rumänien), Cederesca, Skadarka (Kroatien), Fuszeres Kadarka, Nemes Kadarka (Ungarn), Kallmet (Albanien).

Den Grundstock für die ungarischen Rotweine sollen die Raitzer und dalmatischen Flüchtlinge gelegt haben. Auf der Flucht vor dem sich auf der Balkanhalbinsel ausbreitenden osmanischen Reich brachten sie die Rebsorte mit und pflanzten sie am Fuße des Villany Gebirges.

Verbreitung: In Ungarn mit 17% der Gesamtrebfläche die meistangebaute Rebsorte, steht auch in Makedonien, dem ehemaligen Jugoslawien, in Rumänien, dort überwiegend im Banat, in Bulgarien, sowie im österreichischen Burgenland.

Herkunft: Nach Schams soll die Sorte aus der Umgebung des albanischen Ortes Skardarsko stammen und von dort über Ungarn nach Kroatien und Österreich gelangt sein.

Merkmale: Triebspitze weißwollig, gelblichgrün, zuweilen mit bräunlichem Anflug. Junges Blatt gelbgrün, glänzend flaumig; Blattrand fein gezahnt, Blatt groß, drei- bis fünflappig, schwach gebuchtet, dick, Oberseite dunkelgrün, mattglänzend, etwas uneben; Unterseite weißgrau, stark filzig; Blattrand groß und breit gezahnt, Nerven sehr grob, hellgrün, weißborstig, Stielbucht geschlossen. Traube groß, zylindrisch, geschultert, kompakt. Beere mittelgroß, rund, graunarbig, sehr dünnschalig, blau, saftreich, süß, mit leichten Gewürzaromen.

Eigenschaften: Starkwüchsig, aufrecht wachsend, früher Austrieb, bevorzugt gute Lagen, sandige oder skelettreiche Böden, Holzausreife spät, frostempfindlich, wenig krankheitsempfindlich, sehr fruchtbar, die kräftigen Traubenstiele erlauben es die Trauben bis zum Eintrocknen der Beeren hängen zu lassen und daraus die hochgepriesenen Aszu-Weine zu gewinnen.

Wein: Voll, aromatisch duftend, etwas an Burgunder erinnernd, samtig, rubinrot, oft mit dezenter Restsüße. Empfiehlt sich zu Wildgerichten mit süßlichen Obstsoßen. Gemeinsam mit Carbernet Sauvignon, Merlot und Portugieser vergoren, wird aus dem Kadarka das bekannte Erlauer Stierblut gewonnen. Charakteristisch sind seine tiefdunkle, granatrote Farbe, mit angenehmer Gerbstoffnote und würzigen Aromen.

Kanzler
Az 3983

Starkwüchsige Rebsorte für hochwertige, fruchtige Weine.

Verbreitung: Nur in Deutschland (60 ha) mit Schwerpunkten in Rheinhessen (36 ha) und der Pfalz (17 ha).

Herkunft: Georg Scheu (1878–1949) kreuzte die Sorte 1927 in Alzey aus Müller-Thurgau und Silvaner. Sortenschutz, Sortenliste 1987. Der Name wurde scherzhalber von Eigenschaften der drei ersten Bundeskanzler Deutschlands abgeleitet: raffiniert wie Konrad Adenauer, voll und rund wie Ludwig Erhard, elegant wie Kurt Georg Kiesinger.

Merkmale: Triebspitze schwach behaart, fast kahl, grün. Blatt mittel bis groß, rundlich, schwach drei- bis fünflappig, wellig, Stielbucht geschlossen bis überlappend. Traube klein bis mittel, breit geschultert. Beeren mittel bis groß, rund bis oval, dickschalig, grün bis gelbgrün, früh reifend. Geschmack saftig, fruchtig, süß angenehm, trotzdem wegen ungleichmäßiger Trauben- und Beerengröße und zu geringem Ertrag als Tafeltraube wenig geeignet.

Eigenschaften: Großer Empfindlichkeit gegen Winterfrost, Pilzkrankheiten und Verrieselung stehen frühe Reife und hohe Mostgewichte gegenüber, verbieten aber die Pflanzung in niederen oder windigen Lagen.

Wein: Trocken, Partner zu kräftigem Braten, edelsüße Spezialitäten, eröffnen als Aperitif die Speisenfolge oder ergänzen Desserts.

Kerner
We S 2530, Herold weiß

Erfolgreiche weiße Neuzüchtung.

Verbreitung: In allen deutschen Weinbaugebieten (7 400 ha), Pfalz (2 400 ha), Rheinhessen (2 200 ha), Württemberg (800 ha), Mosel, Saar, Ruwer (900 ha), Nahe (400 ha), Franken (350 ha). In den Deutschland benachbarten Gebieten Südtirol und Ostschweiz klassifiziert und in Übersee im Versuchsanbau.

Herkunft: 1929 von August Herold an der Staatlichen Lehr- und Versuchsanstalt Weinsberg aus Trollinger und Riesling gekreuzt. Sortenschutz und Sortenliste 1969. Benannt nach dem Weinsberger Dichter, Arzt und Weinfreund Justinus Kerner (1786–1862).

Merkmale: Triebspitze wollig behaart. Blatt mittelgroß, fünflappig, Oberseite blasig; Stielbucht offen bis geschlossen, bis spät in den Herbst dunkelgrün. Traube mittel bis groß, gelbgrün bis braungelb, dickschalig. Geschmack saftig, süß bis leicht muskatiert.

Eigenschaften: Starkwüchsige, abgesehen von Oidiumneigung robuste Sorte, mit höheren Reifegraden als Vergleichssorten bei gleichem Ertrag.

Wein: Als Spätlese kräftig, eher rund und nußartig, als von Säure geprägt, manchmal mit dezentem Muskatton. Leichtere Weine mit höheren Säuregehalten an Riesling erinnernd. Daher als Schoppen ebenso geeignet, wie als trockene Spätlese zu Terrinen oder kräftigen Fleischspeisen oder edelsüß zu Desserts.

Blauer Kilianer
Kiliansrebe

Früher in der Pfalz verbreitete resistente Amerikanerrebe mit geringem Anbauwert.

Herkunft: Vermutlich Kreuzung amerikanischer Wildreben (*Vitis riparia* × *V. labrusca* × ?). Gelangte 1883 von einer Gärtnerei aus Erfurt nach Dudenhofen und wurde vom Polizeidiener Kilian Vonderschmied um Speyer verbreitet.

Eigenschaften: Resistent gegen Reblaus, Oidium und Peronospora. Bei weiträumiger Erziehung große Fruchtbarkeit. Trauben blau, ungleichmäßig reif. Saft gefärbt, sauer. Wein geringwertig, als „Mops" oder „Rambas" bezeichnet.

Knipperle

Gelber Ortlieber, Kleiner Räuschling, Türkheimer, Franzosen (Nahe), Kleiner Metsüßer, Petit Mielleux (Frankreich).

Im Aussterben, früher in fast allen Weinbaugebieten Südwestdeutschlands, besonders in Baden und im Elsaß.

Herkunft: Um 1750 von Ortlieb, Reichenweiher, im Wald bei Türkheim (Wildreben) gefunden. Verdrängte Ende des 18. Jhs. im Elsaß den Elbling.

Merkmale: Triebspitze dunkelgrün, stark wollig. Blätter mittelgroß, robust, bis schwach dreilappig, Unterseite wollig behaart. Trauben klein, sehr dicht, einfach. Beere klein, rund, grün, gelb, weißgrau beduftet, dünnhäutig.

Eigenschaften: Kräftiger Wuchs, geringe Verrieselungsneigung und Fruchtbarkeit der Beiaugen nach Frostschäden. Große Fäulnisneigung, starker Sauerwurmbefall, Probleme beim Weinausbau (Zähewerden, rasches Altern).

Wein: milder, angenehmer Tischwein.

Kolor
Fr 71–39

Spätreifende neue Färbersorte mit hoher Säure.

Herkunft: 1939 von Johann Zimmermann am Staatlichen Weinbauinstitut Freiburg aus Blauer Spätburgunder × Farbtraube gekreuzte Sorte. Sortenschutz und Sortenliste 1974. Eintragung zurückgezogen.

Merkmale: Laub bei Austriebsbeginn schon grün-rot. Triebspitze stark weißrot, filzig behaart. Blatt klein bis mittelgroß, fünflappig, grünrot. Traube mittelgroß, dichtbeerig. Beere klein bis mittelgroß, rund-gedrückt, blau, grau beduftet. Saft rot, fruchtiger, säuerlicher Geschmack.

Eigenschaften: Spät austreibende, blühende und reifende, robuste neue Sorte mit intensiv roten, aber säurebetonten Weinen. Die Farbe ist so intensiv, daß 3–5% zur Farbvertiefung von hellen Rotweinen ausreichen würden. Wird von frühreifen Färbersorten, wie Dunkelfelder, teilweise auch Dornfelder verdrängt , die neben der Farbverbesserung auch fülligere Weine bewirken. Sorgfältige Rebenpflege, Auslese bei der Ernte und die günstige Witterung der letzten Jahre machten die Verwendung der Färberweine weitgehend unnötig.

Königin der Weingärten

Muscat Queen of the Vinyards (Australien, USA), Regina dei Vigneti (Italien), Reine des Vignes (Frankreich), Szoeloeskertek kiralynoeje muskotaly (Ungarn).

Aus der ursprünglichen Zuchtnummer Mathiasz 140 wurde Szoeloeskertek kiralynoe muskotaly. Diese ehrenvolle Bezeichnung wurde von den Anbauländern in ihre eigene Sprache übersetzt.

Verbreitung: Vor allem in Europa: Italien (4 500 ha), Kroatien (1 600 ha), Rumänien (950 ha), Israel (500 ha), Ungarn (400 ha), Griechenland, Moldavien, Ukraine, Österreich, Tschechien, Slowakei, Tunesien, Frankreich.

Herkunft: Ungarische Neuzüchtung von Janos Mathiasz von 1916. Kreuzung von Souvenir de la Reine Elisabeth mit Perle von Csaba.

Merkmale: Triebspitze unbehaart, grün glänzend. Kleine Blätter sehr bronziert, ebenfalls unbehaart. Die ausgewachsenen Blätter kreisförmig, leicht blasig, fünfgelappt, mitteltief eingeschnitten. Stielbucht lyrenförmig, offen. Zähne spitzbogig. Besonders lange Ranken. Trauben mittelgroß (18–20 cm), lockerbeerig. Beeren groß (20–25 mm), rund bis oval, weißgelb, dicke Beerenhaut, knackiges Fruchtfleisch.

Eigenschaften: Austrieb und Reife früh. Frühe Ernte ergibt die bessere Tafeltraube, da Muskatgeschmack bei fortgeschrittener Reife zu penetrant, mit Rosenaroma. Reift am besten in warmem Klima Gleichmäßig ausgereifte Früchte durch geregelte Wasserversorgung, Drahtrahmenerziehung, Entfernen der Geiztrauben. Transporteignung mittelmäßig, da sich die Beeren leicht vom Stiel lösen. Anfällig gegen Echten Mehltau und Botrytis.

Trauben: Verzehrqualität: Zum richtigen Zeitpunkt geerntet, ist das Muskataroma dezent entfaltet. Robuste, mattgelbe und leicht von Wachs überzogene große Beeren.

Korinthiaki

Black Corinth (Kalifornien), Corinthe Noire (Frankreich), Crni Korint (Kroatien), Currant Grape (England); Passera, Passerina, Uva Passa (Italien); Patras Currant, Zante Currant, Staphis (Griechenland), Zante Currant (Australien).

Liefert Korinthen fürs Weihnachtsgebäck.

Verbreitung: Griechenland (Peleponnes) 44 000 ha. Italien, Südafrika (51 ha 1992). USA 657 ha (1976). Australien (1 200 ha 1991), GUS.

Herkunft: Griechenland. Sehr alte Sorte. Jean Bauhin (1651) behauptet, es sei die von Plinius beschriebene Graecula, die kleine griechische Rebe. Dieselbe, die Philostratos im „Leben des Apollonius" nennt, die bei den Lydiern bzw. Meoniern den sehr geschätzten Wein ergab.

Merkmale: Triebspitze weißwollig, Saum rot. Kleine Blätter wollig, gelb-grün, bronzierte Stellen. Blätter mittelgroß, dunkelgrün, kreisförmig, fünflappig. Obere Seitenbucht mitteltief, untere Seitenbucht mäßig eingeschnitten. Stielbucht V-förmig, offen bis geschlossen. Zähne spitzbogig. Unterseite schwach behaart. Trauben mittelgroß, walzenförmig, sehr schmal, kompakt, geschultert. Beeren sehr klein (5 mm), rund, schwarz. Samenlos. Haut dünn. Fruchtfleisch saftig.

Eigenschaften: Austrieb früh. Reife sehr früh. Reift in allen Weinbaugebieten. Starkwüchsig, ertragreich: 12 000 kg Trauben/ha ergeben 3 000 kg Korinthen/ha. Verlangt großen Raum und Zapfenschnitt. Widerstandsfähigkeit gegen Peronospora, anfällig gegen Oidium und Botrytis. Reife Beeren platzen nach Niederschlägen.

Korinthen: klein, etwa 0,1 g Trockengewicht, dunkelblau mit rauchgrauem Glanz.

Farbvarianten: Corinthe Rose und Corinthe Blanche.

Koshu

Konshu, Yeddo, Vigne de Yeddo

Die Nationaltraube Japans, erst als Tafeltraube, später als Keltertraube erkannt.

Verbreitung: Obwohl schon 1880 nach Frankreich importiert, wird sie ausschließlich in Japan in den Bezirken Yamanashi, Yamagata und Okajama angebaut.

Herkunft: Im 2. Jahrhundert v. Chr. wurden Reben der Gattung *Vitis vinifera* ssp. *orientalis* nach China eingeführt und entwickelten sich dort weiter. Im Rahmen des chinesisch-japanischen Kulturaustausches in der Zeit von 630 bis 894 nach Chr. gelangte die Rebe nach Japan. Die älteste Nennung über den Anbau stammt aus dem Jahr 1186, aber erst seit dem Ende des letzten Jahrhunderts wird von ihr auch Wein gewonnen.

Merkmale: Triebspitze schwachwollig, rötlich bronziert; junges Blatt dreilappig, rötlich grün, bronziert; Blatt mittelgroß bis groß, drei- bis schwach fünflappig, Stielbucht V-förmig, offen, Blattoberseite dunkelgrün, leicht blasig, Unterseite an den Blattadern beborstet, Blattrand unregelmäßig gezähnt; Traube mittel bis groß, kegelförmig, lockerbeerig; Beere groß, oval, rosa gefärbt, beduftet, dickschalig mit fleischigem, neutral schmeckendem Beerenfleisch.

Eigenschaften: Starkwüchsig, mit hohem Ertragsniveau, allerdings frostempfindlich. Aufgrund der dicken Beerenschale nur wenig empfindlich gegen Botrytis. Bevorzugt gute tiefgründige Lagen und gelangt spät zur Reife. Die Trauben sind wegen ihres fleischigen Beereninhaltes nur schwer abzupressen.

Wein: Sortenrein ausgebaut sind es leichte, frische, fruchtige Weine von strohgelber Farbe, wird aber überwiegend als Verschnittpartner genutzt.

Kyoho

Japanische Tafeltraubensorte mit doppeltem Chromosomensatz.
Verbreitung: In Japan auf ca. 3 700 ha angebaut.
Herkunft: Neuzüchtung der Forschungsanstalt für Obstbau in Yamanashi, Japan. Züchter: Yasushi Ohigami, Kreuzung: Sentenia × Ishihara Wase.
Merkmale: Triebspitze verkahlend, rötlichgrün, junges Blatt rundlich, rötlichgrün bis bronziert, kahl; Blatt mittelgroß, schwach dreilappig. Oberseite hellgrün bis grün, überwiegend glatt, glänzend, Stielbucht V-förmig, offen, Blattrand unregelmäßig gezähnt. Traube groß, walzenförmig, geschultert, kompakt. Beere sehr groß, rund, beduftet, dickschalig, Beerenfleisch fest, aromatisch, fruchtig.
Eigenschaften: Starkwüchsig, eignet sich gut für die japanische Flachpergolaerziehung. Die Sorte ist tetraploid, neigt dadurch zum Verrieseln und ist frostempfindlich; die lockere Laubwand macht sie weniger anfällig gegen Pilzkrankheiten. Bringt gute Erträge.
Trauben: Gute Tafeltraube mit auffallend großen Beeren. Sehr saftig, süß und leicht aromatisch mit knackigem Biß.

Lady Downes Seedling

Aufgrund der ungewöhnlichen Herkunft ein echter Exot unter den Tafeltraubensorten.

Verbreitung: Im Rahmen einer Gartenbauausstellung 1845 in England wurde sie erstmals vorgestellt. Hauptsächlich in Gewächshäusern kultiviert. Bis heute wenig bekannt. Steht noch in einigen Gewächshäusern in England.

Herkunft: 1835 in Downe, England gezüchtet. Kreuzung: Black Marocco × Sweetwater, Züchter: M. Foster.

Merkmale: Triebspitze starkwollig, grünweißlich mit rotviolettem Anflug, junges Blatt fünflappig, flaumig, weißgrün, leicht bronziert, Unterseite filzig; Blatt fünflappig, tief gebuchtet, dunkelgrün, schwachwollig, Unterseite mit Wollbehaarung auf den Nerven, Stielbucht V-förmig, geschlossen bis sich überlappend. Traube mittelgroß, zylindrisch, oft geschultert. Beere groß, rund bis leicht diskusförmig, stark

beduftet, schwarz, Beerenfleisch fest, saftig, mit angenehmem, leichtem Muskatgeschmack.

Eigenschaften: Starkwüchsig, benötigt leicht erwärmbare Böden; sehr frostempfindlich, reift im Glashaus schon Mitte August.

Trauben: Gute Tafeltraube mit Biß, angenehmem, fruchtigsüßem Muskatgeschmack und dezenter Säure.

Lagrein
Langstieliger, Kurzstieliger

Verbreitung: Südtirol (400 ha), besonders um Bozen.
Herkunft: Alte Südtiroler Sorte.
Merkmale: Triebspitze grün, filzig behaart. Blatt mittelgroß bis groß, drei- bis fünflappig, wenig gebuchtet. Unterseite wollig behaart. Traube Langstieliger: größer, locker. Kurzstieliger: kleiner, geteilt. Beere mittelgroß, braunschwarz, hartschalig. Geschmack saftig, fruchtig, gerbsäurebetont, gefärbt.
Eigenschaften: Spätreifend, daher nur für gute Lagen. Anfälligkeit gegen Pilzkrankheiten und Zikaden stehen geringe Neigung zu Stiellähmebefall gegenüber.
Weine: Sorte bringt vielfältige Weine. Lagrein dunkel ist ein granatfarbener, gerbstoffbetonter, gehaltvoller Rotwein.
Lagreinkretzer (Rosé) zarter, hellroter Wein und Baumlagreiner ein Mittel zwischen beiden.

Lambrusco di Sorbana
Lambrusco Sorbarese

Lambrusco ist ein besonders in Italien verwendeter Sammelbegriff für wildwachsende *Vitis vinifera*-Sämlinge, nicht zu verwechseln mit der nordamerikanischen Wildart *Vitis labrusca*.
Verbreitung: In der Emilia-Romagna, Italien auf 2103 ha (1990). Außerdem von Bedeutung sind Lambrusco Salamino (5442 ha, 1990), Lambrusco Maestri (4461 ha, 1990), Lambrusco a Foglia Frastagliata (2672 ha, 1990) und Lambrusco Grasparossa (2164 ha, 1990).
Herkunft: Möglicherweise von der Villa Sorbana, die 10 km von Modena entfernt liegt.
Merkmale: Triebspitze stark weißwollig. Junge Blätter weißwollig, gelbgrün, leicht bronziert. Ausgewachsenes Blatt ganzrandig, selten schwach dreilappig. Stielbucht U-förmig, weit offen, an der Basis durch Rippen um Stielbucht rot. Zähne klein, regelmäßig, überwiegend

gesägt. Blattrand nach unten gewölbt. Unterseite stark wollig, Rippen beborstet. Traube mittelgroß (15 cm lang), länglich, wegen Verrieselungsneigung oft lockerbeerig. Beere blauschwarz, rund, mittelgroß, sehr bereift.

Eigenschaften: Austrieb mittel. Reife spät. Gute Krankheitsresistenz. Ertrag wegen Verrieselung oft gering.

Wein: Trocken oder halbsüß, säurebetont. Ergänzt die schwere, fette Küche der Emilia. Moussierender Qualitätswein, kein Schaumwein. Früher erfolgte Nachgärung auf der Flasche im Frühjahr, nach der Abfüllung des Jungweins. Heute vollzieht sich die Nachgärung häufig in Drucktanks. Der DOC Lambrusco di Sorbana gehört zu den besten Lambrusco-Weinen. Verschnitten werden Lambrusco di Sorbana (Anteil mindestens 60 %) mit Lambrusco Salamino.

Laska

Früher Blauer Wälscher (Österreich), Lashka, Laska Moder, Laska Modrina, Rana Vlaska Modrina (Kroatien).

Verbreitung: War hauptsächlich in der steierischen Weinbauregion beheimatet. Heute selten.

Herkunft: Stammt vermutlich aus der Steiermark, Österreich.

Merkmale: Triebspitze schwachwollig, gelbgrün. Junges Blatt rund, gelbgrün, feinwollig; Blatt mittelgroß, dick, lederartig, dreilappig, schwach gebuchtet; Stielbucht V-förmig, Oberseite dunkelgrün mit mattem Glanz, Unterseite hellgrün, Nerven gelblichgrün, beborstet. Traube klein, kurz, ungleichbeerig, walzenförmig, kompakt. Beere groß, rund, oft plattgedrückt, dunkelblau mit rötlichem Schimmer, saftig, süß.

Eigenschaften: In der Lage nicht wählerisch, frühreifend.

Wein: Milder, angenehmer, nicht zu herber, hellrubinroter Tafelwein.

Léon Millot

Kuhlmann 194-2; an der Ahr auch „Frühe Schwarze" genannt.

Verbreitung: Frankreich auf 112 ha (Vendée, Loire Atlantique, Maine-et-Loire). USA und Kanada.

Herkunft: Colmar, Frankreich. Züchtung von Eugène Kuhlmann (1858–1931) durch Kreuzung von Millardet et de Grasset 101–14 × Goldriesling.

Merkmale: Triebspitze schwachwollig. Kleine Blätter grün. Blätter leicht gewellt, ganzrandig. Stielbucht lyrenförmig. Zähne spitzbogig. Unterseite unbehaart. Trauben klein, geschultert, locker. Beeren schwarzblau, rund, klein, saftig.

Eigenschaften: Reife sehr früh. Sehr starkwüchsig. Für reichen Ertrag langer Rebschnitt empfohlen. Anfällig gegen Oidium.

Wein: Gehört sicher zu den besten Rotweinen der französischen Hybridsorten.

Lemberger

Blauer Limberger, Blaufränkisch, Crna frankovka (Kroatien), Kekfrankos (Ungarn), Frankonia (Italien).

Zwischen Portugieser und Burgunder stehende Rotweinsorte.

Verbreitung: Deutschland (961 ha), hauptsächlich Württemberg, in Rotweingebieten Versuchsanbau. Hauptanbaugebiet Österreich (3 050 ha), im Vöslau, im Burgenland (Bismarckwein von Pöttelsdorf), Tschechien (1450 ha), Italien (200 ha), Ungarn, Kroatien.

Herkunft: Vermutlich alte österreichische Sorte, seit dem 18. Jh. bekannt, von Robert Schlumberger, Bad Vöslau verbreitet. Mit dem Blauen Portugieser über Johann Philipp Bronner um 1840 nach Deutschland gelangt. Alter, in Österreich heute noch üblicher Name ist Blaufränkisch, Deutsche Bezeichnung Limberger nicht ableitbar, denkbar wäre Verstümmelung von Schlumberger beim Rebenbezug.

Merkmale: Triebspitze hellgrün, glänzend, wenig behaart. Blatt groß, robust, dunkelgrün, fünfeckig, fast ungelappt; Blattrand ungleichmäßig, grob gezähnt. Traube mittelgroß, geteilt, meist locker. Beere mittelgroß, rund, dunkelblau, Schale fest, Geschmack, süß bis herb, fruchtig.

Eigenschaften: Starkwachsend, robust, wegen frühem Austrieb Maifrostempfindlich, Ertrag wird durch Neigung zur Verrieselung begrenzt.

Wein: Geringe Empfindlichkeit der Beeren gegen Botrytis erlaubt späte Lese und Gewinnung markanter, in der Jugend feinfruchtiger, säurebetonter Weine mit langer Haltbarkeit. Passend zu kräftigen Speisen.

Len de l'El

Cavaillès, Cavalié, Cavalier, l'Endelel, Lendelet, Loin de l'Oeil

Eine der drei Weißweinsorten des AOC Gaillac, neben Mauzac und Ondenc.

Verbreitung: In Frankreich im Département Tarn auf 457 ha (1980). Zunehmende Tendenz (100 ha 1958).

Herkunft: Wahrscheinlich seit undenklichen Zeiten im Gaillac, Südwestfrankreich vorkommend. Gaillac wird zu den ältesten französischen Weinbaugebieten gezählt, das schon vor Christus bestand und möglicherweise die Wiege des Bordelais ist.

Merkmale: Triebspitze weißwollig, Saum rot. Junge Blätter Oberseite gelbgrün, Unterseite mittelstark wollig. Ausgewachsenes Blatt keilförmig, feinblasig. Überwiegend siebenlappig, mitteltief- bis tief eingeschnittene Seitenbuchten. Stielbucht lyrenförmig, offen. Zähne spitzbogig. Unterseite mit Borstenhaaren, schwach wollig. Traube mittelgroß, walzenförmig, kompakt. Beere gelb, mittelgroß, eiförmig, sehr saftreich.

Eigenschaften: Austrieb früh, Reife mittel. Starkwüchsig. Kurzer Rebschnitt empfohlen. Erfordert fruchtbare Böden, sonnenbeschienene Hänge, um Botrytis zu widerstehen. In den Ebenen botrytisgefährdet. Mittlere Widerstandsfähigkeit gegen Oidium und Plasmopara.

Wein: Sehr fein und bei Vollreife mit bis zu 17% sehr alkoholreich. Ursprünglich waren die Weine des Gaillac ein Verschnitt aus Mauzac (60%), Len de l'El (30%) und Ondenc (10%). Nach der Reblausinvasion schrumpfte der Len de l'El-Anteil auf 10 bis 15%. Gaillac ist besonders bekannt für seine moussierenden Weine, nach althergebrachter Methode und ohne Zuckerzusatz hergestellt. Die Gärung wird nach und nach durch mehrmaliges Filtern gestoppt. Nach zwei- bis dreijähriger Lagerung voll, weich, fruchtig mit außergewöhnlichem Aroma. Daneben gibt es den Gaillac Perlé, ein trockener druchgegorener Wein, der nach erfolgter Äpfelsäuregärung abgefüllt wird. Er ist leicht, fruchtig, frisch. Gaillac Stillwein wird trocken und lieblich ausgebaut.

Maccabeo

Blanca de Daroca, Viura (Spanien), Maccabeu, Lardot, Malvoisie, Tokay (Frankreich), Macabeu (Algerien, Marokko, Frankreich), Charas Blanc (Kalifornien).

Vielseitig verwendbar, doch am liebsten perlend.
Verbreitung: Weltweit schätzt man die bestockte Rebfläche auf 60 000 ha. Allein 50 000 ha davon befinden sich in Spanien. Diese Sorte vereinnahmt fast 90 % der Weißweinfläche in Rioja und bildet in Katalonien, Navarra, Aragon und Penedes die Grundlage für die Schaumweine. In Frankreich überwiegend im Département Pyrénées Orientales mit ca. 7 000 ha angebaut. Auch in Marokko und Algerien zu finden.
Herkunft: Unklar, soll nach J. Read 1859 von Aragon nach Rioja gekommen sein. Odart vermutet aufgrund der guten Anpassungsfähigkeit an trocke-

nes Klima den Ursprung im Nahen Osten.
Merkmale: Triebspitze weißwollig, karminrot umrandet; junges Blatt gelblich, stark blasig, mit Flaumhaaren, Unterseite starkwollig, rosa gefärbt; Blatt groß, weich, rundlich, fünflappig, Stielbucht lyraförmig, überlappend, Unterseite wollig, Nerven beborstet. Traube sehr groß, pyramidenförmig, mehrfach geschultert, lockerbeerig. Beere mittelgroß, rund, goldgelb, saftig, Beerenschale dünn.
Eigenschaften: Starkwüchsig, sehr anfällig gegen Oidium. Auf wüchsigen Böden neigen die Trauben zu frühem Botrytisbefall.
Wein: In Rioja fällt der Wein durch frühe Lese recht säurereich, leicht, fruchtig und in der Jugend blumig aus, ist allerdings sehr kurzlebig. Als Schaumwein ist er feinperlig mit leichtem Bukett. In Frankreich gewinnt man oft feine, alkoholreiche Süßweine mit geringer Säure, von strohgelber Farbe.

Madeleine Angevine

Maddalena Angevine (Italien), Madlenka Rana (Tschechei und Slowakei), Magdalenentraube (Deutschland).

Verbreitung: Als Hausrebe in Deutschland. Tschechische Republik, Slowakei. England 26 ha (1984).

Herkunft: Sämling von Vitbert Angers, Frankreich, 1859 gepflanzt. Ab 1863 von Moreau-Robert als die früheste der Tafeltrauben verkauft. Möglicherweise Kreuzung zwischen Malingre Précoce und Madeleine Royale.

Merkmale: Triebspitze stark weißwollig, Saum rot. Kleine Blätter gelbgrün, stark weißwollig. Blätter mittelgroß, kreisförmig, blasig. Ränder nach unten gewölbt; fünflappig, Seitenbuchten tief eingeschnitten; Stielbucht lyrenförmig, offen bis überlappend; Stielbuchtbasis manchmal durch Nerven begrenzt; Zähne spitzbogig; Unterseite schwach wollig, Borstenhaare; auf Blattstiel Borstenhaare. Blüte weiblich. Trauben mittelgroß (10–15 cm, 100–190 g), locker, ästig mit langem Stiel. Beeren (15–17mm breit, 18–20 mm lang), länglichrund, gelbgrün, bei voller Reife weißgelb; Haut dick.

Eigenschaften: Austrieb früh. Reife sehr früh. Wegen weiblicher Blüte sehr verrieselungsanfällig. Bringt vollkommene Trauben an warmer südlicher Mauer. Starkwüchsig. Langer Rebschnitt empfohlen. Mischpflanzung mit anderen Sorten oder künstliche Befruchtung verbessern den Fruchtansatz.

Traube: Süß, angenehm gewürzt.

Madeleine Royale

Königliche Magdalenentraube (Deutschland), Madlenka Kralovska (Tschechien und Slowakei).

Bild oben links.
Verbreitung: Als Hausrebe in Deutschland und Frankreich. Ungarn, Tschechien und Slowakei, GUS. Argentinien (22 ha 1990).
Herkunft: Sämling von Moreau-Robert, Angers, Frankreich, 1845 gepflanzt, 1851 im Handel.
Merkmale: Triebspitze stark weißwollig, Saum rosa. Kleine Blätter weißgrün stark weißwollig. Blätter kreisförmig, mittelgroß bis groß, blasig; Ränder nach oben gebogen. Fünflappig, Seitenbuchten tief eingeschnitten; Stielbucht sehr überlappt; Zähne gesägt; Unterseite schwach wollig, Borstenhaare. Traube mittelgroß (180–250 g), kegelförmig, geschultert, kompakt bis locker. Beeren mittelgroß (15 bis 18 mm), gelbgrün; Haut dünn.

Eigenschaften: Reife früh. Starkwüchsig. Langer Rebschnitt empfohlen. Gedeiht an warmer Südmauer. Sehr Peronospora- und Oidiumanfällig. Ertrag 2,5 kg/Rebstock.
Traube: Fleisch süß, saftig, bei voller Reife leicht muskiert.

Madeleine Celine

Bild oben rechts.
Verbreitung: Bulgarien, Tschechien und Slowakei, Rumänien.
Herkunft: Züchtung von Paul Giraud, Marseille. Kreuzung von Madeleine Angevine × Malingre Précoce (1880).
Eigenschaften: Reife früh. Mittlere Wuchskraft. Ertrag bis 10 t/ha. Vornehmlich Tafeltraube, auch zur Weinbereitung geeignet.
Traube: Mittelgroß, locker. Beeren elliptisch, gelb, festfleischig; honigsüß. Geschmack neutral.

Malinger, früher Gelber

Malenga, Malingre Précoce, Madeleine
Blanche de Malingre (Frankreich),
Early Malingre (England).

Sehr früh reifende Tafeltraube, auch
für neuen Wein.
Verbreitung: Frankreich im Département Vendée auf 4 ha, Deutschland in
der Südpfalz 4 ha.
Herkunft: Um 1840 von dem Gärtner
Malingre in der Nähe von Paris aus
Samen gezogen.
Merkmale: Triebspitze schwach weißwollig. Kleine Blätter schwach behaart, sehr tief eingeschnitten. Blätter
klein bis mittelgroß, kreisförmig, glatt,
dunkelgrün, fünflappig; Seitenbuchten
tief eingeschnitten; Stielbucht lyrenförmig. Zähne gesägt; Unterseite unbehaart. Trauben mittelgroß, walzen- bis
kegelförmig, geschultert, lockerbeerig.
Beeren oval, mittelgroß, gelblichgrün;
Haut zart und sehr dünn. Fruchtfleisch
weich.

Eigenschaften: Sehr frühreif. Ernte in
Deutschland Ende August, Anfang
September. Starkwüchsig, in Folge der
Fruchtbarkeit bald nachlassend. Voll-
kommenere Früchte bei nur einer
Traube je Trieb. Sehr empfindlich
gegen Peronospora und Botrytis.
Transporteignung schlecht.
Traube: Fruchtfleisch saftig und süß,
Geschmack neutral.
Wein: Alkoholreich, neutral. Von
geringer Qualität. Liefert für Liebhaber
den ersten Federweißen.

Manteudo
Moreto Branco

Portugiesische Spezialität.
Verbreitung: Wird nur in Portugal, in der Region Alentejo angebaut.
Herkunft: Nach Alarte alte portugiesische Landsorte.
Merkmale: Triebspitze starkwollig bis filzig, gräulich-weiß, bronziert. Blatt mittelgroß, ungleichmäßig, fünflappig, tiefe Seitenbuchten, halboffene, überlappende Stielbucht; Blattoberseite gewellt, dunkelgrün, kahl; Blattunterseite wollig; Blattrand gesägt. Traube sehr groß, halbkompakt, geschultert, zylindrische bis konische Form, sehr langer Traubenstiel. Beere mittelgroß, oval, grünlichgelb, beduftet, dickschalig, mit süßlichherbem, fruchtigem Geschmack.
Eigenschaften: Starkwüchsig, sehr ertragreich, benötigt tiefgründige, feinerdereiche Böden.
Wein: Wenn früh geerntet, leichter, frischer, gebietstypischer Tafelwein.

Mariensteiner
Wü B 51–7–3

In Franken klassifizierte weiße Neuzüchtung.
Verbreitung: Deutschland.
Herkunft: 1951 an der Bayerischen Landesanstalt für Weinbau und Gartenbau Würzburg von Hans Breider aus Silvaner × Rieslaner (Silvaner × Riesling) gekreuzt. 1971 Sortenschutz und Sortenliste. Name von Festung Marienstein in Würzburg.
Eigenschaften: Die an Silvaner erinnernde Sorte, deren Blätter Wassermangel ahnen lassen, bedarf hochwertiger Lagen und bringt von der Säure geprägte Weine.

Marsanne

Champagne (Italien), Metternich (Frank-reich), Ermitage (Schweiz).

Verbreitung: Frankreich (406 ha 1988) in den Départements Drôme (140 ha), Ardèche (68 ha), Bouches-du-Rhône (19 ha), Aude, Isère, Gironde. Schweiz im Kanton Wallis. Außerdem Italien (500 ha) Provinz Piacenza. Kalifornien. Australien 100 ha im Goulburn Valley und Nordost-Victoria.
Herkunft: Frankreich. Wahrscheinlich aus Marsanne, bei Montélimar. Schon sehr lange in Saint-Péray und Hermitage kultiviert.
Merkmale: Triebspitze stark weißwollig mit rotem Saum. Kleine Blätter mittelstark behaart, zum Teil bronziert. Blätter groß, abgestumpft, sehr blasig; fünflappig, Seitenbuchten tief eingeschnitten; Stielbucht völlig überlappend; Zähne spitzbogig, groß; Blattunterseite schwach behaart. Trauben mittel bis groß, abgestumpft, geschultert, locker bis dichtbeerig. Beeren klein bis mittelgroß, rund, goldgelb, saftig.
Eigenschaften: Spät austreibend, Reife mittelspät; starkwüchsig; reichtragend, ertragssicher. Sehr anfällig gegen Botrytis und Oidium, Trockenheit und Wind. Zurückhaltender Rebschnitt begünstigt die Qualität.
Wein: Extrakt-, körper- und bukettreich. Schnell alternd. In Frankreich in den Appellationen Saint-Péray, Hermitage, Saint-Joseph, Crozes-Hermitage. Sollte jung getrunken werden. Im Wallis, bei Überreife gelesen, süß, körperreich, duftet nach kleinen Früchten des Waldes. In Italien auch als Sektgrundwein.

Mauzac

Bequin, Blanquette (Frankreich).

Flächenmäßig in Frankreich fast genauso bedeutend wie Sauvignon.
Verbreitung: Frankreich auf 5 709 ha (1988). Verteilung auf die Départements (1979): Tarn (4 177 ha), Aude (1 937 ha), Tarn-et-Garonne, Haute-Garonne, Gers, Lot-et-Garonne, Lot, Aveyron.
Herkunft: Südwestfrankreich, möglicherweise aus der Gegend von Gaillac, seinem Hauptanbaugebiet.
Merkmale: Triebspitze stark weißwollig, schwachroter Saum. Kleine Blätter wollbehaart, besonders stark auf der Blattunterseite. Blätter klein, blasig, dunkelgrün; ganzrandig bis schwach dreigelappt; Stielbucht geschlossen bis überlappt; Blattunterseite mittelstark wollig, in Knäuelform. Trauben mittelgroß, kegelförmig-abgestumpft, kompakt, oft geschultert. Beere mittelgroß, rund, goldgelb; Beerenhaut dick, hart.

Eigenschaften: Austrieb spät, Reife mittelspät; mittlere Wuchskraft. Widerstandsfähig gegen Oidium und Peronospora; anfällig gegen Botrytis, Traubenwickler und Milben. Bringt gute Qualität auf Kalk-Lehmböden. Ertrag an Hängen 25–40 hl/ha, 100 hl/ha in der Ebene.
Wein: Aromatisch, säurearm, neigt zur Oxidation. AOC Schaumwein Blanquette de Limoux früher mit Trauben von mageren Böden hergestellt, die Ende Oktober Anfang November vollreif geerntet und aufgrund der niedrigen Temperaturen langsam vergoren wurden. Frühzeitiger Abbruch der Gärung durch Filtern. Bei ansteigenden Frühjahrstemperaturen erneute Gärung. Ergab eleganten, leichten, goldgelben und fruchtigen Wein mit apfelweinartigem Aroma. Heute bei höherem Ertrag, frühzeitiger Lese säurereicher und nach Champagnerart ausgebaut. Schaumwein frisch, grün, stets mit Apfelaroma. Außerdem in den AOC Gaillac, Côtes de Duras.

Melon

Bourguignon Blanc, Pourrisseux (Frankreich); Gamay Blanc (Schweiz), Muscadet (Australien, Frankreich).

Bis ins 17. Jh. wurde um Nantes vor allem Rotwein erzeugt. Auf Initiative der Holländer, die einen leichten Wein zum Destillieren suchten, wurden ab 1639 blaue Sorten durch weiße ersetzt. Als im strengen Winter 1709 alle Rebstöcke erfroren, erfolgte Wiederaufbau mit weißen Sorten, unter anderem mit dem später dominierenden Melon.

Verbreitung: Frankreich 11 346 ha (1988), zunehmend. Hauptsächlich um Nantes vor der Loire-Mündung. In Burgund nur wenig verbreitet. Kalifornien (800 ha) im Napa Valley, um Sonoma und Monterey.

Herkunft: Frankreich, Burgund. Im Mittelalter ins Anjou gekommen. Von dort ins Pays Nantais.

Merkmale: Triebspitze stark weißwollig, Saum rot. Kleine Blätter schwach behaart, grüngelb; Blätter kreisförmig; Rand leicht nach unten gewölbt, ganzrandig. Stielbucht lyrenförmig, offen bis überlappend; Zähne gesägt; Unterseite schwach behaart. Traube walzenförmig, kompakt, geschultert. Beeren rund, klein, goldgelb. Beerenhaut dick.

Eigenschaften: Austrieb und Reife früh. Spätfrostgefährdet, Beiaugen jedoch fruchtbar. Gute Winterfrostresistenz. Mittlere Wuchskraft. Meist Kopfschnitt. Anfällig gegen Oidium, Peronospora, besonders gegen Botrytis, sodaß manchmal vor der Vollreife geerntet werden muß. Empfindlich gegen Traubenwickler und Milben. Ertrag regelmäßig. Im Bereich der Appellationen 40–50 hl/ha. Auf fruchtbaren, tiefgründigen Böden 75 hl/ha. Besonders gute Qualität auf sandigen Lehm-Kiesböden. Um Nantes an Nordhängen oft noch im September grün geerntet.

Wein: Von der Hefe direkt auf die Flasche gezogen. Deshalb kohlensäurehaltig, perlt beim Öffnen der Flasche. Frisch, trocken, spritzig, blaßgelb, mit feinem Bukett und eleganter Säure. Kurzlebig. Paßt zu jeder Art von Meerestieren. Appellation Muscadet-de-Sèvre-et-Maine ergibt besten Muscadet, fein und leicht, delikat und weich. Muscadet des Coteaux de la Loire ist kräftiger, trockener und fruchtiger.

Merlot

Petit Merle, Vitraille, Crabutet Noir, Bigney, Merlaut Noir (Slowenien), Merlo (Italien).

Der Name soll sich nach Überlieferung von Merle (= Amsel) ableiten, da den Vögeln eine besondere Vorliebe für die Beeren dieser Rebsorte nachgesagt wird.

Verbreitung: Hauptanbaugebiet Frankreichs in Saint-Emilion, Médoc und Pomerol, Anbauflächen zunehmend (17 000 ha 1958, 60 000 ha 1988). In Italien (29 000 ha 1990) in 36 Provinzen empfohlen, besonders im Veneto, Friaul und in Latien. In der Südschweiz, Tessin (300 ha 1991 im Mendrisio). Dies entspricht 90% der dortigen Rebfläche. In Bulgarien (9 500 ha) in den Gebieten Chirpan und Haskowo. Außerdem in Moldavien, Rumänien (10 000 ha), Ungarn (1 000 ha), Slowenien, Istrien (Brdagebiet, Weine mit 4–6% unvergorenem Zucker), entlang der dalmatinischen Küste um den Ohrid-See. In Kalifornien 1992 auf 4 050 ha (manchmal mit dem Cabernet Franc verwechselt), im Staat Washington, Nordosten der USA (Staat New York, Long Island) und in Texas. In Mexiko (100 ha), Argentinien (160 ha 1991), Chile (2 400 ha 1995), Brasilien (580 ha 1994) und Uruguay. In Südafrika (1 280 ha 1992). In Australien (610 ha 1991), ebenfalls häufig mit Cabernet Franc verwechselt. Auch in Neuseeland (220 ha 1994), Kanada und Israel (Golanhöhen).

Herkunft: In Bordeaux schon vor dem 19. Jahrhundert erwähnt. 1789 befand sie sich im Sortiment des „Jardin du Luxembourg" unter dem Namen Bigney Rouge. Erste botanische Beschreibung von Rendu 1854. Kam 1880 nach Italien in die Ebene von Friaul.

Merkmale: Triebspitze wollig behaart mit karminrotem Rand. Junges Blatt mit weißflaumigem Überzug, fünflappig; ausgewachsenes Blatt groß, drei- bis fünflappig, schwach gebuchtet, ungleichmäßig gezähnt, blasig mit U-förmiger offener Stielbucht, dunkelgrün. Traube mittelgroß, teils geschultert, zylindrisch, lockerbeerig. Beere mittelgroß, rundlich, von schwarzblauer Farbe, saftiges Beerenfleisch, dünnschalig.

Eigenschaften: Starkwüchsig, bevorzugt tiefgründige Böden mit guter Wasserversorgung, in Folge des frühen Austriebes stark maifrostgefährdet, geringe Winterfrostfestigkeit. In kühlem Klima sehr Verrieselungsanfällig. Auf guten Standorten frühe Traubenreife, sehr hohe Erträge und hoher Alkoholgehalt. Säure nimmt mit zunehmender Reife schnell ab.

Wein: Sortenrein dunkelrot, vollmundig, alkoholreich. Nach 2–3 Jahren trinkreif. Rundet im Verschnitt Cabernet Sauvignon ab, bringt Geschmeidigkeit und Fülle, für den Ausbau im Holzfaß geeignet. Appellationen Pomerol und St.-Emilion meist zwei Drittel Merlot, ein Drittel Cabernet Franc: ergibt kräftige Weine, granatfarben, gewaltiger als die Médocs, dezent tanninhaltig. Im dunklen Wein von Cahors mit 15–30% Anteil Komplementärrebe zu Cot (Mindestens 70%) und Tannat. Merlot bringt Rundung, Weichheit, Blume und leichten Johannisbeergeschmack. Im Midigebiet früh gelesen, Ertrag 80 hl/ha und 11% Alkohol, rund und fruchtig. In Norditalien wegen hoher Erträge oft leicht, mild, ohne Charakter. In Rumänien ansprechende, volle und fruchtige Weine. Auf der Südhemisphäre nur in kühleren Regionen bei längerer Reifezeit am Stock extraktreich mit befriedigendem Säuregehalt. Auch in den USA in Kalifornien und Washington bei langsamer Reife Komplex mit ausreichender Säure. Früh trinkreif.

Merzling
Fr 993–60

Im Versuchsanbau befindliche, gegen Pilzkrankheiten resistente weiße Sorte.
Herkunft: 1960 von Johann Zimmermann am Staatlichen Weinbauinstitut Freiburg aus Seyve-Villard 5.276 und (Riesling × Ruländer) gekreuzt. Sortenschutz und Sortenliste angemeldet.
Merkmale: Blatt mittelgroß, fünflappig, derb, dunkelgrün bis in den Spätherbst. Traube groß, dicht. Beeren mittelgroß, gelbgrün, dünnschalig.
Eigenschaften: Rebe robust, lange grün, gegen Pilzkrankheiten resistent, winterfrostverträglich.
Wein: Fruchtig, reif, füllig.

Monastrell

Mourvedre, Morastrell, Alcayata, Garrut (Spanien), Balzac, Espar, Plant de Saint-Gilles (Frankreich), Mataro (Australien, Cypern), Morstell (Algerien), Negria (Griechenland), Rossola Nera (Italien).

Verbreitung: Weltweit ca. 120 000 ha, der weitaus größte Teil mit 110 000 ha im Ursprungsland Spanien. Größte Ausdehnung im Alicante, aber auch beliebte Sorte in den Gebieten Levante, Aragon, Rioja, Beja und Katalonien. Frankreich in den Départements Var, Vaucluse, Côte de Provence und Côtes du Rhône. Australien (Barossa-Valley), Kalifornien, Algerien und Tunesien.

Herkunft: Stammt aus Spanien, vermutlich aus den Orten Murviedro und Mataro bei Valencia bzw. in Katalonien; wird seit dem 16. Jahrhundert auch in Frankreich angebaut.

Merkmale: Triebspitze starkwollig bis filzig, weiß, mit rosa Anflug; junges Blatt gelblichweiß, besamtet, Unterseite filzig; Blatt mittelgroß, schwach dreilappig mit breitem keilförmigem Mittellappen, Oberfläche leicht blasig, dunkelgrün, Blattrand gesägt, Stielbucht lyraförmig, Unterseite weißwollig. Traube mittelgroß, pyramidenförmig, kompakt, geschultert. Beere klein, rund, schwarz, stark beduftet mit dicker Beerenhaut, Geschmack leicht bitter.

Eigenschaften: Spät austreibend, späte Reife, starker, aufrechter Wuchs, Oidium- und Peronospora-anfällig, hohe Botrytisfestigkeit aufgrund der dicken Beerenhaut, winterfrostempfindlich.

Wein: Alkoholreich, farbintensiv und reich an Tanninen, als Jungwein rauh, benötigt längere Lagerung.

Montepulciano

Cordisco, Cordisio, Morellone, Primaticcio, Torre dei Passeri, Uva Abruzzi.

Nicht zu verwechseln mit dem gleichnamigen Vino Nobile di Montepulciano.
Verbreitung: Nach dem Sangiovese
die am meisten angebaute Rotweinrebe
Italiens. Vor allem an der Adriaküste.
Herkunft: Autochthone Sorte der
Toskana.
Merkmale: Triebspitze starkwollig, mit
violettem Anflug; junges Blatt beidseitig
wollig, blaßgrün, rosa umrandet; Blatt
mittelgroß, fünflappig, dunkelgrün, bla-
sige Oberfläche, Unterseite beborstet,
Stielbucht lyraförmig, Blattrand gezähnt;
Traube mittelgroß bis groß, zylindrisch,
lockerbeerig; Beere mittelgroß, oval,
schwarzviolett, beduftet, dickschalig.
Eigenschaften: Austrieb und Beerenreife spät, für gute Lagen mit leichten,
kalkhaltigen Böden.
Wein: Körperreich, robust, samtig,
geringe Säure, rubinrot, früh trinkreif.

Moreto

Arruya, Tinta de Alter, Castellão.

Verbreitung: In Portugal in den Gebieten Redondo, Reguengos, Vidigueira,
Moura, Granja-Amareleja, Bairrada.
Herkunft: Vermutlich aus dem Alentejo.
Merkmale: Triebspitze stark wollig bis
filzig, rot gerandet; Blatt mittelgroß,
dreilappig, abgerundete Seitenbuchten;
Stielbucht V-förmig; Blattoberseite
glatt, dunkelgrün; Blattunterseite
schwachwollig bis wollig, gesägter
Blattrand. Traube mittelgroß, sehr
kompakt, doppelt geschultert, pyramidenförmig, kurzer, verholzter Stiel.
Beere mittelgroß, oval, fest, sehr dun-
kelschalig, süß, saftig, sehr aromatisch.
Eigenschaften: Früher Austrieb, sehr
fruchtbar, hohe Blühfestigkeit, auf
guten, trockenen Lagen mit gesundem
Lesegut von hoher Qualität.
Wein: Sehr ausgeglichen mit leichtem
Nußaroma, bräunlicher Farbe und
schönem Bukett.

Kostenlose
Zusatz-Infos

Wir haben noch mehr zu bieten.

BÜCHER UND ZEITSCHRIFTEN
ÜBER PFLANZEN UND GÄRTEN

(Gewünschtes bitte ankreuzen!)

Schicken Sie mir bitte kostenlos infor-
mative Buchprospekte

- ☐ über Zimmerpflanzen
- ☐ über Gartenpflanzen
- ☐ über Gartengestaltung und -anlage
- ☐ über Obst, Gemüse, Pilze, Kräuter

Schicken Sie mir bitte kostenlos ein
Probeheft der Zeitschrift(en) Kurzinformationen siehe Rückseite.

- ☐ Gartenpraxis – Ulmers Pflanzenmagazin
- ☐ Obst und Garten

Name, Vorname

Straße, Nr.

PLZ/Ort

Tel.-Nr. (für Rückfragen)

VERLAG
EUGEN
ULMER

Bitte hier vermerken, welchem Buch Sie diese Karte entnommen haben.

Antwort

Verlag Eugen Ulmer
Postfach 700561

70574 Stuttgart

GARTEN PRAXIS
Ulmers Pflanzenmagazin

Gartenpraxis – Ulmers Pflanzenmagazin. Für Leser mit einem besonders hohen Anspruch an Inhalt und Niveau – über Pflanzen und ihre Verwendung im Haus, Garten und Landschaft. Erscheint monatlich.

Obst und Garten. Die Zeitschrift mit praxisorientierten Beiträgen sowohl für Freizeitgärtner als auch für gewerbliche Obstanbauer. Mit regelmäßigem Arbeitskalender. Erscheint monatlich.

Morio Muskat
Geilweilerhof I-28-30

Verbreitung: In Deutschland (1460 ha 1996) rückläufig. Besonders in den Weinbaugebieten Pfalz (826 ha), Rheinhessen (600 ha) und Nahe (27 ha). Südafrika (27 ha 1992), Kanada.

Herkunft: Züchtung von Peter Morio, Institut für Rebenzüchtung Geilweilerhof, Siebeldingen, Pfalz. Kreuzung von Silvaner × Burgunder Weiß (1928).

Merkmale: Triebspitze weißwollig. Kleine Blätter leicht bronziert, schwach wollig. Blatt kreisförmig, ganzrandig, selten dreilappig; obere Bucht flach eingeschnitten; Zähne spitzbogig kurz; Stielbucht offen bis überlappt; Unterseite unbehaart. Traube mittelgroß, kompakt, leicht geschultert bis walzenförmig. Beere grüngelb, matt, mittelgroß, rund; Haut sehr dünn. Muskatgeschmack.

Eigenschaften: Austrieb früh, Reife mittelspät. Nach Frostschäden kaum Ertragsausfälle, da Beiaugen fruchtbar. Mittelstarker Wuchs. Mittlere, spät abschließende Holzreife. Hohes Ertragspotential. Kurzer Anschnitt verbessert Qualität und Winterfrostfestigkeit. Bevorzugt tiefgründige, nährstoffreiche Böden. Botrytis-, Peronospora- und Oidiumanfälligkeit hoch.

Wein: Dezenter bis kräftiger Muskatton, vollmundig, goldgelb bei Vollreife. In ungünstigen Lagen und bei frühzeitiger Ernte unreif, grasig, mit ausgeprägtem Muskatton. Oft mit Silvaner zu frischem Tafel- oder Qualitätswein verschnitten.

Müller-Thurgau

Müller, Müllerka, Müllerovo (Slowakei), Müller Thurgeau (Chile), Riesling × Sylvaner (Österreich, Schweiz, Luxemburg), Rivaner (Österreich, Deutschland, Luxemburg), Rizvanac Bijeli, Rizvanec (Kroatien, Slowenien).

Verbreitung: Weltweit auf 50 000 ha angebaut, mit 22 757 ha die meistverbreitete Rebsorte Deutschlands, der überwiegende Teil in Rheinhessen, Baden und Pfalz (zusammen 15 492 ha), Mosel-Saar-Ruwer (2 672 ha), Franken (2 017 ha), Nahe (998 ha). Zweitgrößte Fläche Ungarn (8 000 ha), gefolgt von der Slowakei (5 300 ha) und Österreich (4 000 ha). Auch in der Schweiz, Südtirol, Kroatien, Slowenien, Luxemburg, England, Australien, Japan, USA und in Frankreich im Elsaß. In Neuseeland mit 1 217 ha 45% der jährlichen Weinerzeugung.
Herkunft: 1882 von H. Müller aus Thurgau an der damals königlichen Lehranstalt für Obst-, Wein- und Gartenbau in Geisenheim gezüchtet. Kreuzung: Riesling × Silvaner. 1891 ging Müller zur Eidgenössischen Versuchs- und Lehranstalt nach Wädenswil in der Schweiz. 150 Sämlinge dieser Kreuzung wurden als Stecklinge am Zürichsee weiter kultiviert und der Sämling Nr. 58 als wertvollster 1897 vermehrt. Erste Rückführung von 100 Reben nach Deutschland 1913 durch Dern und Benennung der Sorte als „Müller-Thurgau-Rebe". Bis 1930 Versuchsanlagen in allen deutschen Weinbaugebieten. 1938 in Alzey im Rahmen einer Tagung erste Berichte über die Versuchsergebnisse. Ab 1945 zunehmend im planmäßigen Wiederaufbau und im Zuge der Umstellung auf Pfropfreben gepflanzt. Nie waren die Meinungen der Fachleute über den Anbauwert einer Sorte so gegensätzlich; die Sorte ist aber trotzdem schon seit 1975 und bis heute auf dem ersten Platz des deutschen Rebsortenspiegels.

Merkmale: Triebspitze hellgrün, leicht flaumig mit rötlichem Anflug. Blatt mittelgroß, fünf- bis siebenlappig, tief gebuchtet, stark gewellt; Blattoberseite schwach blasig, kahl; Unterseite spinnwebig, verkahlend; Stielbucht überlappend; Blattrand abgesägt. Traube mittel bis groß, locker- bis dichtbeerig, konisch, oft geschultert. Beere mittelgroß, oval, gelblichgrün, leicht beduftet; Beerenfleisch saftig mit deutlichem Muskatbukett.

Eigenschaften: Starkwüchsig, bevorzugt tiefgründige, frische, nicht zu trockene Böden, geringe Ansprüche an den Standort, empfindlich gegen Trockenheit, Holzausreife gering, dadurch häufig schon bei –15 °C Frostschäden, hohe Anfälligkeit gegen Peronospora, Schwarzfleckenkrankheit, Roter Brenner und Botrytis. Folglich ist die Erziehungsart so zu wählen, daß die Laubwand gut durchlüftet wird. Große Blütefestigkeit nach Maifrösten, durch fruchtbare Beiaugen meist nur geringer Ertragsausfall. Reife ab Mitte September, 65–80 °Oechsle bei 100–150 hl/ha, in manchen Jahren auch über 200 hl/ha möglich.

Wein: Vorwiegend süffige, leichte, elegante Qualitätsweine mit angenehmem Muskatton und milder Säure. Je nach Standort mehr oder weniger blumig, in manchen Jahren mit zu geringer Säure. Frisch getrunken ist er am schönsten. Lagerzeiten von 2–3 Jahren sollten nicht überschritten werden, da sonst das feine Muskataroma verloren geht.

Mourisco Tinto

Mourisco preto, Marufo, Tinta Grossa, Mourisco e Barette de Patre

Verbreitung: Weltweit 5 181 ha, Portugal: Valpacos, Douro, Planalto Mirandes, Encostas da Nave sowie Südafrika.

Herkunft: Portugiesische Landsorte.

Merkmale: Triebspitze schwachwollig, hellgrün mit rötlichem Anflug; junges Blatt blasig, bronziert, Blatt groß, gleichmäßig, drei-, schwach fünflappig mit tiefen Seitenbuchten; Stielbucht lyraförmig; Blattunterseite schwachwollig, weißlich grün; Blattrand unregelmäßig gezähnt; Traube groß, kegelförmig, doppelt bis mehrfach geschultert, Beere groß, rund, dunkelblau, beduftet, fleischig, mit leichtem Bukett.

Eigenschaften: Starkwüchsig, früher Austrieb, mittlere Reife, neigt zum Verrieseln, daher schwankende Erträge.

Wein: Ausgeglichen, helles Rubinrot mit herber Struktur.

Multaner
Gm 10–54

Wortschöpfung aus multus und Silvaner. Eine Sorte, die nur kurze Zeit auf Marktchancen und Anbauwert geprüft wurde.

Verbreitung: Da vom Züchter nicht weiter verfolgt, finden sich nur noch wenige Rebstöcke.

Herkunft: Fachgebiet Rebenzüchtung und Rebenveredlung der Forschungsanstalt Geisenheim. Kreuzung: Weißer Riesling × Grüner Silvaner aus dem Jahr 1929. Züchter: H. Birk, Erteilung des Sortenschutzes 1969.

Merkmale: Triebspitze starkwollig, gelbgrün bis bräunlich. Blätter fünflappig, deutlich gebuchtet, grob gezähnt, Stielbucht V-förmig. Traube walzen- bis kegelförmig, gepackt, teilweise geschultert. Beeren rund, dickschalig, gelbgrün.

Eigenschaften: Starkwüchsig mit Neigung zur Geiztriebbildung, stellt hohe Ansprüche an die Lage, bringt mittlere Erträge bei guten Mostgewichten, aber hohen Säurewerten. Durch die kompakte Traube sehr botrytisanfällig, neigt zur Sauerfäule, daher vom Züchter zurückgezogen.

Wein: Nur bei Vollreife elegant und rieslingartig, die Säure wirkt oft grasig, spitz. Meist Weine mit wenig Ausdruck und zu stahlig.

Muscadelle

Muscadela (Kroatien, Slowenien), Pedri Ximenes Krimsky (Rußland), Rousselou (Frankreich), Sauvignon Vert (Kalifornien), Tokay (Australien).

Gehört nicht zur großen Familie der Muskateller.

Verbreitung: Südostfrankreich (2 763 ha 1988). Verteilung 1979: Gironde (2 370 ha), Dordogne (733 ha), Tarn (458 ha). Außerdem in Ungarn, Rumänien, Ukraine, Krim, Krasnodar. Kalifornien 340 ha, Australien 390 ha (1991). In Südafrika 1 140 ha (1992).

Herkunft: Nicht bekannt. Erwähnt seit dem 18. Jh. für die Gironde, Lot-et-Garonne und Dordogne als gute Eßtraube. Damals gab man schon den Rat, den ausgezeichneten süßen Wein mit lebendigeren Sorten zu verschneiden.

Merkmale: Triebspitze dicht weißwollig. Kleine Blätter mittelstark behaart, bronziert. Blätter groß, kreis- bis nierenförmig, blasig; dreilappig, obere Bucht mitteltief, untere Bucht mäßig eingeschnitten; Stielbucht lyrenförmig, schwach offen bis geschlossen; Blattnerven um die Stielbucht rot; Zähne gesägt; Blattunterseite schwachwollig, auf den Nerven Borstenhaare. Trauben groß, kegelförmig abgestumpft, locker bis kompakt. Beeren mittelgroß weiß bis grau-rosa; leichter Muskatgeschmack.

Eigenschaften: Austrieb spät, Reife mittelspät. Mittlere Wuchsstärke. Verrieselungsanfällig. Ertrag 50–80 hl/ha. Sehr anfällig gegen Traubenwickler, Oidium, Botrytis und Schwarzfleckenkrankheit. Auch Bienen haben eine Vorliebe für die außergewöhnlich süßen Trauben.

Wein: Sortenrein sehr süß, besonders wenn edelfaul geerntet, oxydiert leicht. Dezenter Muskatton. Neben Semillon und Sauvignon mit 5–10% an AOC Sauternes und Barsac beteiligt, bringt Würze ein. In Osteuropa zur Herstellung von Tafel-, Süßweinen und Traubensaft. In Australien durch Alkoholzusatz farbige, kräftige Tokay Dessertweine. Seit kurzem auch zu trockenen Tafelweinen ausgebaut mit reichhaltigem Aroma und leichtem Muskatton.

Muscat of Alexandria

Angliko, Englesiko (Griechenland); Iskenderiye Misketi (Türkei); Malaga (Zypern); Meski, Muscat de Raf-Raf (Tunesien); Moscatel de Chipiona, Moscatel de Grano Gordo, Moscatel de Malaga, Moscatel Romano, Salamanca (Spanien); Moscatel de Setubal (Portugal); Muscat à Gros Grains, Raisin de Malaga (Frankreich); Muscat de Kelibia (Tunesien); Muscat Gordo Blanco (Australien); White Hanepot (Südafrika), Zibibbo (Italien, Slowenien).

Umfassende Beschreibung dieser sehr wüchsigen Sorte vom Klostervorsteher Rozier 1793 in seinem „Dictionnaire d'agriculture". Bereits zu diesem Zeitpunkt bekannte Synonyme lassen auf eine frühe Verbreitung dieser Sorte im gesamten Mittelmeerraum schließen. Eine in England 1783 gepflanzte Rebe füllte ein 20 m langes und 6 m breites Gewächshaus mit einer Ernte von 300 Trauben im Jahr. Verwendung als Tafeltraube, Kultur unter Glas, Rosinen, Traubensaft, Konzentrat, Wein, angereicherter Süßwein und Destillat.

Verbreitung: Weltweit auf etwa 90 000 ha, damit flächenmäßig auf dem 13. Rang. Hauptanbauland Spanien mit 22 000 ha zur Wein- und 18 000 ha zur Tafeltraubenproduktion, Italien (10 000 ha), Südafrika (5 740 ha 1992), Chile (9 000 ha), Argentinien (10 200 ha 1990), Kalifornien (4 500 ha), Australien (3 600 ha 1991), Marokko (5 000 ha 1988), Frankreich (3 160 ha 1988), Portugal (1 100 ha 1989), Griechenland (2 100 ha 1989), Rumänien, Ungarn, Tschechien, Slowakei, GUS, Peru, Bolivien, Kolumbien, Equador, Japan, Israel, und Tunesien.

Herkunft: Urheimat Afrika. Die zwei Namen Zibibbo (von Kap Zibibb) und Muscat d'Alexandrie deuten darauf hin. Um die Jahrhundertwende weit verbreitet im unteren Ägypten. Schon etwa 1650 nach Frankreich und an das Kap der Guten Hoffnung, im 18. Jh. nach England.

Merkmale: Triebspitze wollig, Saum rot. Kleine Blätter kaum behaart, auf der Oberseite bronzierte Stellen; ausgewachsene Blätter mittelgroß, kreisförmig, leicht blasig; fünflappig, obere Bucht mitteltief, untere Bucht mäßig eingeschnitten; Unterseite mit Borstenhaaren; Stielbucht V- bis lyrenförmig, fast geschlossen bis überlappend; Zähne lang, gesägt, typisches Merkmal der Muskatsorten. Traube mittel bis groß, oft geschultert, lockerbeerig. Beere oval, Beerenhaut dünn, Fruchtfleisch fest mit Muskatgeschmack.

Eigenschaften: Spätreif. Schwachwüchsig, mit aufrechter Haltung, braucht hohe Temperaturen zur Blütezeit, verträgt Trockenheit. Erfordert kurzen Rebschnitt auf magerem Boden, geeignet für Pergola auf fruchtbarem oder bewässertem Boden. Erträge 40–100 hl/ha. Hohe Erträge reduzieren das Muskataroma. Empfindlich gegen Echten und Falschen Mehltau, Pockenmilbe, Rote Spinne und Winterfrost.

Trauben: Attraktive Tafeltraube mit ellipsoiden goldgelben Beeren. Wegen des Muskataromas besonders geschätzt in den Mittelmeerländern. Aber auch in belgischen und holländischen Glashäusern anzutreffen zur Produktion von Luxustrauben, außerhalb der Saison. Rosinen in Australien Muscatels, in Kalifornien Muscats genannt. In Spanien die ganze getrocknete Traube, wie bei Datteln, als „Raisin de Malaga" verkauft.

Wein: Leichter, säurearmer Tafelwein, oft mit anderen Sorten verschnitten. Vergärung des gesamten Zuckers in Alkohol dämpft das Muskataroma oder läßt es ganz verschwinden. In Australien mit 20% der totalen nationalen Erntemenge wichtigste Weinsorte, fast doppelt so viel wie die der dort zweitwichtigsten Rebe Shiraz.

Süßwein: Etwa 18% Alkohol. Australien, Südafrika und Mittelmeerländer, z. B. in Spanien Wein von Malaga, in Italien Muscat von Pantellaria, in Griechenland Muscat von Lemnos, in Portugal der wohl berühmteste Muscat von Setubal. Durch Abstoppen der Gärung mit Weingeist werden natürliche Süße und Muskataroma konserviert. Im Weinbaugebiet um Setubal wird mit Brandy abgestoppt, dann bis zum Frühjahr die frische Beerenhaut des Muscat of Alexandrie zugesetzt, in der sich das typische Muskataroma befindet. Aus der geöffneten Flasche strömt intensiver Wohlgeruch der frischen reifen Frucht, im Geschmack zum Teil überlagert von Gärungsprodukten und Weingeist. Im Laufe der Lagerung kommen als Geschmackskomponente getrocknete Feigen hinzu.

Weingeist: In Chile und Peru Pisco (50 % Alkohol) genannt und mit einer Zitronenscheibe serviert.

Muscat Hamburg

Black Muscat (Zypern), Hamburshi Muscat (Kroatien), Moscatel Negro (Uruguay), Moscatel Nero (Italien), Muskattrollinger (Deutschland).

Beste blaue Tafeltraube mit Muskatgeschmack.

Verbreitung: In Südfrankreich zweitwichtigste Tafeltraube auf 5 263 ha (1988), vor allem Département Vaucluse. Griechenland (3 800 ha), Rumänien (2 900 ha), Portugal (800 ha), Italien (314 ha 1990), Ungarn, Kroatien, Rußland, Ägypten, Argentinien, Equador, Japan, China. Mit 567 ha (1991) zweitwichtigste Tafeltraube in Australien, nach Sultanina.

Herkunft: Meinungen gehen auseinander. Ab 1860 in englischen Gewächshäusern kultiviert. Möglicherweise Kreuzung zwischen Muskat of Alexandria und Trollinger.

Merkmale: Triebspitze weißwollig. Kleine Blätter schwach behaart, bronziert. Blätter groß, keilförmig, leicht blasig; fünflappig, obere Bucht mitteltief, untere Bucht mäßig eingeschnitten; Stielbucht lyrenförmig, offen; Zähne gesägt, lang; Unterseite schwach wollig. Trauben mittel bis groß, geschultert, locker. Beeren groß (21 mm lang, 18 mm breit), leicht oval, schwarzblau.

Eigenschaften: Mittlere Austriebs- und Reifezeit. Wuchskraft mittel bis stark. Gedeiht am besten auf Böden mittlerer Qualität. Auf fruchtbaren Böden zu wüchsig, verzögerte Reife, mangelhafte Beerenfärbung. Abhilfe kann schwachwüchsige Unterlage wie Couderc 3309 leisten. Auf mageren Böden Pfropfung auf Unterlagen mittlerer Wüchsigkeit wie Berlandieri-Riparia. Kurzer Rebschnitt vermindert Jungfernfrüchtigkeit, fördert gleichmäßige Beerenfärbung. Ertrag 2–6 kg je Stock. Anfällig gegen Oidium, Peronospora und Winterfrost. Widerstandsfähig gegen Botrytis. Platzfest zur Zeit der Vollreife. Mittlere Transporteignung.

Trauben: Sehr schöne Traube. Kräftiges Muskataroma. Beerenhaut fest, Fruchtfleisch saftig.

Wein: In Osteuropa dünne, trockene Rotweine mit Muskataroma.

Gelber Muskateller

Weiße Muskattraube, Schmeckende, Katzendreckler, Gelber Weihrauch (Österreich), Muscat Blanc, Muscat Blanc Commun (Frankreich), Moscato Bianco (Italien), Moscatel Menudo Bianco, Moscatel Morisco, Zoruno (Spanien). Weier Muskataly, Bela Dinka, Muskat Beli (Ungarn), Muskat Suti (Kroatien), Muskuti (Griechenland), White Muscat, Muscat Blanc (Kalifornien), Moscatel Rosé (Argentinien), White Frontignan, Frontignac, Brown Muscat (Australien), Muskadel (Südafrika).

Weiße Wein- und Tafeltraube mit starkem Muskatbukett.

Verbreitung: In verschiedenen Formen über die ganze Weinwelt verbreitet, meist als Besonderheit; Frontignan in Südfrankreich bestimmende Rebsorte. Deutschland (80 ha) nur in den südlichen Gebieten. Italien (12 000 ha), Frankreich (4 700 ha), Griechenland (2 200 ha), Australien (370 ha), Argentinien (200 ha).

Herkunft: Die Muskatellerfamilie gehört zu den ältesten Rebsorten, die von den Menschen in Kultur genommen wurden. Seine Heimat ist daher vermutlich Vorderasien. Über 200 Spielarten seit Jahrhunderten in der Alten bis heute in der Neuen Welt verbreitet. Nach Hieronymus Bock wuchs er 1546 an etlichen Orten am Rhein. Florinus singt 1722 das Loblied: „Mein treuester Bruder und Gespan liegt tief in einem Keller. Er hat ein hölzern Röcklein an und heißt der Muskateller!" Gemeint sind der Gelbe und der Rote Muskateller, die dem Muskat à Petit Grain nahestehen, der Sorte, aus der die wertvollsten Muskatweine der Welt bereitet werden, z. B. Muskat Frontignan, Dessertweine von Samos und Patras. Dazu gehören auch der Rosenmuskateller und der Goldmuskateller von Südtirol. Von den vielen Spielarten werden nur der Gelbe und der Rote Muskateller in Deutschland angebaut. Die anderen Formen bringen in heißen Klimagebieten neben Tafeltrauben einfache Landweine bis hochwertige Dessertweine.

Merkmale: Triebspitze braunrot, kahl. Blatt mittelgroß, stark fünflappig gebuchtet; Blattrand lang, spitz gesägt. Traube mittelgroß, locker, länglich, walzenförmig. Beere mittelgroß, rund, goldgelb, Sonnenseite bräunlich. Geschmack knackig, saftig, kräftig muskatiert. Wertvolle Tafeltraube.

Eigenschaften: Hohe Lageansprüche wegen später Reife begrenzen den Anbau in Deutschland. Die starke Neigung zur Verrieselung begrenzt den Ertrag.

Wein: Im Gegensatz zu Gewürztraminer schlank und säurebetont. In heißen Klimagebieten hochreife, teils edelsüße Muskatweine oder durch Alkoholzusatz würzige Dessertweine.

Roter Muskateller

Kümmeltraube, Muscat Piemont, Moscato Rosso (Italien).

Rottraubige Form des Gelben Muskatellers mit rosa bis roten Trauben. Eigenschaften mit Gelbem Muskateller vergleichbar. Häufig Tafeltraube.

Rosenmuskateller
Alte Spezialität in Südtirol. Die sehr stark wachsende Sorte mit weiblichen Blüten neigt stark zur Verrieselung. Sie benötigt sehr warme, trockene Lagen wegen Botrytisanfälligkeit. Aus den rot-blauen Trauben wird an Rosenduft erinnernder Wein gewonnen.

Muskat Ottonel

Muskataly (Ungarn), Muscadel Ottonel (Südafrika).

Fein muskatierte Wein- und Tafeltraube.
Verbreitung: Frankreich (400 ha),
Elsaß, Österreich (600 ha), Burgenland, Steiermark; Deutschland unbedeutend; auf dem Balkan bis Moldavien verbreitet.
Herkunft: Im letzten Jahrhundert von
Robert Moreau, Angers aus Samen gezogen, dort als Tafeltraube verbreitet.
Merkmale: An Gutedel erinnernd.
Triebspitze rotbraun, fast kahl. Blatt
mittelgroß, dreilappig bis schwach
fünflappig; Oberseite glatt; Unterseite
wollig; Blattrand grob gezähnt. Traube
mittelgroß, je nach Verrieselung locker
bis dicht, walzenförmig. Beere mittelgroß, rund, gelbgrün, sonnenseits
bräunlich, dickschalig, hartfleischig.
Geschmack knackig, saftig, süß, mit
ausgeprägtem Muskatgeschmack.

Eigenschaften: Wärmebedürftig, deshalb Anbau nur in während der
Rebenblüte (Juni) warmen Gebieten,
sonst bis zum Ertragsausfall reichende
Verrieselung. Kalkempfindlich.
Wein: Rund, kräftig, mit dezentem bis
intensivem, feinen Muskatbukett und
Muskataroma, das durch geringe Restsüße stabilisiert und verfeinert wird.
Edelsüß als Aperitif und zum Dessert,
trocken zu Terrinen oder Käse passend.

Nebbiolo

Chiavennasca, Lampia, Michet, Picotener, Prugnet, Rose, Spanna (Italien).

Der Name kommt von nebbia (ital. Nebel) und deutet auf die späte, oft erst im November stattfindende Lese hin.

Verbreitung: Die wichtigste Rebsorte im Piemont und Aostatal. Die besten Weine gedeihen um die Trüffelstadt Alba und Roero, ebenso in den nordpiemontesischen Regionen Vercelli Novara, Carema und Donnaz. In der Lombardei steht sie im Valtellin. Außerhalb Italiens noch in der Schweiz, in Uruguay und im San Joaquin Valley in Kalifornien zu finden.

Herkunft: In der Chronik des Ortes La Morra wird 1512 eine Traube namens „Nebilium" erwähnt, weitere Hinweise finden sich in der Provinz von Aosta. Nachweise über den Anbau der Sorte reichen hier bis ins 13. Jahrhundert zurück.

Merkmale: Triebspitze starkwollig, grünlichweiß, rötlich umrandet. Junges Blatt hellgrün, leicht bronziert; Blatt mittelgroß bis groß, drei- bis schwach fünflappig; Blattoberseite glänzend, leicht blasig, dunkelgrün; Unterseite beborstet, Mittellappen tief eingeschnürt, Stielbucht V-förmig, offen bis sich berührend, Blattrand gezähnt. Traube mittelgroß bis groß, langgezogen, pyramidenförmig, geschultert, leicht kompakt. Beere mittelgroß, rund, stark beduftet, dünnschalig, dunkelviolett mit süßem, gerbigem Geschmack.

Eigenschaften: Starkwüchsig, die späte Reife bedingt beste Lagen, etwas blüteempfindlich, neigt in manchen Jahren zum Verrieseln, bringt mäßige bis gute Erträge.

Wein: Alkoholbetonte, trockene, robuste Weine mit einem intensiven ätherischen Duft, der an getrocknete Rosen und Veilchen erinnert. Die intensive Farbe ist granatrot mit orangen Reflexen, die von der Oxidation im Faß herrühren. Sehr säurebetont und tanninhaltig entfalten sie ihre vollen Geschmacksaromen erst nach längerer Lagerung. Die wohl bekanntesten Weine sind der Barolo und der Barbaresco, die ausschließlich aus Nebbiolo-Trauben gekeltert werden.

Negrette

Cap-de-Mor, Chalosse Noire, Dégou-
tant, Folle Noire, Morelet, Morillon,
Mourrelet, Négralet, Négret de Gaillac,
Négret du Tarn, Petit Noir, Villemur
(Frankreich); Pinot Saint-Georges (USA,
Kalifornien).

Verbreitung: In Frankreich auf 1167 ha
(1988). Hauptsächlich in den Départements Haute-Garonne (718 ha) und
Tarn-et-Garonne (378 ha). In Kalifornien auf 80 ha.
Herkunft: Seit undenklichen Zeiten
im Gaillac bekannt. Von dort ins Tarn-
Tal gewandert.
Merkmale: Triebspitze sehr stark
weißwollig, Spitze rot. Junge Blätter
grün, stark weißwollig, Saum auffallend rot. Ausgewachsenes Blatt keilförmig, feinblasig, fünflappig, flach eingeschnitten. Stielbucht V-förmig,
schmal, offen bis überlappend. Blattstielansatz rot. Zähne gesägt und spitzbogig. Unterseite mittelstark bis stark

weißwollig, beborstet. Im Herbst Rotfärbung des Blattrandes oder des
ganzen Blattes. Trieb rotgestreift. Traube klein, zylindrisch, kompakt,
geschultert. Beere blau, klein, rund bis
schwach eiförmig.
Eigenschaften: Austrieb spät. Reife
mittel. Mittlere Wuchskraft. Anfällig
gegen Oidium, sehr anfällig gegen Plasmopara und Schwarzfäule. Leidet sehr
unter Botrytis. Schon geringe Niederschläge im Herbst können Sauerfäule
bewirken. Hervorragende Weine auf
leichten, sandigen, steinigen Böden.
Ertrag 30 bis 40 hl/ha. Fruchtbare, tiefgründige, tonige Böden bringen mit bis
zu 120 hl/ha minderwertigen Wein.
Rückgang wegen hoher Krankheitsan-
fälligkeit.
Wein: Tannin- und extraktreich, alkoholreich. Säurearm, blaustichig, sehr
anfällig gegen bakteriellen Verderb,
deshalb verschnitten mit säurereichen
Sorten des Bordelais, der Rhône oder
Gamay Noir. Verantwortlich für den
guten Ruf des körperreichen, tiefdunklen AOC Côtes de Frontonnais (70%
Negrette), der nördlich von Toulouse
um die Stadt Fronton wächst. Weiter-
hin Basis der VDQS Lavilledieu und
Villaudric, die mit den Weinen von
Fronton vergleichbar sind. Lieferte früher den besten Rotwein der Charente.

Neuburger

Weißweinsorte für kräftige, runde Weine.

Verbreitung: Österreich (1350 ha) Niederösterreich und Burgenland, Slowakei (800 ha).

Herkunft: Unklar, möglicherweise natürliche Kreuzung von Silvaner und Weißburgunder, aus der Wachau stammend.

Merkmale: Triebspitze hellgrün, leicht bronziert, glänzend. Blatt mittelgroß bis groß, schwach dreilappig, breit; Blattrand stumpf gezähnt. Traube mittelgroß, walzenförmig, dichtbeerig, kurzstielig, Beere mittelgroß, grün, sonnenseits braun, punktiert, stark beduftet, dickschalig, gallertartig. Geschmack fruchtig, süß.

Eigenschaften: Geringen Ansprüchen an Lage und Boden steht Frostempfindlichkeit gegenüber (Winter- und Maifrost). Neigt zu Verrieselung und Windbruch. Wenig anfällig gegen Pilzkrankheiten außer Botrytis.

Wein: Kräftig, rund mit feiner, zarter Blume, mehr von Reife und Fülle als von Säure geprägt. Passend zu Fisch, hellen Fleischspeisen und zartem Käse.

Niagara

Der sehr stark ausgeprägte Foxgeschmack ist für den europäischen Weintrinker gewöhnungsbedürftig.

Verbreitung: Anbau erfolgt überwiegend in den Nordstaaten Amerikas, Kanada, Brasilien und vereinzelt in Neuseeland.

Herkunft: 1868 von L. Hoag und W. Clark in Lockport gezüchtet. Es handelt sich um eine Labrusca-Hybride; Kreuzung Concord × Cassedy; 1882 erstmals von der Niagara-Grape-Company vorgestellt.

Merkmale: Rankenbildung kontinuierlich; Triebspitze schwachwollig, hellgrün mit karminrotem Anflug. Junges Blatt hellgrün, verkahlend, Blattnerven karminrot gefärbt; Blatt mittelgroß bis groß, lederartig drei- bis fünflappig, Blattrand stark gezähnt, Blattoberseite glatt, dunkelgrün, Blattunterseite hellgrün, schwachwollig; Stielbucht lyraförmig, offen; Blattrand unregelmäßig gezähnt. Traube groß, pyramidenförmig, geschultert. Beere groß, rund, hellgrün, weiß beduftet, dünnhäutig, Fruchtfleisch weich, gallertartig, leicht adstringierender, an Erdbeeren erinnernder Geschmack.

Eigenschaften: Sehr starkwüchsig, reichtragend, Standortansprüche gering, sehr frosthart, gute Resistenz gegen Oidium und Peronospora, auf feuchten Standorten botrytisanfällig.

Wein: Leichter, aromatischer Tafelwein mit einem ordentlichen Schuß Erdbeeraroma. Wird auch als Tafeltraube geschätzt und dient der Herstellung von Traubengelee und -saft.

Nobling
Fr. 128–40

Ertragssichere, an Gutedel erinnernde Neuzüchtung.

Verbreitung: Baden, Markgräflerland (107 ha).

Herkunft: 1939 von Johann Zimmermann am Staatlichen Weinbauinstitut Freiburg aus Silvaner und Gutedel gekreuzt. Sortenschutz und Sortenliste 1971.

Merkmale: Triebspitze fast unbehaart. Blatt mittelgroß, fünflappig. Traube mittel bis groß, dichtbeerig. Beeren mittel bis groß, grün. Geschmack süß.

Eigenschaften: Starkwüchsig, frostempfindlich, daher sehr unterschiedliche Erträge. Nicht für trockene Böden, kalkempfindlich. Mittlere Reifezeit.

Weine: Neutral, leicht bis körperreich mit feinfruchtigem Sortenbukett.

Ohanes

Uva de Embargo, Uva Blanca (Spanien), Almeria (Argentinien), Valency (Marokko), Valensi du Maroc.

Die am spätesten reifende Tafeltraube.

Verbreitung: Spanien, in den Provinzen Almeria und Murcia (10 200 ha 1971), Italien, Marokko (3 500 ha 1988), Kalifornien, Argentinien (230 ha), Australien (203 ha 1991).

Herkunft: Spanien.

Merkmale: Triebspitze schwachwollig, gelbgrün. Kleine Blätter unbehaart, stellenweise bronziert; Blätter kreisförmig, hellgrün, glänzend, blasig, fünflappig; Seitenbuchten tief eingeschnitten; Stielbucht lyrenförmig, offen; Zähne gesägt; Unterseite unbehaart. Blüte weiblich. Trauben mittelgroß, geschultert, kegelförmig abgestumpft. Beeren elliptisch, 20 mm lang, 15 mm breit, goldgelb.

Eigenschaften: Reife sehr spät. Ernte in Südspanien von Oktober bis November. Sehr starkwüchsig. Pergolaerziehung am besten geeignet. Ertrag 80–100 kg/Rebstock, 40 t/ha. Wegen weiblicher Blüte entweder Handbestäubung oder Mischpflanzung mit zur gleichen Zeit blühenden Sorten. Gute Kühllager- und Transporteignung. Sehr Peronospora- und Oidiumanfällig.

Traube: Locker bis kompakt. Beere fest, fleischig. Haut dick. Form veränderlich von elliptisch bis eiförmig. Geschmack neutral.

Optima
Geilweilerhof 33–13–113

Verbreitung: In Deutschland (310 ha 1996), besonders in den Anbaugebieten Mosel-Saar-Ruwer (115 ha), Rheinhessen (128 ha), Nahe (34 ha) und Pfalz (20 ha).

Herkunft: Züchter Peter Morio und B. Husfeld am Institut für Rebenzüchtung Geilweilerhof bei Siebeldingen. Kreuzung von (Silvaner × Riesling) × Müller-Thurgau (1930).

Merkmale: Triebspitze stark weißwollig. Kleine Blätter grün, weißwollig. Blatt blasig, drei- bis fünflappig. Obere Seitenbucht mitteltief, untere Seitenbucht mäßig eingeschnitten; Stielbucht lyrenförmig, offen bis überlappt; Zähne spitzbogig; Unterseite wollig. Traube mittelgroß, dichtbeerig. Beere mittelgroß, grüngelb, rund, dickschalig.

Eigenschaften: Austrieb mittelfrüh. Reife früh. Ertrag bei 60–80 hl/ha mit durchschnittlich 100 °Oechsle. Wuchs mittelstark. Neigt zu Geiztriebbildung. Holzreife gut bis sehr gut. Winterfrosthärte gut. Günstig sind mittelschwere bis schwere Lehmböden und luftige Lage. In flachgründigen Böden entstehen Trockenschäden. Traube Oidium- und Botrytisempfindlich. Gute Chloroseresistenz.

Wein: Riesling-Typ. Harmonisch, kräftig, elegant. Bei fortgeschrittener Reife säurearm. Traubenbotrytis bewirkt Edelfäule und Auslesequalität.

Orangetraube

Die Auslesemöglichkeit aus Wildsorten belegende weiße Bukettsorte.

Verbreitung: Österreich, um Klosterneuburg.

Herkunft: Um 1840 von Johann Philipp Bronner aus Wildreben am Rhein zwischen Rastatt und Speyer ausgelesen. Im Wildreben-Sortiment Bronners als *Zaehringia nobilis* beschrieben. Von Hermann Goethe in Österreich als wertvoll verbreitet.

Merkmale: Blatt klein, rund, wenig gebuchtet. Blattrand stumpf gezähnt; Stielbucht offen. Traube klein, dichtbeerig, ähnlich Ortlieber. Beeren klein, rund, gelblich grün-gelb, punktiert, dickschalig. Geschmack bei Vollreife honigsüß mit feinem Muskatton und Aroma von Orangenblüten.

Eigenschaften: Schwach wüchsige, gleichmäßigen Ertrag bringende, mittel reifende Bukettsorte. Wegen dichtem Beerenstand an der Traube botrytisanfällig. Wenig empfindlich gegen Winterfrost, daher durch Kreuzung mit Welschriesling für Goldburger verwendet.

Wein: Kräftige Bukettweine mit niedrigen Säurewerten.

Gelber Orleans

Orleanser, Orlänsch, Harthengst,
Hartheinsch, Weißer Orleans.

Früher weit in Deutschland verbreitete
Rebsorte, häufig zusammen mit Riesling und Heunisch gepflanzt. Bekanntestes Gebiet Rüdesheimer Berg im
Rheingau. Derzeit Anbauversuche in
der Pfalz.
Herkunft: Die Übernahme durch Karl
den Großen von Orleans auf den
Rüdesheimer Berg ist historisch nicht
belegbar.
Merkmale: Triebspitze rötlich-grün,
kahl. Blätter groß, derb, rundlich,
dreilappig, wenig gebuchtet; Unterseite
wenig borstig; Blattrand grob, ungleich
gezähnt; Stielbucht geschlossen, tief.
Traube mittelgroß, dicht, länglich, geschultert. Beeren groß, länglich, gelblich grün, dünnschalig. Geschmack
saftig, süß-säuerlich.
Eigenschaften: Starkwachsende, reichtragende Rebsorte. Wegen unzureichender Qualität aus sortenreinen
Weinbergen verschwunden.
Wein: neutral, dünn.

Ortega
Wü B 48–21–4

Sehr früh reifende weiße Bukettsorte und Tafeltraube.

Verbreitung: Deutschland (1 200 ha), Rheinhessen (650 ha), Pfalz (350 ha), Mosel, Saar, Ruwer (90 ha), Franken (40 ha), Nahe (26 ha).

Herkunft: 1948 von Hans Breider in Alzey aus Müller-Thurgau × Siegerrebe gekreuzt, vom Züchter für die Bayerische Landesanstalt für Weinbau und Gartenbau Würzburg angemeldet. 1971 Sortenschutz, 1972 Sortenliste, 1972 klassifiziert. Name nach dem spanischen Philosophen José Ortega y Gasset (1883–1955).

Merkmale: Triebspitze stark wollig, rötlich. Blatt mittelgroß, dreilappig; Blattrand spitz gesägt; Stielbucht V-förmig bis geschlossen. Traube mittelgroß, pyramidenförmig, geschultert, je nach Verrieselung, locker bis dichtbeerig. Beere mittelgroß, gelb, fest. Geschmack süß, würzig.

Eigenschaften: Bemerkenswert ist sehr frühe Traubenreife, die eine Verwendung als Eßtraube und Jungwein, Federweißer oder, bei später Lese, die Gewinnung hochwertiger Auslesen erlauben. Geringe Anfälligkeit gegen Winterfrost und frühe Reife machen sie auch als Eßtraube außerhalb der Weinbaugebiete interessant, obwohl sie wegen Verrieselungsneigung nicht in windige Lagen gepflanzt werden sollte.

Wein: Dezent fruchtig, rund, nicht von der Säure geprägt oder edelsüße, aromatische Auslesen. Daher als Aperitif oder zum Dessert oder zu Terrinen und hellem Braten zu empfehlen.

190

Osteiner
Gm 9–97

Benannt nach den Grafen von Ostein, von denen der letzte seines Geschlechts Johann Friedrich Karl Maximilian Amor Maria Graf von Ostein (1735–1809) in Geisenheim bedeutende Bauwerke und Gartenanlagen errichtete.

Verbreitung: Zur Zeit ca. 4 ha in den deutschen Weinbaugebieten.

Herkunft: Fachgebiet Rebenzüchtung und Rebenveredlung der Forschungsanstalt Geisenheim. Kreuzung: Weißer Riesling × Grüner Silvaner aus dem Jahr 1929. Züchter: H. Birk. Erteilung des Sortenschutzes am 27. 4. 1984, Eintragung in die Sortenliste am 23. 5. 1984.

Merkmale: Triebspitze starkwollig, weißlich bis gelbgrün, karminrot berandet. Junges Blatt mit gezähntem Blattrand, gelbgrün, weiß überhaucht; Blätter mittelgroß, rundlich, fünflappig, rieslingartig; Mittellappen stumpf bis breit keilförmig; Seitenbucht tief, überlappend; Stielbucht variabel V-förmig bis sich überlappend; Blattrand breit gezähnt; Blattfläche blasig von dunkelgrüner Farbe. Traube mittelgroß, breit kegelförmig, kompakt. Beeren mittelgroß, rund, mit fester Beerenhaut, gelbgrün, beduftet.

Eigenschaften: Mittelstarker bis kräftiger, aufrechter Wuchs, wenig Geiztriebe. Bodenansprüche gering, gute Winterfrostfestigkeit, wenig empfindlich gegen Chlorose und Bodentrockenheit, die sehr gute Blütefestigkeit garantiert gleichmäßige Erträge auf Silvanerniveau mit guten Mostgewichten.

Wein: Fruchtiger, selbständiger, reifer Weißwein, sehr nachhaltig und körperreich. Das Säurespiel erinnert an große Rieslingweine.

Pais

Criolla Chica (Argentinien), Mission, Mission's Grape, El Paso (Kalifornien), Negra Corriente (Peru), Uva Pais (Chile)

Verbreitung: In Chile auf 51500 ha (1980), in Argentinien auf 1822 ha (1991), in Kalifornien auf 1200 ha (1983), in Mexiko auf 2 ha (1988).
Herkunft: Wahrscheinlich von den Spaniern im 16. Jahrhundert unter der Regierung von Cortez nach Mexiko gebracht. Mit der Missionstätigkeit der katholischen Franziskaner in Mexiko und Kalifornien verbreitet, daher auch die Traube der Mission genannt. Die genetische Herkunft ist unbekannt. Möglicherweise ein Sämling.
Merkmale: Triebspitze stark weißwollig. Junge Blätter grün, Oberseite mittelstark, Unterseite stark weißwollig. Ausgewachsenes Blatt keilförmig, glatt, stark glänzend, überwiegend siebenlappig. Seitenbuchten mitteltief- bis

tief eingeschnitten. Stielbucht an der Basis V-förmig, darüber lyrenförmig zusammengehend, stets offen bis weit offen. Rippen um die Stielbucht rot. Zähne klein, aber lang, spitzbogig. Unterseite mittelstark wollig, oft in Knäueln, beborstet. Trieb rotgestreift. Traube groß (bis 25 cm lang), konisch, verzweigt, locker, Beerenstiele sichtbar. Beere rotviolett bis blaurot, ungleichmäßig gefärbt, mittelgroß (18 cm), rund.
Eigenschaften: Austrieb früh, Reife spät. Sehr starkwüchsig, 200 Jahre alte Stöcke in Südkalifornien entsprechen dem Umfang eines Menschen. Sehr kälteempfindlich. Ertragreich, Knospen im unteren Triebbereich fruchtbar, treibt gern und viel fruchtbare Wasserschosse. Sehr anfällig gegen Echten Mehltau und Schwarzfäule, weniger gegen Oidium.
Wein: Hellrot, leicht, säurearm, neigt zum Ranzigwerden. Manchmal zu trockenem Weißwein ausgebaut, der aber schnell die Frische verliert. In Chile, mit einem Ertrag bis zu 250 hl/ha, oxidativ-ältlich ausgebaut. Ergab um die Jahrhundertwende in Kalifornien guten süßen Portwein.

Palomino Fino

Alban, Listan Blanco, Palomino (Spanien), El Bayoud, Merseguera (Algerien), Fransdruif, White French (Südafrika), Point Noir (Frankreich), Listao (Portugal).

Allein der Sherrybereitung verdankt die Sorte ihre weltweite Bedeutung.

Verbreitung: Weltweit auf ca. 60 000 ha angebaut, davon 28 000 ha in Spanien, überwiegend in Andalusien in der Region Jerez und 19 000 ha in Südafrika. Wird auch in Portugal (Sébutal, Madeira), Kalifornien, dort lange Zeit fälschlich Golden Chasselas genannt, Algerien, Tunesien, Mexiko, Argentinien und Australien angebaut.

Herkunft: Vermutlich aus Andalusien, König Alfonso der X. soll die Sorte nach einem seiner Ritter genannt haben.

Merkmale: Triebspitze schwachwollig, weißlichgrün, karminrot umrandet. Junges Blatt wollig, hellgrün, an den Rändern leicht bronziert; Blatt groß, fünflappig mit ausgeprägtem Mittellappen, tief gebuchtet, Oberseite dunkelgrün, glatt, Unterseite schwachwollig, Blattrand unregelmäßig gesägt, Stielbucht lyraförmig, offen. Traube groß, konisch, geschultert, lockerbeerig. Beere mittelgroß, rund, oft breitgedrückt, leicht beduftet, goldgelb, durchscheinend.

Eigenschaften: Starkwüchsig, breit ausladende Wuchsform, reichtragend, 80–200 hl/ha, einzelne Traube bis 2 kg schwer, transportgeeignet, daher auch oft als Tafeltraube genutzt. Bevorzugt trockene, sonnenexponierte Lagen, oidiumanfällig, nicht frostfest, spätreifend.

Wein: Selten zur Wein-, vorwiegend zur Sherrybereitung verwendet. Ein typischer Palomino-Sherry ist der Fino, von blasser, strohgelber Farbe, trocken, leicht säuerlich mit frischem Aroma und delikatem Geschmack. Mit 15,5–17% Alkohol ist er der leichteste unter den Sherries.

Parellada

Montonega, Montonec, Martorella

Feinste der weißbeerigen Rebsorten, die in Katalonien zur Schaum- und Stillweinerzeugung wächst.

Verbreitung: In Spanien vor allem in Katalonien auf 10 390 ha (1989).

Herkunft: Spanien, alte Rebsorte Kataloniens.

Merkmale: Triebspitze mittelstark- bis stark weißwollig. Junge Blätter mittelstark bronziert. Ausgewachsenes Blatt mittelgroß, rund, meist ganzrandig. Seitenbuchten sehr flach eingeschnitten. Stielbucht lyrenförmig, geschlossen. Zähne spitzbogig, kurz. Unterseite mittelstark wollig. Trieb rot. Traube klein bis mittelgroß, kompakt. Beere grüngelb, groß, rund. Geschmack neutral.

Eigenschaften: Austrieb früh, Reife sehr spät. Mäßiges Zuckeranreicherungsvermögen. Ertrag gut. Empfindlich gegen Echten und Falschen Mehltau. Reift am besten in den kühlen Hochlagen auf 700 m im Penedés, der hügeligen Landschaft mit kreidehaltigem Boden, 40 km südwestlich von Barcelona, in der 90 % des katalonischen Schaumweins erzeugt wird.

Wein: In der Jugend feinfruchtig, elegant, von kurzer Haltbarkeit. Als Cava – spanischer Name für die heute ausschließlich für die Champagne geschützte Bezeichnung „méthode champenoise" – sortenrein eher flach, aber im Verschnitt mit Xarello und Macabeo vermittelt sie dem Cuvé Struktur, Länge und Eleganz. Lagerdauer auf der Hefe für normale Cavas neun Monate, für Cavas mit Jahrgangsangabe zwei Jahre. Höherwertige Cavas liegen drei bis vier Jahre auf der Hefe und tragen meist die Bezeichnung „Gran…" in Verbindung mit dem Markennamen. Die trockeneren und besseren Cavas sind Brut mit weniger als 15 Gramm Restzucker und Extra Brut mit weniger als sechs Gramm Restzucker.

Periquita

João de Santerém, Castelão Francês, Trincadeira (Portugal).

Verbreitung: Wird in ganz Südportugal, an der Küste, sowie im Binnenland angebaut.

Herkunft: Alte, aus Südportugal stammende Landsorte. Ihren Namen erhielt sie von J. M. da Fonseca. Er begann 1834 mit der Weinbereitung und zählt heute zu den größten Weinbaubetrieben Portugals.

Merkmale: Triebspitze wollig, weißlich-grün, rötlich gerandet; Blatt groß, dunkelgrün, schwach dreilappig: Stielbucht halboffen, V-förmig; Blattoberseite kahl; Blattunterseite starkwollig; Blattrand gezahnt. Traube groß, mehrfach geschultert, mittellanger, verholzter Stiel. Beere klein bis mittel, rund, dickschalig, schwarzblau, stark beduftet, helles, sehr helles Fruchtfleisch.

Eigenschaften: Sehr ertragreich, benötigt trockene Standorte, bevorzugt sandige Böden, die Beeren reifen sehr ungleichmäßig und spät aus.

Wein: Sehr gehaltvoll, gerbstoffbetonter, jung noch etwas streng wirkender Rotwein, auf der Flasche gereift entfaltet er sein volles Aroma, konzentrierte Frucht und nachhaltige Tannine. Viele der berühmten, uralt werdenden Garrafeira-Weine basieren auf dieser Rebsorte.

Perle
Perle von Alzey, Az 3951, Wü S 3951

Wenig kälteempfindliche, spät austreibende Sorte für frostgefährdete Lagen.
Verbreitung: Deutschland (148 ha)
vor allem in Franken.
Herkunft: 1927 von Georg Scheu in
Alzey aus Gewürztraminer × Müller-
Thurgau als Az 3951, Perle von Alzey,
gekreuzt. Nach 1950 vom Rebenzüchter Hans Breider in Würzburg züchterisch bearbeitet (Mutandenauslese), als
Perle 1961 Sortenschutz erhalten und
1968 in Sortenliste eingetragen.
Merkmale: Sorte erinnert mit kleinen
Blättern und Trauben und rosa Beeren
an Traminer. Allerdings sind die Blätter, Trauben und Beeren kleiner. Die
Reife erfolgt ungleichmäßig.
Eigenschaften: Geringe Empfindlichkeit gegen Winterfrost und wegen spä-
tem Austrieb auch gegen Spätfrost,
verbunden mit mittelfrüher Reife und
niedrigen Säuregehalten empfehlen die
Sorte für Problemlagen.

Weine: Leicht, zart, blumig, weich. In
Lagen und Jahren, die höhere Säure
bringen, ansprechender.

Perlette

Wegen der Durchsichtigkeit der Beere Perlette (frz. kleine Perle) genannt.

Verbreitung: Kalifornien (2 317 ha 1992), Argentinien (75 ha 1990), Australien (50 ha 1991), Chile (1 198 ha 1993), Italien, Marokko (100 ha 1988).

Herkunft: Züchtung von H. P. Olmo, Davis, Kalifornien. Kreuzung: Königin der Weingärten × Sultanina (1936).

Merkmale: Triebspitze unbehaart, hellgrün. Kleine Blätter glänzend. Blätter groß, kreis- bis nierenförmig, Blattränder nach oben gewölbt, drei- bis fünflappig; Seitenbuchten mäßig eingeschnitten; Stielbucht lyrenförmig, offen bis geschlossen; Zähne spitzbogig. Trauben groß, geschultert, kompakt bis sehr kompakt. Beeren rund, bis leicht ellipsoid, mittelgroß, goldgelb, samenlos.

Eigenschaften: Reife früh. Starkwüchsig. Ertragreich. Gut geeignet für Kordonerziehung mit moderatem Anschnitt. Gibberelinbehandlung, Trauben- und Beerenausdünnung führen zu großen Beeren und lockeren Trauben.

Traube: 450–700 g. Beerengröße und -form einheitlich. Haut sehr dünn, zart. Fruchtfleisch fest, knackig, saftig. Geschmack: mild, aromatisch. Samenlos. Lagerfähig.

Perle von Csaba

Cabski Biser, Julski Muscat (Slowenien), Csabagyöngye (Ungarn), Zemcug Saba (GUS).

Tafeltraube, geschätzt wegen der Frühreife; diese ist auch Grund für häufige Nutzung als Kreuzungseltern in der Züchtung.

Verbreitung: Frankreich (60 ha), Italien, Tunesien, Argentinien.

Herkunft: Abstammung Madeleine Angevine × Muscat Courtillier. Züchtung des Winzers Adolf Stark aus Bekescsaba, Ungarn (1904).

Merkmale: Triebspitze weißwollig. Kleine Blätter Oberseite schwachwollig, stellenweise bronziert, Unterseite wollig. Blätter mittelgroß, kreisförmig, glänzend, ganzrandig bis schwach dreilappig; Stielbucht lyrenförmig, offen bis überlappend; Zähne spitzbogig; Unterseite Adern um die Stielbucht rot, unbehaart. Trauben mittelgroß (15 cm lang, 200 g schwer), walzen- bis kegelförmig, kompakt. Beeren rund (15 mm), weißgelb.

Eigenschaften: Austrieb früh, Reife sehr früh, in Südfrankreich vor dem 10. Juli. Wuchskraft schwach bis mittel. Ertrag je nach Anbauland gering bis gut. Bildet Geiztrauben, die entfernt werden müssen. Empfindliche Beerenhaut, abfallende Beeren bei Vollreife. Geeignet für die Frühreife begünstigende Lagen. Benötigt starkwüchsige Unterlagen (wie 99 Richter), langen Rebschnitt, um Ertrag zu steigern. Empfindlich gegen Oidium, winterfrostgefährdet.

Traube: Süß, saftig, leichter Muskatgeschmack. Beeren bereift, Haut dünn.

Perrum

Perrmo

Seltene, nur auf eine Region beschränkte Sorte.

Verbreitung: Wird in Portugal in der Region Alentejo angebaut, überwiegend in den Gebieten Vidigueira, Borba und Reguengos.

Herkunft: Nach Beschreibungen von V. Alarte aus dem Jahr 1771 aus der Gegend um Evora stammend.

Merkmale: Triebspitze schwachwollig, weißlich-grün mit rötlichem Anflug. Blatt mittelgroß, dreilappig, ungleichmäßig; Blattnerven hellgrün; Seitenbuchten schwach ausgeprägt; Stielbucht U-förmig, offen; Blattoberseite glänzend, glatt, hellgrün; Blattunterseite kahl, Blattrand gesägt. Traube groß, lang, verzweigt, zylindrisch bis konisch, lockerbeerig mit sehr langem Traubenstiel. Beere klein bis mittelgroß, oval, dünnschalig, festes, saftiges Fruchtfleisch, mit herbem Geschmack.

Eigenschaften: Starkwüchsig, mittlerer bis geringer Ertrag, sehr anfällig gegen Oidium und Peronospora, bevorzugt skelettreiche Böden mit guter Wasserversorgung, neigt zur Chlorose, Reifezeit sehr spät.

Wein: Säurebetonter, angenehm frischer, lebendiger Weißwein mit einer erdigen Note.

Petit Manseng

Escribérou, Manseng Blanc, Mansen-
gou, Mansic, Miot (Frankreich), Ichi-
riota Zuria Tipia (Spanien/Basken-
land)

Wichtigste Sorte des Dreiergespanns
mit Gros Manseng und Courbu im
berühmtesten südwetfranzösischen
AOC-Weißwein Jurançon.

Verbreitung: In Frankreich auf 600 ha,
davon 560 ha im Bereich der Altan-
tischen Pyrenäen. In Uruguay von den
aus dem Baskenland eingewanderten
Bauern auf etwa 1 000 ha.

Herkunft: Unbekannt. Zur Zeit Hein-
richs IV bis zur französischen Revolu-
tion wurde der Weißwein Jurançon
dank der holländischen Kaufleute in
ganz Nordeuropa getrunken.

Merkmale: Triebspitze stark weißwollig, am Gipfel unmerklich rot. Junge
Blätter grün, mittelstark wollig. Ausgewachsene Blätter rund, feinblasig, um
die Stielbucht gewaffelt. Überwiegend
dreilappig. Obere Bucht mitteltief eingeschnitten, zuweilen mit Zahn. Stielbucht U-förmig, offen bis überlappend.
Zahnform spitzbogig. Unterseite mittelstark wollig. Trieb auf der Rückseite
rotgestreift, auf der Bauchseite grün.
Traube klein bis mittelgroß, geschultert. Beere grün, klein, rund.

Eigenschaften: Austrieb mittelfrüh,
Reife und Lese sehr spät. Starkwüchsig. Ertrag etwa 25 hl/ha. Bildet viele
Wasserschosse auf altem Holz. Bevorzugt tiefe, ton- und kieselhaltige
Schwemmböden. Sehr anfällig gegen
Oidium und Plasmopara. Widerstandsfähig gegen Botrytis. Die Einwirkung
des Botrytispilzes führt zur Edelfäule
und damit zu einer erwünschten natürlich erhöhten Zuckerkonzentration in
den Trauben.

Wein: Sehr hohe Oualität. Bei später
Lese mit Edelfäule entsteht goldener
parfümierter Süßwein von nobler Frische, einem würzigen Geschmack
nach Zimt und Nelken, mit 12 bis
16 % Alkohol. Es entsteht der Ein-
druck, als verberge sich unter der weichen, vollen Süße eine wohldosierte
Säure. Sehr gute Lagerfähigkeit. Der
früher geerntete, trocken ausgebaute
Wein ist nervös, frisch und fruchtig.
Empfohlene Sorte in der Gascogne
und Bestandteil der AOC-Weine
Jurançon, Bearn und Pacherenc du Vic
Bilh mit höchstens 40 hl/ha Ertrag.

Phoenix
Geilweilerhof Ga–49–22

Pilzresistente Sorte mit guten Qualitätseigenschaften. Auch als Tafeltraube empfehlenswert.

Verbreitung: In Deutschland auf 20 ha (1997), zum Teil noch im Anbauversuch.

Herkunft: Züchtung von G. Alleweldt, Institut für Rebenzüchtung, Geilweilerhof. Kreuzung von Bacchus × Villard Blanc. Sortenschutz und Eintragung in die Sortenliste 1992. Klassifiziert seit 1995 für die Anbaugebiete in Rheinland-Pfalz.

Merkmale: Triebspitze schwach weißwollig. Kleine Blätter stellenweise bronziert, schwach behaart. Blätter ganzrandig; Stielbucht lyrenförmig, offen, Basis oft von Blattrippen begrenzt; Hauptrippen um die Stielbucht rot; Oberfläche glatt; Unterseite Wollhaare an Rippen; Zähne überwiegend gesägt. Traube groß, leicht geschultert, dichtbeerig. Beere groß, leicht läng-lich, gelbgrün. Leichter Muskatgeschmack.

Eigenschaften: Austrieb mittelfrüh. Reife mittelfrüh. Wüchsigkeit mittel bis stark. Holzreife sehr gut, Winterfrostfestigkeit gut. Ertrag 120–130 hl/ha, 70 °Oechsle. Sehr hohe Peronospora-, hohe Oidiumresistenz. Botrytisresistenz mittel bis gut. Pilzbekämpfung nicht notwendig. Nach Niederschlägen zur Zeit der Reife neigen Beeren zum Aufplatzen. Reblausverhalten entspricht dem der Vinifera-Sorten, daher Pfropfung auf reblausfeste Unterlage notwendig. Für tiefgründige Böden schwachwüchsige Unterlage zu empfehlen. Gedeiht gut in mittleren bis guten Lagen.

Wein: Kräftig, dezenter Muskatton, frische Säure.

Picolit

Berühmte Lokalsorte des Friaul.
Durch ihre kleinen Trauben und Beeren bekam sie ihren Namen.

Verbreitung: In Friaul angebaut, vor allem in den Provinzen Udine und Gorizia, in neuerer Zeit auch auf den Hügeln um Treviso zu finden.

Herkunft: Vermutlich aus dem Friaul oder angrenzenden Gebieten stammend, wurde nachweislich schon zur Zeit der Römer angebaut.

Merkmale: Blatt klein, rund, drei- bis fünflappig, tief eingeschnitten, spitz gezähnt; Blattoberseite glatt, dunkelgrün, mit hellroten und borstigen Blattrippen; Unterseite weißwollig; Stielbucht offen. Traube mittelgroß, lockerbeerig, ästig, kurz. Beere rund, goldgrün, braungefleckt, weißduftig, fein punktiert, großnarbig, sehr dünnhäutig, süß.

Eigenschaften: Starkwüchsig, die starke Verrieselungsneigung dieser Sorte ist der Grund für die sehr geringen Erträge. Reift Ende September, Anfang Oktober.

Wein: Hervorragender, vollmundiger Dessertwein von tiefer, strohgelber Farbe, zartem Duft nach überreifer Birne, alkoholbetont, oft harmonisch lieblich.

Pinot Blanc
Weißer Burgunder

Pinot Chardonnay, Blanc de Champagne, Auvernat Franco, Pino Bianco, P. Grigio (Italien), Feherburgundi (Ungarn), Rulandsky Bile, Roci Bile (Tschechische Republik).

Grüntraubige Rebsorte der Burgunderfamilie für reife, feinfruchtige Weine. Im Süden im Weinberg häufig mit Chardonnay vermischt.

Verbreitung: In Deutschland (1936 ha) vornehmlich in Baden (844 ha), der Pfalz (542 ha), Rheinhessen (308 ha), Nahe (109), Saale Unstrut und Sachsen. Wichtig auch in Frankreich (1600 ha), in Chablis allein, mit Chardonnay im Burgund, Grundsorte der Weißen Burgunderweine Elsaß, Österreich (2800 ha), Tschechien (1300 ha), Slowenien, Norditalien (6200 ha), Chile, Kalifornien (650 ha).

Herkunft: Alte weiße Mutation aus der Burgunderfamilie, die mit zahlreichen Formen früher zusammengepflanzt wurden. Sortenauslesen (z. B. durch Johann Philipp Bronner) vor 150 Jahren trennten Großen Weißen Burgunder (Deutschland) vom Kleinen oder Pinot Blanc in Frankreich und Chardonnay (Gelber Burgunder).

Merkmale: Häufig erst bei Traubenreife sicher vom Blauen Spätburgunder und Ruländer unterscheidbar. Triebspitze starkwollig, weißgrünlich. Blatt mittelgroß, kaum gebuchtet, schwach dreilappig. Oberfläche blasig, Rand stumpf gezähnt; Stielbucht V-förmig; Herbstfarbe gelb. Traube mittelgroß bis groß, walzenförmig, manchmal geteilt, dichtbeerig; Beere länglich bis rund, gedrückt, dünnhäutig, grüngelb. Geschmack saftig, dezent fruchtig. Als Eßtraube wenig geeignet.

Eigenschaften: Außer mittleren bis hohen Ansprüchen an Lage und Boden sowie gewisser Neigung zu waagrechtem Wuchs im Anbau wenig Probleme. Sorte bringt hohe Reife, falls Botrytis keine vorzeitige Lese erforderlich macht.

Wein: Große Weite vom pikanten an Apfel erinnernden Qualitätswein bis zur wuchtig-reifen, fruchtigen Spätlese oder zur edelsüßen Auslese. Genuß daher als Schoppen, zu hellen Speisen, Fisch oder zu hellem Braten oder edelsüß als Aperitif oder zum Dessert. Häufig werden feinfruchtige Sekte bereitet.

Pinot Noir
Blauer Spätburgunder

Pino Nero, Pignol (Italien), Burgundac Crni (Slowenien, Kroatien), Rounci (Tschechien), Kisburgundi Kék (Ungarn), Pinot Tinto (Portugal).

Das Prädikat „König der Rotweine" bringt die mit dem Riesling vergleichbare Bedeutung des Blauen Spätburgunders nach Alter, Verbreitung und Ruhm des Weines zum Ausdruck.

Verbreitung: Wichtigste Qualitätsrotweinsorte des gemäßigten Klimas, Bedeutung, vergleichbar mit Cabernet Sauvignon für heißere Weinbaugebiete. Stark zunehmender Anbau in allen deutschen Weinbaugebieten (7 424 ha). Rote Hauptsorte in Baden (4 453 ha), sonst in der Pfalz (816 ha), Rheinhessen (643 ha), Württemberg (466 ha), Rheingau (299 ha), Ahr (277 ha), Franken (166 ha), Nahe (133 ha) und neu an der Mosel (141 ha). In Frankreich (22 000 ha), Hauptsorte in Burgund (Côte de Beaune), in der Champagne neben Pinot Meunier und Chardonnay für Champagner; in Österreich (400 ha), Norditalien (3 500 ha), Lombardei, Südtirol, Schweiz (4500 ha, Wallis und Ostschweiz), Portugal (350 ha) und in Südosteuropa. In Übersee ist er in Nord- (3 800 ha) und Südamerika (300 ha), Australien (1 300 ha) und Südafrika im Anbau. Am weltweit verbreiteten Blauen Spätburgunder kann wie am Chardonnay der Einfluß des Klimas auf die Reife beobachtet werden. Im gemäßigten Klima zählen sie zu den spätreifenden, im heißen zu den frühreifenden Sorten. Die dort später reifenden, wie Cabernet Sauvignon oder Merlot sind im Norden so spät reif, daß sie nur in Spitzenjahren qualitativ befriedigen.

Herkunft: Die den Wildreben Westeuropas nahe stehende Sorte kann bereits zur Zeit der Römer (*Vitis allobrogica*) ausgelesen und kultiviert worden sein. Karl der III. brachte ihn von Burgund als „Clävner" 884 nach Bodman an den Bodensee. Vor 650 Jahren wurde er, von den Mönchen des Klosters Eberbach, als „Klebrot" in den Rheingau geholt und die Ahr erreichte er nach Bronner ebenfalls aus Burgund. Seine alte Bezeichnung in Baden war Clevner (14. Jh.). Für das Alter des Burgunder sprechen auch die zahlreichen Spielarten oder Seitenlinien des Burgundergeschlechts, die sich zwar nach Reifezeit, Beerenfarbe oder Blatt- und Triebbehaarung unterscheiden, aber häufig erst zur Reifezeit an den Trauben sicher unterscheidbar sind. Letztlich kann von einer Burgunderfamilie gesprochen werden.

Merkmale: Triebspitze stark wollig behaart. Blatt mittelgroß, dunkelgrün, rauh bis blasig; meist wenig gebuchtet, manchmal schwach drei- bis selten fünflappig; Blattunterseite leicht wollig behaart, Nerven vereinzelt beborstet,

Blattrand stumpf gezähnt; Stielbucht V-förmig. Traube alle Typen klein bis mittelgroß, walzenförmig, dichtbeerig, selten geschultert, geteilt, neue locker-beerige Klone weniger Botrytis-anfällig. Beeren rund bis oval, dunkelblau, stark graublau beduftet, dünnhäutig. Geschmack saftig, fruchtig, süß. Wohl-schmeckend, wegen Botrytisneigung aber nicht für Lagerung und Transport geeignet.

Eigenschaften: Im Anbau bereitet die Sorte keine größere Probleme. Es sei denn, frühzeitige Fäulnis insbesondere bei den alten Klonen macht mit sehr dichtem Beerenstand eine zu zeitige Lese notwendig. Andererseits ermöglicht aber die Edelfäule das Gewinnen hochwertiger Weißherbstauslesen. Gefährlich wurde der Sorte Überempfindlichkeit gegenüber der Reisigkrankheit, die den Anbau an der Ahr fast zum Erliegen brachte.

Wein: Tief rubinrot (Burgunderrot), manchmal von einem warmen Braunton durchstrahlt. Den Geschmack prägen Reife und eine fruchtige Säure, verbunden mit an Holzfaßlagerung erinnernder, für alle Burgunderweine typischer Note. Besonders im Jungwein kann die Frucht des Weines an die von Brombeeren erinnern, im Alter gleicht sie mehr Nüssen mit einer zarten Bittre. Reife und Säure machen die Spätburgunderweine lange haltbar. Von denen des Weinbaugebietes Burgund sagt man, daß sie erst nach zehn Jahren ihre Qualität am wertvollsten entfalten. Sie passen zu kräftigen Braten, zu Wild oder Käse. Zunehmend Bedeutung gewinnen die fruchtigen Weißherbste oder je nach Partner mehr von Reife (Badisch Rotgold) oder von Frucht und Säure geprägten Rotlinge (Schillerwein) als Schoppen oder zu Vorspeisen, Terrinen, hellen Braten. Bemerkenswert sind die als Rotwein, Weißherbst oder Weiß (blanc) erzeugten Schaumweine.

Samtrot

Unbehaarte Mutation des Schwarzrieslings, die dem Blauen Spätburgunder zuzuordnen ist.

Verbreitung: Unter 100 ha, auf Württemberg begrenzt.

Herkunft: Württemberg von Schneider, Heilbronn, als unbehaarte Mutation des Schwarzriesling entdeckt, vom Rebenzüchter August Herold verbreitet. Nach Vergleichen des Bundessortenamtes als Klon dem Blauen Spätburgunder zugeordnet.

Merkmale und Eigenschaften: Ähnlich Blauer Spätburgunder, aber von Jahr zu Jahr schwankende Erträge.

Wein: Geringere Fruchtigkeit und größere Reife als Ausgangssorte bringen samtige, burgunderähnliche Weine (Name, Samtrot), die zu den gleichen Speisen wie Burgunder passen.

Schwarzriesling

Müllerrebe, Pinot Meunier, Auvergnat Gris (Frankreich), Blaue Postitschtraube (Österreich), Rana Modra Mlinaria (Balkan), Millers Burgundy (Australien).

Stark behaarte Mutation des Blauen Spätburgunders für Rotwein und Champagner.

Verbreitung: In Deutschland (2 152 ha) vorwiegend in Württemberg (1 753 ha), Baden (170 ha), in der Pfalz (109 ha) und in Franken (66 ha); Österreich. Champagne (10 000 ha) in begrenztem Umfang im Elsaß, an der Loire, auch in Australien.

Herkunft: Vermutlich schon vor vier Jahrhunderten in Frankreich ausgelesene, stark behaarte Mutation des Blauen Spätburgunders.

Merkmale: Am auffallendsten die dichtfilzige, weiße Behaarung der Triebspitzen und der Blattunterseiten, an Mehlstaub erinnernd (Name Mül-lerrebe). Blatt mittelgroß, fünflappig, Oberseite rauh bis blasig, spinnwebig bis wollig; Unterseite dicht filzig bis wollig behaart; Nerven zusätzlich beborstet; Blattrand unregelmäßig gesägt; Stielbucht V-förmig bis geschlossen. Traube mittelgroß, dichtbeerig. Beeren klein bis mittelgroß, rund bis leicht oval, schwarzblau. Geschmack saftig, fruchtig.

Eigenschaften: Später Austrieb und gute Holzreife bringen gute Frosthärte, späte Blüte verringert Verrieselungsgefahr, daher ertragssicher. Mittelspäte Reife vor Riesling (Name Schwarzriesling). Nachteilig ist sperriger Wuchs und hohe Botrytisneigung wegen dichter Beeren.

Wein: Fruchtig, meist ohne die Tiefe des Blauen Spätburgunders. In Württemberg Bestandteil des Schillerweins. Blanc, weiß, für Champagner und Sekte. Als Schillerwein oder Weißherbst zu Terrinen, Vorspeisen; reife Rotweine zu Braten und Wild oder würzigem Käse.

Pinot Madeleine
Blauer Frühburgunder

Möhrchen, Augustclevner, Jakobstraube, Madeleine Noir, St. Jean (Frankreich), Lujega, Luviana Veronese, S. Lorenzo (Italien).

Frühreifende, weniger Ertrag bringende Mutation des Blauen Spätburgunders.

Verbreitung: In den alten Verbreitungsgebieten des Blauen Spätburgunders, schon vor 100 Jahren vom frühreifen Blauen Portugieser verdrängt. Deutschland (34 ha), Ahr (10 ha).

Herkunft: Alte Sorte aus dem Blauen Spätburgunder mutiert. Früher wegen früher Reife und guter Winterfrostwiderstandsfähigkeit auch häufig als Tafeltraube außerhalb der Weinbaugebiete gepflanzt. Die Namen beziehen sich auf die frühe Reife im August oder auf die Heiligen, deren Namenstag mit der Reife zusammentrifft.

Merkmale: wie Blauer Spätburgunder aber frühere Reife.

Eigenschaften: Im Vergleich mit Ausgangssorte stärkere Verrieselungsneigung, bei kleinen Trauben geringere Erträge, deshalb trotz guter Weinqualität geringe Bedeutung. Dickere Beerenhaut verringert Botrytisneigung.

Wein: Samtig, füllige Rotweine, die zu Braten, Wild und Käse passen.

Pinot Gris, Ruländer,
Grauer Burgunder

Tokay d'Alsace, Malvoisie (Frankreich, Westschweiz), Pinot Grigio (Italien), Szürkebarat (Ungarn).

Burgunderrebe mit rotgrauen Trauben für markante Weißweine.

Verbreitung: Im Hauptverbreitungsgebiet Deutschland (2 523 ha) besitzt Baden (1 467 ha) größte Anbaubedeutung, Pfalz (454 ha), Rheinhessen (351 ha) und Nahe (100 ha). Frankreich (900 ha), Elsaß (600 ha) am bedeutendsten. Österreich (400 ha), Schweiz (132 ha), Luxemburg (80 ha), Ungarn, Norditalien (2 200 ha) und in Übersee, Neuseeland sind weitere Anbaugebiete.

Herkunft: Möglicherweise ist die Sorte in Burgund als Mutation aus dem Blauen Spätburgunder ausgelesen worden, denn er ist vor der Traubenreife von diesem nicht sicher unterscheidbar. Daneben ist die graurötliche Bee-

renfarbe auch genetisch nicht sehr stabil. Oft treten Farbmutationen mit blauen und grünen Beeren in Richtung Blauer Spätburgunder bzw. Weißer Burgunder auf.

Verbreitungsgeschichte: 1375 unter Karl IV. von Frankreich nach Ungarn (Plattensee) gelangt. Von General Lazerus von Schwendi 1568 nach Kämpfen in Tokaj in das Elsaß und den Kaiserstuhl gebracht (daher Tokayer, obwohl dort unbekannt). Davon unabhängig erkannte 1711 Johann Seeger Ruland im seit 1689 verwilderten Garten des Assessors Seuffert vom Reichskammergericht in Speyer den großen Anbauwert. Zuerst als „Speirer" später Ruländer bezeichnet, gehörte er nach wenigen Jahren zu den vom Landesherrn gewünschten Qualitätssorten. Zur Pflege des Ruländers besteht in Speyer eine Ruländer-Akademie.

Merkmale: Vor der Traubenreife schwer vom Blauen Spätburgunder und Weißen Burgunder unterscheidbar. Trauben je nach Reife grau- bis blaurot, mittelgroß, walzenförmig bis geschultert, sehr dichtbeerig. Beeren rund bis länglich, gedrückt, dünnhäutig. Geschmack saftig, würzig, wenig als Eßtraube geeignet.

Eigenschaften: Aufrechter Wuchs und geringe Anfälligkeit gegen Krankheiten und Frost, allerdings Gefahr durch Botrytis wegen dichtem Beerenstand. Bei günstigem Wetter sehr hohe Reifegrade.

Wein: Unterschiedlichste Weine, die bei sehr früher Lese leicht und spritzig (Pinot Grigio, Kabinett), bei großer Reife schwer, ölig mit sortentypischem Holzton (Grauer Burgunder) oder edelsüße Dessertweine (Auslese und höher, Ruländer) sein können. Daher Genuß leicht als Schoppen, zu Vorspeisen und Fisch, kräftig zu Braten und eventuell Wild und edelsüß als Aperitif oder zum Dessert.

Pinotage

Als einzige original südafrikanische Rebsortenzüchtung auf dem Markt, ein echter Exote, erfreut sich im Export zunehmender Beliebheit.

Verbreitung: In Südafrika rund 5 000 ha an kühleren Standorten um Kapstadt, Stellenbosch, Franschhoek und Paarl. Versuchspflanzungen in Neuseeland und Kalifornien.

Herkunft: Kreuzung aus dem noblen Pinot Noir und dem „bürgerlichen" Hermitage (am Kap Synonym für den Cinsaut), durchgeführt 1925 an der Weinbau-Abteilung der Universität Stellenbosch. 1959 wurde die damals noch völlig unbekannte Neuzüchtung auf der bedeutenden Weinprämierung „Kaapse Jongwynskou" als beste aller ausgestellten Weine ausgezeichnet. Name 1961 erstmals auf einem Etikett (1959er Lanzerac Pinotage, von Stellenbosch Farmers Winery).

Merkmale: Filzig weiße Triebspitzen. Blätter dunkelgrün, lederartig dick; fünflappig mit tiefen Seitenbuchten und geschlossener Stielbucht; Blattzähne breit und stumpf. Mittelgroße Traube, kompakt und stark geschultert. Die dunkelblauen Beeren klein, oval und fleischig.

Eigenschaften: Bevorzugt nicht zu heiße Lagen und tiefgründige Böden mit gutem Wasserhaltevermögen. Stock von mittelstarkem Wuchs und Ertrag. Frühe Reife mit hohen Mostgewichten und 6–8‰ Säure.

Wein: Farbe dunkelrot, Geruch und Geschmack aromatisch, sortentypisch intensiv. Bei hohen Erträgen ergibt der Pinotage einen mittelschweren, feinherben, angenehm süffigen Essensbegleiter, bei geringen Erträgen und später Lese einen stoffigen, alkoholreichen Wein, im Duft intensiv, Azetongeprägt, an abgehangenes Wild erinnernd. Vorsichtige Lagerung im neuen Eichenholzfaß rundet den Bukettreichtum wohltuend ab. Die „Mutter" Pinot Noir zeigt übrigens nie ein so dominantes Bukett. Längeres Liegenlassen ist zu empfehlen, da Jungweine sich oft zu geruchsintensiv geben. Paßt besonders gut zu dunklem Fleisch, vor allem Wild, oder – echt südafrikanisch – zum „Kap-Snoek", einem Salzwasserhecht mit festem, würzigem Fleisch.

Blauer Portugieser

Portugais Bleu (Frankreich), Oportô (Ungarn), Portugaljka, Kraljevina, Portugizal Crni (Balkan), Früher Vöslauer (Österreich), Portugalski modré (Tschechien).

Seit 200 Jahren bekannte, frühreifende, ertragssichere Rotweinsorte für zarte Weißherbste und Rotweine.
Verbreitung: Begrenzt auf Deutschland, Österreich, Ungarn, Kroatien und Frankreich. In Deutschland mit 4552 ha nach dem Spätburgunder wichtigste Rotweinsorte. Schwerpunkte Pfalz (2429 ha), Rheinhessen (1608 ha), Württemberg (205 ha), Ahr und Nahe (je 100 ha). Die Spielarten Grauer und Grüner Portugieser sind ohne Bedeutung. Mit über 3000 ha (5%) auch in Österreich um die Ursprungsgebiete Bad Vöslau und Baden (40% der Rebfläche) von Bedeutung (Tschechien 800 ha). In Ungarn von Erlau bis Villany sporadisch, ähnlich in Kroatien. In Frankreich ohne größere Bedeutung, im Département Tarn für AC Wein Gaillac Rouge zugelassen.
Herkunft: Nach sich allgemein durchsetzender Kenntnis wurde er um 1772 vom Freiherrn de Fries von Portugal nach Österreich (Bad Vöslau, Baden) gebracht. Daran erinnern die Namen Portugieser oder Oporto. Von hier verbreitete er sich nach Ungarn, Böhmen, Kroatien und Slowenien. Deutschland erreichte die Sorte nach 1840 über Johann Philipp Bronner (1792–1864) aus Wiesloch. War sofort eine begehrte neue Sorte und verdrängte zahlreiche alte Sorten wie Früh- und Spätburgunder, Möhrchen, Gelbhölzer, Trollinger. Bis 1900 in allen deutschen Rotweingebieten verbreitet.
Merkmale: Triebspitze fast kahl, glänzend, gelbgrün. Noch wachsende Blätter und Triebe rötlich bronziert; Blatt groß, glatt, glänzend, grün, drei- bis schwach fünflappig, Blattrand grob gezähnt; Stielbucht geschlossen, bei

schwachem Wachstum V-förmig. Traube mittel bis groß, länglich, beidseitig geschultert, dicht. Beeren rundlich bis leicht oval, von Nachbarn gedrückt, blau beduftet, Schale dünn, Saft schwach gefärbt, fruchtig süß, wohlschmeckend. Trotz ihres hohen Geschmackswertes wegen der wenig widerstandsfähigen Beerenhaut nur zum Frischverzehr im Anbaugebiet geeignet.

Eigenschaften: Frühe Reife, starker Wuchs, geringe Bodenansprüche, Ertragssicherheit geben verbreitete Anbaumöglichkeit und begründen die rasche Ausbreitung. Eine Begrenzung bringt die große Empfindlichkeit gegen Winterfrost und Peronospora, sowie die große Neigung zu Beerenbotrytis bei Pflanzung auf wüchsigen, feuchten Böden.

Wein: Zarte, blumige Weißherbste für den Schoppen oder die Schorle als Durststiller. Als Begleiter passen sie zu Vorspeisen, Terrinen oder Muscheln. Rotweine: häufig hellrot, blumig, duftig, zartfruchtig; zwischen Weißherbst und den hochreifen Portugieserweinen guter Jahre und Lagen stehend, die bei dunkelrubinroter Farbe fruchtige Wärme und samtige Fülle erreichen können. Sie passen so zu kräftigen Braten, Wild und Käse.

Primitivo

Primativo, Primaticcio (Italien), Zinfandel (Kalifornien).

Verbreitung: Eine der wichtigsten Rebsorten Apuliens. In Kalifornien unter dem Namen Zinfandel auf 10 800 ha angebaut.
Herkunft: Von Benediktinern im 17. Jahrhundert nach Süditalien gebracht.
Merkmale: Triebspitze weißwollig. Blatt mittelgroß, stark fünflappig; Oberseite glatt; Unterseite rauh, spinnwebartig behaart; Blattrand spitz gezähnt, hakenförmig gekrümmt; Stielbucht lyraförmig, offen. Traube mittelgroß, konisch bis zylindrisch, teilweise geschultert. Beere mittelgroß, rund, stark beduftet, dunkelblau; saftig, süß.
Eigenschaften: Bevorzugt nicht zu tiefgründige Böden. Beeren reifen oft sehr ungleichmäßig aus; blüteempfindlich, daher ungleichmäßige Erträge.
Wein: Oft alkoholreich, samtig, voll mit zartem Bukett und einem feinen Brombeeraroma, lange lagerfähig.

Primus

Incrocio Pirovano 7

Die sehr frühe Reife verhalf der Tafeltraubensorte zu ihrem Namen.

Verbreitung: Wird ausschließlich in
Apulien (Italien) angebaut.

Herkunft: Wurde 1901 von A. Piro-
vano durch eine Kreuzung zwischen
Madeleine Royale und Ferdinando di
Lesseps gezüchtet.

Merkmale: Blatt mittelgroß, fünflappig, Blattoberseite glatt, Unterseite
leicht wollig. Traube groß, kompakt,
geschultert. Beere groß, rund, beduftet,
gleichmäßig goldgelb.

Eigenschaften: Wuchs mittelstark, Ertrag ausreichend mit ca. 400 g schweren Trauben, reift schon Ende Juli.

Wein: Bestimmung der Sorte ist der
Markt für Frischobst. Die Beeren sind
von knackigem Biß, besitzen zartes
Beerenfleisch mit süßem Geschmack
und delikatem Muskataroma.

Prosecco

Prosecco tondo, Prosecco Balbi, Glera,
Serprina

Fast ausgestorben, wieder in Mode.

Verbreitung: Nur im östlichen Teil
Venetiens und im Friaul.

Herkunft: Alte friulanische Landsorte.

Merkmale: Triebspitze starkwollig,
weißlich mit rötlichem Anflug; junges
Blatt bronziert, rosa umrandet; Blatt
dreilappig; Stielbucht V-förmig überlappend; Blattoberseite dunkelgrün,
schwach blasig; Unterseite graugrün,
schwach wollig; unregelmäßig gezahnt;
Traube groß, lockerbeerig; Beere mittel
bis groß, rund, gelblich grün, dickschalig, beduftet, aromatisch süß.

Eigenschaften: Mittel bis starkwüchsig, früher Austrieb.

Wein: Leicht (10,5 %), herb, strohgelb,
meist leicht prickelnd bis schäumend.
Als Stillwein ausgebaut, feines Birnen-
aroma mit leichten Bittertönen. Jung
und gut gekühlt zu trinken.

Rabo de Ovelha

Rabigatto, Estreito, Carregna, Beste, Baldoeira, Camarate, Rodrigo Affonso, Rabo de Asno (Portugal).

Er hat für die Weißweine des oberen Dourotales die gleiche Bedeutung, wie der Sauvignon für die Weine des Sauternes.

Verbreitung: Wird in allen Gebieten Süd- und Mittelportugals angebaut.

Herkunft: V. Alarte beschreibt die Sorte 1771 in seinem Buch über den portugiesischen Weinbau und bezeichnet sie als die ureigenste und älteste Sorte Portugals.

Merkmale: Triebspitze starkwollig bis filzig, weiß, rötlich-braun gerandet. Blatt mittelgroß, fünflappig, genauso lang wie breit, schwach ausgeprägte Seitenbuchten; Blattoberseite blasig, kahl; Blattunterseite schwachwollig, Blattrand spitz gezahnt, dreieckige, große Zähne. Traube groß, zylindrisch bis konisch, sehr lang, leicht gebogen in der Spitze, geschultert, kompakt. Beere mittelgroß, rund, dünnschalig, festes Fruchtfleisch mit etwas säuerlichem Geschmack.

Eigenschaften: Sehr starkwüchsig und ertragreich, benötigt heiße, trockene Lagen, um zur Vollreife zu gelangen, sehr gute Blütefestigkeit, anfällig gegen Oidium und Botrytis, junge Triebe oft glasig, brechen leicht ab.

Wein: Angenehm feiner, ausdrucksstarker, alkoholkräftiger, oft süßlicher Wein, von goldgelber Farbe mit leichten Muskataromen.

Raboso Veronese

Der harte Italiener läßt so manch andere Sorte als Weichling erscheinen.

Verbreitung: Wird nur in Italien angebaut. In Venezien, im Raum von Treviso, beiderseits der Piave-Ebene.

Herkunft: Vermutlich von einem Signor Veronese verbreitet, von dem auch der Name stammt.

Merkmale: Triebspitze starkwollig, weißlich grün mit violettem Anflug; Blatt mittelgroß, fünflappig, Blattoberseite glänzend grün, Blattunterseite graugrün, besamtet. Traube groß, zylindrisch, lockerbeerig, geschultert. Beere mittelgroß, rund, dickschalig, blauschwarz.

Eigenschaften: Starkwüchsig, ertragreich, sehr robust, besonders geeignet für den Anbau in der Ebene, vor allem auf kiesigen Aluvial-Böden, tiefgründigen Tonböden und Flußschwemmland. Reifezeit Ende Oktober.

Wein: Maischevergoren erhält man einen intensiv rubinroten, säurebetonten, stark tanninhaltigen und körperreichen Wein, der erst nach längerer Lagerzeit seine vollen Aromen entfaltet. Auffallend ist das starke Weichselkirschenbukett. Zum Rosé ausgebaut hat er leichte Bittertöne und eine bemerkenswerte Nase.

Weißer Räuschling

Großer Räuschling, Offenburger (Elsaß), Drötsch, Drutsch (Pfalz), Rüschling, Rüschlig, Weißer Kläpfer, Kloepfer (Kaiserstuhl), Heinzler, Pfäffling, Züriweiß, Weißwelsch, Rüschelin, Guay Jaune (Schweiz), Brauner Nürnberger (Österreich), Melon Blanc, Lyonnaise Blanche (Frankreich).
Kleiner Räuschling, siehe Ortlieber, Blauer Räuschling, siehe Gelbhölzer.

Früher weit verbreitete Weißweinsorte für ausgeglichene elegante Weine.
Verbreitung: Nur noch Reste in Deutschland, Baden, am Oberrhein und in der Schweiz, Zürichsee, Limmattal und am Kohlfirst. Wird neuerdings an der Eidgenössischen Forschungsanstalt in Wädenswil züchterisch bearbeitet.
Herkunft: Alte Rebsorte möglicherweise von Wildreben am Rhein oder in der Schweiz abstammend, da morphologisch dem Gelben Ortlieber und der Orangetraube ähnlich. Gehörte mit Riesling und Traminer als Drötsch zu den von den Landesherrn erwünschten Rebsorten der Pfalz, war in Baden und im Elsaß verbreitet.
Merkmale: Triebspitze hellgrün, rötlich. Blatt mittel bis groß, rundlich, oberseits blasig; Unterseite filzig; Blattrand ungleichmäßig, stumpf gesägt, nach unten gebogen. Traube mittel, je nach Verrieselung locker bis dicht. Beeren mittelgroß, unterschiedlich rund, hellgrün, durchscheinend, geädert, punktiert, bei Vollreife bronziert.
Eigenschaften: Geringe Empfindlichkeit gegen Winterfrost, mittlere Reife und hoher Ertrag stehen einer Neigung zur Verrieselung, Traubenbotrytis, Platzen der Beeren bei Nässe entgegen.
Wein: Dezent fruchtig mit eleganter Säure, passend zu Fischgerichten und Terrinen.

Regent
Geilweilerhof 67–198–3

Pilzresistente Sorte mit guten Qualitätseigenschaften.

Verbreitung: In Deutschland auf 60 ha (1997), zum Teil noch im Anbauversuch. Fläche in Deutschland: Tendenz steigend.

Herkunft: Züchtung von G. Alleweldt, Institut für Rebenzüchtung, Geilweilerhof. Kreuzung von (Silvaner × Müller-Thurgau) × Chambourcin. Sortenschutz seit 1994. Eintragung in die Sortenliste 1994. Klassifiziert seit 1996 für die Anbaugebiete in Rheinland-Pfalz und Baden-Württemberg.

Merkmale: Triebspitze weißwollig. Kleine Blätter stellenweise bronziert, weißwollig; Blätter drei-, selten fünflappig; obere Seitenbucht mitteltief; untere Seitenbucht mäßig eingeschnitten; Stielbucht lyrenförmig, offen bis überlappt; Oberfläche blasig; Unterseite Borstenhaare an den Hauptrippen. Traube mittelgroß, etwas locker-beerig. Beeren klein bis mittelgroß, rund, blau. Saft leicht gefärbt.

Eigenschaften: Austrieb früh. Reife mittelfrüh. Wüchsigkeit mittelstark. Sehr gute Winterfrostfestigkeit. Geeignet sind warme, geschützte Lagen zur Vorbeugung von Verrieselung. Ertrag zwischen Spätburgunder und Portugieser. Mostgewicht 80 °Oechsle. Plasmopara-, Oidium- und Botrytisresistenz hoch. Pilzbekämpfung nicht notwendig. Reblausresistenz der Blätter hoch, an der Wurzel anfällig, muß auf reblausfeste Unterlagen gepfropft werden. Bei Vollreife lösen sich Beeren leicht vom Traubengerüst.

Wein: Tiefrot, kräftig, gerbstoffbetont, besonders nach längerer Maischestandzeit. Gewinnt durch Ausbau im Holzfaß. Als Rosé ausgebaut vollmundig.

Regner
Az 10378

Frühreifende, ertragssichere und relativ anspruchslose weiße Sorte.

Verbreitung: Deutschland (168 ha), vornehmlich Rheinhessen, England.

Herkunft: 1929 von Georg Scheu an der Landesanstalt für Rebenzüchtung Alzey aus Gelber Seidentraube (Luglienca Bianca) und Gamay Früh gekreuzt. Sortenschutz und Sortenliste 1978. Name nach der Mitarbeiterin des Rebenzüchters, Maria Regner.

Merkmale: Triebspitze weißrötlich behaart. Blatt mittelgroß, deutlich drei- bis fünflappig, Blattrand spitz gesägt; Stielbucht überlappend. Traube mittelgroß, ähnlich Müller-Thurgau, pyramidenförmig, dicht. Beeren groß, leicht oval, grün. Geschmack saftig, mit dezentem Muskatton.

Eigenschaften: Weinbaulich problemlose Sorte, wenn Kalkempfindlichkeit, Ansprüche an die Bodenfeuchte und Neigung zu Oidium beachtet werden. Frühe Reife (vor Müller-Thurgau) und geringere Frostempfindlichkeit und Botrytisneigung sind Ursache für geringe Ansprüche an die Lage. Auf Rieslinglagen ist der Säuregehalt zu niedrig.

Wein: An reife Müller-Thurgau erinnernd, leichter Muskatton bei niedrigen Säurewerten. Bei Empfindlichkeit gegen Weinsäure als Schoppen zu empfehlen oder als Partner zu Terrinen und gebackenem Fisch oder mildem Frischkäse.

Reichensteiner
Gm 18–92

Der Sortenname geht zurück auf die Burg Reichenstein in Trechtingshausen am Mittelrhein.

Verbreitung: Vereinzelt angebaut in den Weinbaugebieten Rheinhessen (175 ha), Mosel-Saar-Ruwer (70 ha), Pfalz (33 ha), Rheingau, mit einer Fläche von 267 ha. In England sind ca. 50 ha mit dieser Rebsorte bestockt.

Herkunft: Fachgebiet Rebenzüchtung und Rebenveredlung der Forschungsanstalt Geisenheim. Kreuzung; Müller-Thurgau × (Madeleine Angevine × Weißer Calabreser) aus dem Jahr 1939. Züchter: H. Birk. Erteilung des Sortenschutzes und Eintragung in die Sortenliste 1978.

Merkmale: Triebspitze dichtwollig bis filzig, weißlichgrün, rötlich gefleckt. Junges Blatt rötlichgrün, unterseits dichtwollig; Blätter mittelgroß bis groß, glatt, glänzend, fünflappig, Mittellappen eingeschnürt, Rand gezähnt;

Stielbucht V-förmig offen bis sich berührend. Traube groß, kegelförmig, teils geschultert, lockerbeerig. Beeren gelblichgrün, rund, mittelgroß, bei Vollreife leuchtend gelb.

Eigenschaften: Mittel- bis starkwüchsig, benötigt tiefgründige, nährstoffreiche Böden mit guter Wasserführung, die lockerbeerige Traube bedingt eine geringe Anfälligkeit gegen Botrytis und ermöglicht die Gewinnung von Qualitätsweinen mit Prädikat ohne Mengenverluste. Empfindlich gegen Winterfrost, reift früh.

Wein: Dezentes Bukett, auf manchen Standorten leicht blumig, süffig, neutral mit geringer Säure, die Moste eignen sich auch für die Herstellung von Süßreserve.

Gelber Rèze

Alte, weiße Rebsorte des Wallis.
Verbreitung: Schweiz, Wallis um Siders als Besonderheit.
Herkunft: Über die Uva raetica wird die Verbindung zu den Römern gesucht. Die Sorte gehört nicht zur Rieslinggruppe, obwohl alte Rieslingweine ähnliche Firne wie der Rèze zeigen können.
Merkmale: Triebspitze gelbgrün, fast kahl. Blatt mittelgroß, stark gebuchtet, Oberseite glänzend, Stielbucht offen. Traube mittelgroß, einfach, lockerbeerig. Beere mittelgroß, fast rund, gelb, leicht punktiert, dünnhäutig.
Eigenschaften: Früher zur Bereitung des Gletscherweines, Vin du Glacier, im Val d'Anniviers verwendet. Heute meist Gutedel.
Weine: Wurden in Lärchenholzfässern nach einer Art Solerasystem ausgebaut. Hell, lohfarben, probieren sie sich herb und alkoholreich und sind lange haltbar.

Ribolla

Gialla Rebolla, Raibola (Italien), Rebula (Slowenien), Robola (Griechenland)
Verbreitung: In Italien nur im Friaul, Provinzen Udine und Gorizia sowie in Slowenien und in Griechenland.
Herkunft: Friulanische Rebsorte, seit dem 12. Jahrhundert bekannt.
Merkmale: Triebspitze goldgelb, schwach wollig; junges Blatt grün mit bronziertem Anflug, Blatt mittelgroß, fast rund, schwach dreilappig, Stielbucht lyraförmig, offen, Oberseite hellgrün, glatt, glänzend, Unterseite glatt, glänzend, Adern leicht rosa, Blattrand gezähnt; Traube klein, pyramidenförmig, kompakt; Beere mittelgroß, diskusförmig, beduftet, gelb bis alabasterfarben, dünnschalig, weich, leicht adstringierend.
Eigenschaften: Später Austrieb, starker Wuchs, bevorzugt gute, tiefgründige Lagen, gute Erträge, anfällig für Botrytis.
Wein: Trocken, frisch, strohgelbe Farbe, feines Zitronenaroma.

219

Weißer Riesling

Weißer Riesler, Rieslinger, Rössling, Rheinriesling, Moselriesling, Rheingauer, Johannisberg, Hochheimer, Klingelberger, Kleinriesling, Gewürztraube, Pfefferl, Rheinriesling (Österreich), Gentil Aromatique, Petracine (Frankreich), Riesling Renano Bianco, Reno (Italien), Ryzlink rynsky (Tschechien, Slowakei), Starovetski (Slowenien), Graschevina (Kroatien), Rajnai Rizling (Ungarn), White Riesling, Johannisberg (USA).
Nicht mit Riesling identisch: Welschriesling, Schwarzriesling, Greyriesling, Emeraldriesling, Goldriesling.

Bekannteste deutsche Weißweinsorte für Weine aller Qualitätsstufen.
Verbreitung: Schwerpunkt Mitteleuropa und Nachbargebiete. Deutschland (23 009 ha), Mosel, Saar, Ruwer (6 631 ha), Pfalz (5 002 ha), Württemberg (2 715 ha), Rheingau (2 640 ha), Rheinhessen (2 448 ha), Baden (1 358 ha), Nahe (1 200 ha), Mittelrhein (451 ha), Bergstraße (260 ha), Franken (249 ha), Ahr (45 ha), Saale Unstrut (31 ha), Sachsen (45 ha), Luxemburg (160 ha), Frankreich (3 000 ha), Elsaß, Österreich (1 500 ha), Norditalien (300 ha), Südosteuropa bis Ukraine, Nordamerika (1 800 ha), Australien (3 750 ha) und Südafrika (1 000 ha).
Herkunft: Nach den Eigenschaften und dem frühesten Vorkommen vermutlich aus den Wildreben am Oberrhein ausgelesen. Früheste Nennung für Wurzelreben 1435 in Rüsselsheim, 1464/65 Mosel, 1477 Elsaß, 1490 Weinberg in Worms (daher 1990 deutsche Riesling-Sonderbriefmarke zum 500. Jubiläum). Nach 1500 allgemein verbreitet, gehörte zu den empfohlenen Sorten aller Landesherrn an Rhein und Mosel. Herkunft des Namens vielleicht von der Neigung zur Verrieselung.
Merkmale: Triebspitze gelbgrün, weißfilzig, rötlich behaart. Blatt mittelgroß, fünflappig; Oberfläche blasig; Unter-

seite wollig behaart; Blattrand stumpf gezähnt. Traube klein bis mittelgroß, geschultert, dichtbeerig. Beere klein bis mittelgroß, rund grüngelb, schwarz punktiert, Sonnenseite gelbbraun. Geschmack saftig, fruchtig, säuerlich bei Vollreife würzig süß.

Eigenschaften: Die spätreifende Sorte benötigt beste Lagen. Anbau ist problemlos, für fast alle Böden und Erziehungsarten geeignet.

Wein: Rassig, lebendig, frisch, elegant, vornehm, adlig, von fruchtiger Säure gekennzeichnet. Alle Qualitätsstufen vom einfachen Kneippwein bis zur Trockenbeerenauslese möglich. Weine sind sehr lange haltbar. Je nach Jahrgang und Lage mehr Kneippwein oder zu leichten Speisen bzw. Fisch passend. Trockene Spätlesen und ältere Weine auch zu kräftigeren Speisen. Edelsüß als Aperitif oder zu Desserts.

Roter Riesling

Bild oben.

Rottraubige, aber Weißwein bringende Form des Weißen Rieslings. Als Besonderheit manchmal in sehr alten Weinbergen dem Weißen Riesling beigemischt. Häufig vorkommende Knospenmutationen zum Weißen Riesling belegen beider Verwandtschaft.

Blauer Riesling

Bild linke Seite rechts.

An den Weißen Riesling erinnernde Zwergform mit schwachem Wuchs, kleinen Blättern, Trauben und blauen Beeren. Die säurebetonte Rotwein bringende Sorte ist nur in Sortimenten erhalten.

Rieslaner
Wü NI 11–17

Mainriesling

Spätreifende, rieslingartige Sorte mit markanter Säure.

Verbreitung: In Deutschland (66 ha) hauptsächlich in Franken (45 ha), in der Pfalz (15 ha) und in Rheinhessen (6 ha).

Herkunft: Oekonomierat Dr. August Ziegler (1885–1937) kreuzte die Sorte 1921 an der Bayerischen Landesanstalt für Weinbau und Gartenbau in Würzburg aus Silvaner × Riesling. Der Name wurde von den Eltern abgeleitet. Die anfangs verwendete Bezeichnung Mainriesling wurde wegen Verwechslungsgefahr vom Bundessortenamt verworfen.

Merkmale: Triebspitze schwach behaart, braunrot bronziert. Blatt mittelgroß, rundlich, schwach drei- bis fünflappig; Rand stumpf gezähnt; Stielbucht V-förmig bis geschlossen. Traube mittelgroß, leicht geschultert, dichtbeerig. Beeren klein bis mittelgroß, rund, gelbgrün. Geschmack saftig neutral bis säuerlich.

Eigenschaften: Späte Reife, hohe Säuregehalte und Verrieselungsneigung sprechen für gute, windgeschützte Lagen. Kalkverträglichkeit, geringe Empfindlichkeit gegen Winterfrost, Peronospora und Oidium stehen Neigung zu Stiellähme und Beerenbotrytis gegenüber.

Wein: Bei guter Reife mit Spitzenweinen des Rieslings vergleichbar, sonst spitze Säure möglich.

Rkatsiteli

Grouzinsky, Gruzinskii, Korolek, Rkatziteli, Tapolek, Topolek (GUS), Rkatiteli (Rumänien), Rkaziteli (Australien), Rkazititeli (Slowenien, Kroatien).

Der Name bedeutet nichts anderes als „Rote Rebe", obwohl es sich um eine Weißweinsorte handelt.

Verbreitung: Weltweit ca. 267 000 ha, davon stehen 248 000 ha in der ehem. Sowjetunion, große Flächen in Bulgarien und ganz Osteuropa. Wird in den USA im Staat New York und in Kalifornien, sowie in China angebaut.

Herkunft: Vermutlich aus Georgien stammend.

Merkmale: Triebspitze weißwollig, karminrot umrandet. Junges Blatt grüngelb, leicht bronziert; Blatt groß, drei- bis fünflappig, schwach blasig, unterseits schwachwollig; Blattrand doppelt gezähnt, Stielbucht lyraförmig überlappend, häufig mit Stielbucht-

fahne. Traube mittelgroß, zylindrisch, lang, geschultert, kompakt bis leicht lockerbeerig. Beere mittelgroß, oval, grüngelb, sonnenseitig mit rosa Flekken, dünnschalig; Beerenfleisch sehr süß, saftig, neutral.

Eigenschaften: Reichtragend, mittel- bis starkwüchsig, gute Standortanpassung.

Wein: Charaktervoll, säurereich mit würzigem, blumigem Aroma und meist kräftiger Süße. In Georgien werden oft hochfarbige, süße Dessertweine, aber auch sherry- und cognacähnliche Produkte hergestellt. In der Ukraine sind die Weine sehr alkoholbetont, herb, würzig von strohgelber Farbe.

Rotberger
Gm 3–37

Gelungene Verknüpfung zweier Traditionssorten aus Württemberg und dem Rheingau. Verwandt mit dem Kerner.

Verbreitung: In den Anbaugebieten Ahr, hessische Bergstraße und Rheingau zusammen ca. 30 ha.

Herkunft: Fachgebiet Rebenzüchtung und Rebenveredlung der Forschungsanstalt Geisenheim. Kreuzung: Trollinger × Riesling aus dem Jahr 1928. Züchter: H. Birk. Erlangte 1969 Sortenschutz, 1971 Eintrag in die Sortenliste.

Merkmale: Triebspitze dichtwollig bis filzig, weiß mit grünem Hauch; junges Blatt gelblich grün, interkostal rotbraun gefleckt; Blätter mittelgroß, drei- bis fünflappig mit breit keilförmigem Mittellappen, trollingerartig; Stielbucht stark überlappend, Blattbehaarung unterseits stark spinnwebig, Blattoberfläche gewellt, stark blasig, derb. Traube mittelgroß, breit kegelförmig, kompakt.

Beeren mittelgroß bis groß, rotblau, beduftet, rundlich.

Eigenschaften: Kräftiger, aufrechter Wuchs mit starker Geiztriebbildung, daher etwas anfällig gegen Oidium. Die Lageansprüche sind mittel, braucht aber tiefgründige, feinerdereiche, nicht zu trockene Böden. Die Blütefestigkeit ist infolge des späten Blütetermins sehr hoch. Erträge sind mit Portugieser vergleichbar, bei etwas höheren Mostgewichten.

Wein: Kräftiger, körperreicher, frischer Rotwein mit hellrubinroter Farbe, trollingerähnlich, jedoch mit markantem sortentypischem Geschmack. Ein Wein von nervig, kerniger Art, überzeugend als Rotsekt.

chem Wuchs fruchtbare Böden. Neigung zu Beerenbotrytis; winterfrostempfindlich.

Wein: Die extraktreichen, fruchtigen Weine sind eine Spezialität Gumpoldskirchens. Häufig mit Zierfandler verschnitten, reifen sie sehr langsam und erreichen die höchste Güte erst nach einigen Jahren Lagerung.

Rotgipfler

Rotstreifler, Reifler, Slatzki zelenac (Slowenien).

Hochwertige weiße Qualitätssorte.

Verbreitung: Österreich (150 ha), vornehmlich um Gumpoldskirchen. Im letzten Jahrhundert in Württemberg durch Single hoffnungsvoll unternommene Anbauversuche wurden wieder aufgegeben.

Herkunft: Alte Sorte im heutigen Anbaugebiet, bis Mitte letztes Jahrhundert zurückverfolgbar. Verwandt mit Grünem Veltliner und Zierfandler.

Merkmale: Schwacher bis mittelstarker Wuchs. Triebspitze weiß wollig, rötlich (Name). Blatt mittelgroß, fünflappig, dunkelgrün; Blattrand stumpf gezähnt, manchmal Zahn in Seitenbucht. Traube groß, kurz, breit, geteilt, dichtbeerig. Beere mittelgroß, leicht oval, grüngelb, dickschalig, sehr saftig.

Eigenschaften: Spätreifend, beansprucht beste Lagen und wegen schwa-

Roupeiro

Roupeiro Cachudo, Alva, Codo, Crato Branco, Codega (Portugal).

Verbreitung: Wird in allen Alentejo-Regionen angebaut.

Herkunft: 1531 von R. Fernandes erstmals erwähnt, er vermutet den Ursprung dieser Sorte im Alentejo.

Merkmale: Triebspitze starkwollig, weißlich-grün mit rötlichem Anflug. Blatt mittelgroß, ungleichmäßig, fünflappig; Stielbucht U-förmig, offen; Blattoberseite glatt, hellgrün, kahl; Blattunterseite schwachwollig, weißlich, Blattrand gesägt. Traube groß, sehr verzweigt, zylindrisch bis konisch, kompakt, kurzstielig. Beere mittel bis groß, oval mit dünner, durchsichtiger Schale, festes, saftiges Fruchtfleisch, süßer, leicht säuerlicher Geschmack, hohe Zuckerkonzentration.

Eigenschaften: Starkwüchsig, aufrechte Wuchsform, sehr ertragreich, nur gering oidium- und peronosporaanfäl-lig, stark botrytisanfällig. Bevorzugt trockene Hanglagen.

Wein: Feinfruchtige, leicht aromatische, in manchen Jahren stark bukettierte Weine mit geringer Säure, sollten jung getrunken werden. Es werden aber auch alkoholreiche, süße, goldgelbe bis bernsteinfarbene Dessertweine bereitet.

Ruling
We S 385

Im Versuchsanbau befindliche Sorte für kräftige Weißweine.

Herkunft: 1955 von August Herold an der Staatlichen Lehr- und Versuchsanstalt Weinsberg aus Ruländer und Riesling gekreuzte Sorte. Sortenschutz 1985. Name aus dem Namen der Eltern zusammengesetzt.

Eigenschaften: Robuste, spätreifende Weißweinsorte mit dichtbeerigen Trauben für markant kräftige Weine mit der Fülle des Ruländers und der Rasse des Rieslings. Wegen der Aktualität des Anbaus von Ruländer als Grauer Burgunder Eintragung in die Sortenliste zurückgestellt.

Saint Laurent

Laurenzitraube, Sankt Lorenz Traube, Pinot St. Laurent (Frankreich).

Frühreifende, noch wenig verbreitete, fruchtig-samtig bis säurebetonte dunklen Rotwein bringende Rebsorte.

Verbreitung: Besonders in Tschechien (1900 ha), Österreich (500 ha), Deutschland (90 ha), dort vornehmlich in der Pfalz (71 ha) mit Schwerpunkt Birkweiler. In Frankreich nicht mehr klassifiziert.

Herkunft: Älteste Vorkommen im Elsaß, um die Mitte des letzten Jahrhunderts durch Johann Philipp Bronner (1792–1864) Wiesloch von Baumann, Bollweiler, Elsaß nach Deutschland übernommen. Der Name wurde vermutlich wegen der frühen Reife vom Namenspatron St. Lorenz (10. August) abgeleitet.

Merkmale: Triebspitze gelbgrün, stark weißfilzig. Blatt mittelgroß, fünflappig, wenig gebuchtet, derb; Unterseite flau-

mig, wollig behaart. Farbe dunkelgrün, matt. Traube mittelgroß bis groß, dicht, breit geschultert bis geteilt. Beeren rundlich bis oval, schwarzblau, blaugrau beduftet, Schale dick, Saft süß bis säuerlich, dünnflüssig.

Eigenschaften: Mittlere Lageansprüche wegen höheren Säuregehalten, mittelstark wachsend, gefährdet durch Oidium und Peronospora, früher Austrieb bringt Maifrostgefahr, verrieselungsgefährdet.

Wein: Den Nachteilen im Anbau stehen tiefrote, vollfruchtig samtige Rotweine gegenüber, die zu Wild und kräftigem Käse passen.

Sangiovese

Sangiovese ad Acino Grosso, Sangiovese Dolce, Sangiovese Gentile, Prugnollo Gentile di Montepulciano, Brunello di Montalcino, Sangioveto Grosso (Italien); Nielluccio, Niellucciu (Frankreich); Sangioveze (Rumänien); Toustain (Algerien).

Diese Rebsorte ist die Grundlage aller Chianti-Weine.

Verbreitung: In der Toskana bilden ihre Weine den Hauptbestandteil des Chianti. In der nördlich anschließenden Emilia-Romagna wird aus ihr der Sangiovese di Romagna gewonnen. Die Sorte gehört zu den Hauptrebsorten der Gebiete Marche, Umbrien, Abruzzen, Lazio sowie der Insel Elba und ist zudem in allen Weinbauregionen Italiens zu finden. Angebaut wird sie auch in Argentinien, Australien, Frankreich, Algerien, Tunesien und Rumänien. Weltweit sind ca. 19 000 ha bestockt.

Herkunft: Wahrscheinlich eine der ältesten Rebsorten Italiens. In der Toskana wird seine Heimat vermutet.

Merkmale: Triebspitze starkwollig, weißlichgrün mit rötlichem Anflug. Junges Blatt hellgrün, leicht bronziert; Blätter mittelgroß, fünflappig, dunkelgrün, Blattoberseite glatt, leicht beborstet, unterseits stark beborstet; Stielbucht U-förmig, offen. Traube mittelgroß, zylindrisch bis leicht pyramidenförmig, geschultert, kompakt. Beere mittelgroß, rund, dickschalig, von schwarzblauer Farbe.

Eigenschaften: Sehr starkwüchsig, bevorzugt leichte, kalkhaltige Böden und gute Lagen, bringt hohe Erträge, reift Anfang Oktober.

Wein: Trockener, leicht tanninhaltiger, gerbiger Wein mit einem typischen Veilchenbukett, im Abgang mit einer leichten Bitternote und intensiv rubinroter Farbe.

Sauvignon Blanc

Blanc Fumé (Australien, Chile, Frankreich, Kalifornien, Kanada, Neuseeland, Südafrika); Fumé, Sauvignon Jaune (Frankreich); Gros Sauvignon, Pinot Mestny Bely (Rußland); Muskat-Sylvaner (Österreich), Muskatni Silvanec (Slowenien, Kroatien).

Eine weitere französische Renommeesorte. Meist im Verschnitt ausgebaut. Sortenrein im Sancerre und im Pouilly Fumé, den weltweit berühmten Spitzenweißweinen des Loiretals.

Verbreitung: In Frankreich von 7 028 ha 1979 auf 12 026 ha 1988, vor allem im Département Gironde und im Loiretal. Außerdem in den Départements Dordogne, Vienne, Yonnne, Bouches-du-Rhône, Var, Tarn, Hérault, Tarn-et-Garonne. Italien (2 000 ha) in 37 Provinzen, hauptsächlich im Veneto, Friaul und Südtirol. Österreich, Spanien im Pénédès. Serbien, Kroatien, Ungarn. Tschechien (320 ha 1990),

Slowakei. Rumänien, Rußland, Griechenland, Israel (Golanhöhen); Kalifornien (5 400 ha 1992), Sonoma, Napa Valley, Livermore Valley, Monterey, Mendocino. Chile (6 000 ha 1995), Argentinien (278 ha 1990), Brasilien, Uruguay, Bolivien; Südafrika (3 550 ha 1992). Australien 978 ha (1991) in der Southern Vales-Adelaide Ebene, Barossa Valley, Riverland; Neuseeland (860 ha 1994). In Chile und Argentinien verbirgt sich hinter Sauvignon Blanc manchmal Sauvignonasse. In Kalifornien ist Sauvignon Vert die Sorte Muscadelle.

Herkunft: Ungewiß. Seit Jahrhunderten in Frankreich angebaut. Präsenz in den Graves 1736, für Pouilly (Nièvre) 1783 erwähnt.

Merkmale: Triebspitze stark weißwollig, Saum rot. Kleine Blätter, Oberseite mittelstark-, Unterseite stark wollig, gelbgrün mit bronzierten Stellen. Blätter klein, kreisförmig, blasig; fünflappig, Seitenbuchten tief eingeschnitten; Stielbucht lyrenförmig, leicht offen;

Zähne spitzbogig; Blattunterseite wollig, Knäuelbildung. Trauben klein, kompakt, manchmal geschultert. Beeren klein, rund, goldgelb zur Vollreife. Haut dick. Geschmack erinnert entfernt an Muskat.

Eigenschaften: Austrieb später als Semillon. Sehr aktives Wachstum im Frühjahr, so daß aber Blüte vor Semillon stattfindet. Reife mittelspät, Edelfäule entwickelt sich langsamer als beim Semillon, deshalb später geerntet. Starkwüchsig, infolgedessen verrieselungsanfällig. Schwache bis mittelwüchsige Unterlagen, magere und trockene Böden sind zu bevorzugen. Ertrag 50–100 hl/ha. Im Sauternais auf 25 hl/ha bei mindestens 13% Alkohol, im Loiretal auf 45 hl/ha bei mindestens 10,5–11% Alkohol begrenzt. Sehr anfällig gegen Oidium und Schwarzfäule, weniger gegen Peronospora und Botrytis.

Wein: Wasserfarben bis blaßgelb, meist mit einem Grünstich. Professionelle finden grasige, pflanzliche Note, Schießpulver, würzigen, krautigen Geschmack, begleitet von Fruchtaroma wie Passionsfrucht, Zitrus, Tomatenblätter, Johannisbeeren, Spargel. Immer körperreich. Vorsichtige Lagerung im Holzfaß kann fruchtigen Charakter verstärken, Tannine und Vanille bringen zusätzliche interessante Noten. Im botrytisfördernden Mikroklima des Sauternais, entstehen auf Kieselböden im Verschnitt mit Semillon und höchstens 5% Muscadelle likörartige Weißweine, altgolden, mit dezenter Säure und eleganter Süße. Semillon bringt Kraft und Lebendigkeit, Sauvignon Blanc Aroma und Frische. Berühmtester und teuerster weißer Bordeaux: Château d'Yquem. In den Appellationen Pouilly-sur-Loire oder Pouilly Fumé (Kalk und Tonmergel) und Sancerre (Kalktuff, Ton-Kiesmergel): trocken, leicht bis kräftig, fruchtig, würzig mit ausgeprägtem Feuersteingeschmack. Sancerre kann jung getrunken werden, Pouilly Fumé braucht mehr Zeit um sich zu entwickeln. In Norditalien leicht, sortentypisch. In Osteuropa schwer, süß. In Kalifornien leicht, herb, zum Teil mit Semillon verschnitten. Unter heißem Klima weniger Frische und Würze. Auf dem vulkanischen Boden der Golan-Höhen wird nach strengen jüdischen Gesetzen Kosher Sauvignon Blanc erzeugt.

Sauvignon Rose und Sauvignon Rouge unterscheiden sich nur durch die Beerenfarbe von Sauvignon Blanc. Insgesamt auf 15 ha.

Savatiano

Condoura, Dombrena Aspri, Kountoura Aspri, Ntomprena, Perachorotiko, Sakeio, Stamatiano

Von großer Bedeutung für die griechische Weinwirtschaft, da fast ausschließlich aus ihr der geharzte Retsina hergestellt wird.

Verbreitung: In Griechenland mit 15 300 ha (1989), in Thessalien, Mittelgriechenland und auf der Insel Euböa vorkommend, meistangebaute Weißweinsorte.

Herkunft: Griechenland.

Merkmale: Triebspitze weißwollig, Spitze schwach rot. Junge Blätter gelbgrün, leicht bronziert, Unterseite weißwollig mit rotem Saum. Ausgewachsenes Blatt keilförmig. Stielbucht U-förmig, offen. Rippen um die Stielbucht auf Ober- und Unterseite rot. Zähne spitzbogig. Unterseite weißwollig und beborstet. Blattstiel rosa. Traube groß, geschultert, kompakt. Beere goldgelb, mittelgroß, rund.

Eigenschaften: Verträgt gut trockenes Klima.

Wein: Frischer, fast trockener, kerniger Kantza aus Attika, östlich von Athen, einer Appelation d'Origine de Qualité Supérieure. Da säurearm in der Appelation Anchialos mit Rhoditis, in Attika mit Assyrtiko verschnitten. Passend zu Meerestieren, Fischgerichten, Geflügel, griechischen Spezialitäten, gekühlt bei 10 °C. Für den landestypischen Retsina wird während der Gärung bis zu 10 g frisches Harz der Seestrand- oder Aleppokiefer je Liter Wein zugegeben und beim ersten Abstich wieder entfernt. Er ist goldgelb, appetitanregend, terpentinartig aromatisiert, altert langsam, darmbakterienfeindlich. Nach Gärung bei niedrigen Temperaturen im Edelstahltank duftig, würzig. Paßt am besten zu Brot, Käse, Oliven und Zwiebel. Retsina wurde in der EU die Bezeichnung „Appellation traditionelle" zugesprochen. Savatiano-Wein wird auch destilliert.

Scheurebe
S 88, 88, Dr. Wagnerrebe

Spätreifende, robuste Sorte für reife, rieslingartige bis betont bukettierte Weine.

Herkunft: 1916 von Georg Scheu an der Landesanstalt für Rebenzüchtung Alzey aus Silvaner und Riesling als 88. Sämling des Züchters gekreuzte Sorte. Sortenschutz und Sortenliste 1956. Name im 3. Reich nach Politiker, danach nach Züchter.

Verbreitung: In Deutschland (3 521 ha), Rheinhessen (1 966 ha), Pfalz (1 043 ha), Nahe (276 ha), Franken (152 ha); in Österreich 650 ha (Steiermark).

Merkmale: Triebspitze fast kahl, rötlich. Blatt mittelgroß, mittel bis deutlich fünflappig. Typisch ist Stielbuchtlappen am Stielansatz. Blätter lange bis Herbstende dunkelgrün (ähnlich Kerner). Traube mittelgroß, dichtbeerig, gedrungen. Beere mittelgroß, rund, gelbgrün. Geschmack saftig, mit fruchtigem Sortenaroma.

Eigenschaften: Starkwüchsig, kalkverträglich, für gute Silvaner und Rieslinglagen, dort hochreife, würzige Weine bis Dessertweine. Bei Unreife Bukett an Schwarze Johannisbeeren erinnernd.

Weine: Kernig, trocken, zu kräftigen Fleischspeisen, edelsüß, als Aperitif oder zum Dessert.

Schönburger
Gm 15–114

Der Name leitet sich von der Schönburg bei Oberwesel im Weinbaugebiet Mittelrhein ab. Damit soll auf die rheinische Herkunft dieser Sorte hingewiesen werden.

Verbreitung: ca. 68 ha, überwiegend Rheinhessen und Pfalz, wird auch in England in Somerst und Kent angebaut.

Herkunft: Fachgebiet Rebenzüchtung und Rebenveredlung der Forschungsanstalt Geisenheim. Kreuzung: Blauer Spätburgunder × (Chasselas rosa × Muscat Hamburg) aus dem Jahr 1939. Züchter: H. Birk. Erteilung des Sortenschutzes 1979, Eintragung in die Sortenliste 1980.

Merkmale: Triebspitze starkwollig bis filzig, weißlichgrün, teils interkostal schwach rötlich gefleckt; junges Blatt fünflappig mit tiefen Buchten, gezähnt, rötlich berandet; Blätter mittelgroß, fünflappig, Mittellappen eingeschnürt, Blattrand gesägt, Stielbucht V-förmig, offen bis sich berührend, Blattfläche schwach blasig, dunkelgrün, Traube mittel bis klein, breit kegelförmig, teils geschultert, kompakt, Beeren mittelgroß, blaßrot, beduftet, leicht oval, Beerenhaut fest und derb, starkes Muskataroma.

Eigenschaften: Wuchs mittelstark, aufrecht, wenig Geiztriebbildung, bevorzugt windgeschützte, warme Lagen, wenige blüteempfindlich, daher regelmäßiger Fruchtansatz, neigt nicht zur Stiellähme, gute, frühe Holzreife bedingt eine gute Winterfrostfestigkeit. Ertrag mittel.

Wein: Bukettbetont mit feinem Muskatgeschmack, traminerartig, würzig bei entsprechender Säure auch fruchtig.

Semillon

Semilao (Portugal), Chevrier (Kalifornien, Frankreich), Greengrape, Groendruif (Südafrika); Sauternes (Frankreich), Semijon (Kroatien, Slowenien), Hunter River Riesling (Australien).

Basissorte für die Spitzenweine von Sauternes.

Verbreitung: In Frankreich die 3. Weißweinsorte mit 17 573 ha (1988), aber rückläufig, da die schweren Weißweine nicht mehr so gefragt sind. In Südwestfrankreich in allen großen AOC Weinen, vor allem Gironde (16 662 ha) und Dordogne (5 800 ha). Chile 35 000 ha, Argentinien 1 260 ha (1990), USA 1 400 ha in Kalifornien und Washington, Brasilien (830 ha 1994), Uruguay, Bolivien, Südafrika (900 ha 1992). Australien 2 811 ha (1991), hauptsächlich im Murrumbidgee Bewässerungsgebiet (1 181 ha), Hunter Valley (664 ha) und Barossa Valley (457 ha), Tasmanien, Neusee-land (170 ha 1994), Japan, Italien, Ungarn, Kroatien, Slowenien (2 000 ha), Tschechien, Slowakei, Rumänien, Rußland.

Herkunft: Wahrscheinlich aus der Gegend von Sauternes. Erwähnt 1771 in Puy-l'Eveque (Lot), ein halbes Jh. früher für die Gironde. In Frankreich außerhalb des Bordelais wenig Bedeutung.

Merkmale: Triebspitze stark weißwollig, Saum schwach rot. Kleine Blätter mittelstark behaart, gelblich, bronziert; Blätter kreisförmig, leicht blasig, fünflappig; Seitenbuchten tief eingeschnitten; Stielbucht lyrenförmig, offen; Zähne spitzbogig; Unterseite schwach wollig mit Borstenhaaren. Traube mittelgroß, walzenförmig, geschultert, kompakt. Beeren mittelgroß, rund, goldgelb, rosa zur Vollreife; Haut weich, dick; leichter Muskatgeschmack.

Eigenschaften: Austrieb mittelfrüh, ungleichmäßig, deshalb trotz Spätfrost ertragssicher. Reife mittelspät. Starkwüchsig, sehr ertragreich. Wenig verrieselungsgefährdet, widerstandsfähig gegen Peronospora, Oidium und Schwarzfäule. Aufplatzen der Beeren gefolgt von hohem Botrytisbefall in niederschlagsreichen Jahren. Für maschinelle Ernte ungeeignet. Im Bordelais bei Erträgen von 80–100 hl/ha 10–11% Alkohol, in Sauternes bei kurzem Rebschnitt höchstens 20 hl/ha und 14% Alkohol. Trockenheit begünstigt Entwicklung der edelfaulen Trockenbeeren, die in mehreren Ernteschritten ausgelesen werden. Überreife führt zu hoher Zucker-, Glycerin- und Pektinausbeute. Siliziumhaltiger Boden (Kiesel und Sand) bewirkt Finesse, Kalk die kräftige Würze, Ton das Ölige. In Kalifornien 65–130 hl/ha.

Wein: In klassischen Sauternes und Barsacs sind etwa 80% Semillon, 20% Sauvignon und Muscadelle verschnitten. Semillon bringt Süße und Öligkeit und sichert Langlebigkeit. Goldfarben, likörartig, kräftig, elegant, langlebig. Feiner Duft nach Honig, Linden- und Akazienblüten. Barsacs ebenso außergewöhnlich wie die Sauternes, unterscheidbar durch kleine Nuancen: Barsacs sind weniger ölig, weniger likörartig, aber fruchtiger und parfümierter zu Beginn. Die großen Sauternes und Barsacs sind zur Zeit der Abfüllung blaßgelb bis bernsteingold. Auf der Flasche vertieft sich die Farbe bis sie schließlich einen fuchsroten Anflug bekommt. Die vordergründige Süße verliert sich, wirkt nach mehreren Jahrzenten Lagerung fast trocken und karamelisiert. Große weiße Sauternes erreichen zwar nicht das Alter großer Rotweine, überleben aber alle anderen französischen Weißweine. Weltweit berühmt die Kombination von Gänseleberpastete und Sauternes. Die Lagen in Sauternes und Barsac wurden bereits 1855 klassifiziert. Zuerst das weltbekannte Château d'Yquem, dann die Châteaux Tour-Blanche, Lafaurie-Peyraguey, Clos-Haut-Peyraguey, Rayne-Vigneau, Suduiraut. In Barsac Château Climens et Coutet. Von zweitrangigen Lagen häufig süßlicher, überschwefelter Wein. Trocken ausgebaut oft bukett- und säurearm, ohne Frische. Gewinnt an Komplexität durch Lagerung im Eichenfaß. In Chile dick und ölig, schnell alternd. In Australien im Hunter Vally orangegoldfarben, trokken, voll, Zitronenaroma. Säurearm und trotzdem lebendig. Im Bewässerungsgebiet Murrumbidgee bei hohen Erträgen Verschnitt zu Tischweinen mit Sorten wie Trebbiano Toscano, Verdelho. Ist das Produkt seiner Umwelt. In kühlen Weinbaugebieten wie Neuseeland und Washington grasig. In warmen Gebieten Verlust des Sortencharakters. Bei sehr hohen Erträgen sehr dürftige Qualität.

Septimer
Az 3952

Aus dem Versuchsanbau genommene weiße Bukettsorte.

Herkunft: 1927 von Georg Scheu an der Landesanstalt für Rebenzüchtung Alzey aus Gewürztraminer × Müller-Thurgau gekreuzt. Sortenschutz 1970, Sortenliste 1971. Anmeldung zurückgezogen. Name von lateinisch septen, als siebente Sorte der Anstalt.

Merkmale: Triebspitze weißwollig behaart. Blatt mittelgroß, drei- bis fünflappig, dunkelgrün. Traube klein, walzen- bis pyramidenförmig, locker bis dicht. Beere klein, rund, rosa bis rot, dickschalig. Geschmack saftig würzig.

Eigenschaften: An Weinberg hohe Ansprüche stellende allgemein empfindliche Sorte.

Wein: Bringt bei hohen Mostgewichten würzige Weine mit niedriger Säure.

Sercial

Esgana Cão, Esganoso, Esganinho

Die trockensten Weine Madeiras.
Verbreitung: Zumeist am Dão, auf Madeira selten werdend. In Australien im Barossa Valley.
Herkunft: Vermutlich aus Portugal.
Merkmale: Triebspitze schwachwollig, grün, junges Blatt dreilappig, leicht bronziert, Blatt fünflappig, Stielbucht V-förmig, überlappend, Blattoberseite dunkelgrün, schwachwollig, Unterseite graugrün, starkwollig, Blattrand stumpf gesägt; Traube klein, kompakt, mehrfach geschultert, pyramidenförmig; Beere sehr klein, oval, dickschalig, gelblich weiß.
Eigenschaften: Austrieb spät, mittlere Wuchskraft, hohe Ansprüche an Standort und Lage, Reifezeit spät, frostempfindlich.
Wein: Strohgelb, Jungweine duftig und streng, nach Lagerung leichtes, fruchtiges Bukett, bleibt aber säurebetont.

Seyval
Seyve-Villard 5.276

Verbreitung: Frankreich (26 ha 1988), England, Brasilien, Kanada (Ontario 480 ha 1991), USA: Georgia, Michigan, New Jersey, New York, Virginia (35 ha 1991).
Herkunft: Saint Vallier, Drôme, Frankreich. Züchtung von Seyve Villard durch Kreuzung von Seibel 4995 × Seibel 4986, um 1930.
Merkmale: Triebspitze weißwollig, Saum rot. Kleine Blätter wenig behaart, leicht bronziert. Blätter klein, kreisförmig, glänzend, ganzrandig; Stielbucht V-förmig, offen bis überlappend; Zähne spitzbogig; Unterseite unbehaart. Trauben mittelgroß, walzenförmig. Beeren klein, rund, goldgelb, fleischig.
Eigenschaften: Reife früh. Wuchskraft mittel. Ertrag in guten Lagen 100 hl je ha. Kurzer Rebschnitt empfohlen.
Wein: In USA trocken oder als Dessertwein ausgebaut. Neutral.

Grüner Silvaner

Sylvaner, Österreicher, Franken; Silvania (Italien), Johannisberger, Gros-Rhin (Schweiz), Arvine Grande (Wallis), Silvain Vert, Gentil Vert (Frankreich), Zelena Sedmogradka, Silvanai Zeleni (Slowenien, Kroatien), Zold Szilvani (Ungarn), Cynifal Zeleny, Moravka, Silvánské (Tschechien), Franken Riesling, Monterey Riesling, Sonoma Riesling (Kalifornien).

Früher weit verbreitete, mittelfrüh reifende, weiße Rebsorte.
Verbreitung: Hauptsächlich in Mitteleuropa; Deutschland (7 421 ha), Rheinhessen (3 386 ha), Pfalz (1 562 ha), Franken (1 251 ha), Nahe (470 ha), Baden (403 ha), Württemberg (301 ha). Frankreich besonders im Elsaß (2 600 ha), Schweiz (300 ha), Kroatien, Ungarn (Plattensee), Italien (Südtirol). Etwas in Australien und Kalifornien.
Herkunft: Häufig wird angenommen, daß die Sorte aus Wildreben an der

Donau ausgelesen wurde, obwohl die Winterfrostempfindlichkeit gegen die Abstammung aus Transsylvanien (Siebenbürgen) spricht. Die Ableitung von *Vitis apiana* (Fliegenrebe) des Plinius (23–79 n. Chr.) ist umstritten. Historisch belegbar ist das Jahr 1665, in dem Abt Alberich Degen von der Zisterzienserabtei Ebrach die Sorte einführte (Bildstock im Würzburger Stein). Um 1700 ist er in Heilbronn nachweisbar. Für die Pfalz schreibt Breuchel (1781) Österreicher oder Frankenriesling „neu aufgenommen". Seine Einfuhr muß mit den früheren Herrschaften zusammenhängen, da die im ehemaligen Herrschaftsgebiet der Fürstbischöfe von Speyer lebenden, katholischen Winzer die Sorte „Franken" und die im Gebiet der Kurfürsten von der Pfalz und den Grafen von Leinigen lebenden, evangelischen Winzer ihn als „Österreicher" bezeichneten.
Mit dem Silvaner begann der moderne Weinbau, denn 1876 legte Gustav Adolf Froelich (1847–1912) in Eden-

koben die praktischen Grundlagen der Klonenselektion, indem er die Nachkommen besonders leistungsfähiger Rebstöcke getrennt vermehrte. Otto Sartorius (1892–1977) gab in der Nachkommenschaftsprüfung guter und schlechter Pflanzen den wissenschaftlichen Hintergrund. Er stellte fest, daß die Nachkommen guter Stöcke leistungsfähiger sind, als die der schlechten. Die Sorte Silvaner war daher vor allen anderen Rebsorten wie Riesling oder Traminer ertragssicher und wurde in den 50er Jahren zur wichtigsten Rebsorte. So waren in der Pfalz 1953 über 50% der Rebfläche mit ihm bepflanzt. Heute sind es noch 7%. An seiner Stelle wurden überwiegend Riesling und Kerner, teilweise Müller-Thurgau gepflanzt.

Merkmale: Triebspitze hellgrün, leicht wollig behaart. Blätter mittelgroß, rund schwach dreilappig, Oberseite hellgrün, kahl; Unterseite Nerven beborstet; Blattrand schwach gezähnt; Stielbucht V-förmig bis geschlossen. Traube mittelgroß, walzenförmig bis geschultert, kompakt, dichtbeerig. Beeren mittelgroß, rund bis gedrückt, gelbgrün. Beerenhaut fest, saftig bis knakkig, fruchtig süß. Wohlschmeckend. Trotzdem wegen Botrytisneigung als Tafeltraube wenig geeignet.

Eigenschaften: Hohe Bodenansprüche und Winterfrostempfindlichkeit werden durch Ertragssicherheit ausgeglichen.

Weine: Vorwiegend neutral fruchtige Kneippweine. Bei Ertragsbegrenzung in guten Jahrgängen und Lagen kräftige, „den Mund tapezierende" Weine, die zu Fisch und hellem Fleisch passen. Edelsüße Auslesen sind als Aperitif oder zum Nachtisch zu empfehlen.

Roter Silvaner
Form des Silvaners mit roten Trauben als Kuriosität in alten Weinbergen. Mutiert häufig zum Grünen Silvaner.

Blauer Silvaner

In alten Silvanerweinbergen kamen häufig Einzelstöcke mit blauroten Beeren als Kuriosität vor. Die ebenfalls Weißwein bringende Sorte wird von Kaspar Steinmann, Sommerhausen, wieder züchterisch weiterentwickelt.

Sousao

Verbreitung: In Nordportugal (Minho, Dão und Douro). Südafrika, Kalifornien.

Herkunft: Portugal.

Merkmale: Triebspitze schwachwollig, junges Blatt bronziert, dreilappig, Blatt klein, fünflappig, stark ausgeprägter Mittellappen, Stielbucht V-förmig, offen, Blattoberseite hellgrün, gewellt, glänzend, Unterseite graugrün, Blattrand gezahnt. Traube klein, kompakt, zylindrisch, geschultert. Beere mittelgroß, rund, schwarzblau, stark beduftet, dickschalig, Beere weich, saftig, leicht adstringierend.

Eigenschaften: Mittlerer, aufrechter Wuchs, mittlerer Ertrag, reift früh und neigt dazu, die Beeren eintrocknen zu lassen, Trauben reagieren empfindlich auf direkte Sonneneinstrahlung.

Wein: Tief dunkelrot bis schwarz, tanninreich, herb, rauh mit hoher Säure, fast ausschließlich zum Verschnitt und für die Portweinproduktion genutzt.

Süßrot, Tauberschwarz

Blauer Hängling, Grobrot, Blaue Hartwegstraube, Häusler, Karmazyn (Tschechische Republik), Viesanka (Kroatien).

Im Rückgang begriffene alte Rotweinsorte, die in Württemberg und Baden verbreitet war (1995 noch 4 ha im Taubertal). Wird neuerdings als Tauberschwarz von der Staatlichen Lehr- und Versuchsanstalt Weinsberg züchterisch bearbeitet.

Merkmale: Triebspitze kahl, grün, rötlich. Blatt mittelgroß, rund, Stielbucht offen. Traube mittelgroß, locker. Beere mittelgroß, rund, dunkelblau, dünnhäutig. Geschmack süß, Reife früh.

Eigenschaften: Frühreife, gegen Peronospora sehr anfällige, dünnschalige Rotweinsorte.

Noch geringere Bedeutung haben der Weiße und der Rote Hängling.

Sultanina

Bealo Bez Seme (Bulgarien), Cekirde-
ksiz (Türkei), Kishmish Belyi Ovalnyi
(GUS), Sultanine Bijela (Kroatien, Slowenien), Szultán Szöllö (Ungarn),
Thompson Seedless (Australien, Neuseeland, USA), Wuhebai (China).

Wichtigste Eß- und Rosinentraube.
Verbreitung: Kalifornien 120 000 ha
(1992), dort genannt nach William
Thompson, der sie als erster bei Yuba
City anbaute. Australien (15 600 ha
1991), Chile (15 322 ha 1987), Süd-
afrika (9 370 ha), Argentinien (3 000
ha), Türkei, Griechenland (38 000 ha),
Zypern, Tunesien, Marokko, Afghani-
stan, Indien, GUS. China in der Pro-
vinz Sinkiang (12 000 ha).
Herkunft: Kleinasien, daher an den
östlichen Küsten des Mittelmeers am
Schwarzen Meer sehr verbreitet.
Merkmale: Triebspitze schwachwollig.
Kleine Blätter unbehaart, glänzend;
Blätter kreisförmig, hellgrün, dreilappig;

Stielbucht lyrenförmig, überlappend;
Zähne spitzbogig; Unterseite unbehaart.
Trauben groß, locker. Beeren ellipsoid,
goldgelb, klein (10 mm), fleischig. Nur
sehr winzige oder keine Kerne.
Eigenschaften: Reife mittelfrüh. Sehr
ertragreich.   Gibberelinspritzungen
zum richtigen Zeitpunkt verlängern
Traube, mindern Fruchtansatz, ver-
größern Beere. Bevorzugt heißes,
trockenes Klima. Sehr anfällig gegen
Peronospora, Oidium und Anthracnose. Beeren trocknen gut wegen dünner
Schale, Beerenstiel löst sich leicht von
getrockneter Beere.
Tafeltraube: Sehr süß, feine Säure,
dünne Schale.
Rosinen: Goldbraun, Sultaninen genannt. In Äthiopien Grundlage für
Weinbereitung.
Wein: Neutral, säurebetont, frisch.
Grundlage für Schaumwein. In Zypern
entsteht frischer Bellapais.

Farbvariante: Sultanine Rose oder
Kishmish Rozovyi.

Syrah

Shiraz, Balsamina (Argentinien), Bragiola, Neretto di Saluzzo (Italien), Candine, Marzane Noire (Marokko), Hermitage (Australien), Serine (Frankreich), Sirac (Marokko, Tunesien).

Aromafülle und Charakter des Weines sehr stark durch Standort bedingt.

Verbreitung: In Frankreich 27 041 ha (1988). Als verbessernde Sorte im Languedoc und Südwestfrankreich seit etwa 20 Jahren empfohlen, deshalb Anbaufläche zunehmend. In Italien (2 000 ha) in der Gegend von Lucca, Pisa, Florenz und Aosta. Griechenland (Mazedonien), Australien (5 450 ha 1991), Kalifornien (5 600 ha), Argentinien (686 ha 1990), Südafrika (750 ha 1992), Brasilien (100 ha), Neuseeland (15 ha 1994).

Herkunft: Möglicherweise aus einer der ältesten Weinbauregionen der Welt um die persische Stadt Schiraz. Soll von Griechen im 6. Jh. von den Kykladen, nach anderer Überlieferung vom Kreuzritter Gaspard de Stérimberg 1224 nach Hermitage (südlich von Lyon) gebracht worden sein. Nach anderer Quelle seit dem 3. Jh. in Frankreich, als Kaiser Probus die Anpflanzung von Reben in Gallien förderte. Einer weiteren Hypothese zufolge aus Syrakus, Sizilien. In keiner der angenommenen Herkünfte heute vorkommend.

Merkmale: Triebspitze stark weißwollig, Saum rötlich. Kleine Blätter auf der Unterseite starkwollig, leicht rosa; Blätter mittelgroß, kreisförmig, blasig, fünflappig; Seitenbuchten mitteltief eingeschnitten; Stielbucht lyrenförmig, schwach offen; Zähne spitzbogig; Blattunterseite mit Woll- und Borstenhaaren; Blattränder im Herbst rotgefärbt. Trauben mittelgroß, kompakt, zylindrisch, zum Teil geschultert. Beeren klein, länglich, blauschwarz, stark beduftet. Haut fein, doch widerstandsfähig. Fruchtfleisch weich, saftig, angenehmer Geschmack.

Eigenschaften: Austrieb spät, Reife mittelfrüh. Bei Überreife fallen Beeren ab. Wuchskraft mittel bis gut, wenig fruchtbar an den Basalaugen. Kurzer Rebschnitt (Gobelet) bringt 30 hl/ha bei 11–14% Alkohol, langer Rebschnitt 80–150 hl/ha. Widerstandsfähig gegen Peronospora, Oidium und Schwarzfleckenkrankheit. Empfindlich gegen Trockenheit, Chlorose, Botrytis, Milben und Traubenwickler. Windbruchgefährdet. Guter Wein von Granithängen (Tain l'Hermitage, Côte-Rotie) mit Unterlage Couderc 3309. Sehr fruchtbare Böden meiden.

Wein: Von guten Lagen tiefrot, tanninreich mit Duft nach Veilchen und Reseda. Daraus entsteht Aromagemisch aus Trüffel, Ambra, Lakritz und Tabak. Im Süden Frankreichs unter trockenheißem Klima rauher und herb. Dort dominieren Johannis-, Heidel- und Himbeeraroma. Lange Lagerung verstärkt Duft und Geschmack. Nach 25 Jahren Lagerung ähnlich wie ein Bordeaux. Hermitage bringt vollendeten Syrah, in der Jugend mit charakteristischem Bitterton, purpurfarben mit lange anhaltendem, durchdringendem Bukett. Crozes Hermitage ist etwas leichter als Hermitage, Cornas und St. Joseph sind etwas gehaltvoller als Crozes Hermitage. Côte-Rôtie, dunkelfarben, kräftig, lang anhaltend, sehr komplex. In Châteauneuf-du-Pape auf Kieselsteinterrassen verleiht Syrah dem Wein im Verschnitt mit Garnacha Tinta, Cinsaut, und Mourvedre Struktur und Langlebigkeit. Garnacha Tinta verstärkt Körper und Bouquet, Mourvedre Aroma und Tannin. In Australien bei 150 hl/ha und mehr entsteht einfacher Rotwein, dunkel, mild mit mäßigem Säure- und Tanningehalt. Im Hunter Valley auf kargen Böden entstehen in weniger heißen Jahren kräftige Rotweine, die durch Lagerung gehaltvoller werden. Berühmt der vollmundige Grange Hermitage vom Barossa Valley. Gelungene Verschnitte mit Cabernet Sauvignon. Im kühleren Klima in Coonawarra bei geringeren Erträgen trocken und pfeffrig, an die Weine des nördlichen Rhônetals erinnernd.

Tamarez

Gallego Dourado, Arinto Gordo, Boal Prior (Portugal).

Verbreitung: Anbau nur in Portugal, findet sich überwiegend im Alentejo und Ribatejo.
Herkunft: Sehr alte portugiesische Landsorte.
Merkmale: Triebspitze starkwollig bis filzig, weißlich-hellgrün. Junges Blatt mit stark ausgeprägtem, lang ausgezogenen Mittellappen; ausgewachsenes Blatt mittelgroß, ungleichmäßig, Dreilappigkeit angedeutet, Blattoberseite glatt, gelblich-grün, kahl; Blattunterseite schwachwollig; Blattrand rund, gezahnt; Stielbucht V-förmig, offen. Traube klein, zylindrisch bis konisch mit mittellangem Stiel. Beere klein, rund, dickschalig, hellgelb, festes, sehr saftiges Fruchtfleisch, süßlicher, sehr fruchtiger Geschmack.
Eigenschaften: Ertragreich, gute Mostausbeute, braucht tiefgründige, frucht-
bare Böden. Nur gering anfällig gegen Oidium, sehr blütefest. Reifezeit Mitte Spetember.
Wein: Elegant, strohgelb, im Bukett leicht an reife Birne erinnernd. Wird selten sortenrein angebaut.

Tannat

Bordeleza Belcha (Baskenland), Harriague (Uruguay), Moustrou, Madiran (Frankreich).

Verbreitung: Frankreich (2 891 ha 1988), Uruguay (3 800 ha) und Argentinien (42 ha 1990).
Herkunft: Vermutlich aus dem Béarn, Südwestfrankreich, da in den umliegenden Départements verstreut.
Merkmale: Triebspitze stark weißwollig, Saum rötlich. Kleine Blätter blasig, bronziert. Blätter mittelgroß, keilförmig, sehr blasig, sehr gewellt, Unterseite schwach wollig, Ränder nach unten gewölbt; dreilappig, obere Seitenbucht mitteltief eingeschnitten; Stielbucht leicht offen bis überlappend; Stielansatz rot; Zähne spitzbogig Im Herbst Rotfärbung. Ranken dünn, kurz. Trauben zylindrisch, geschultert, kompakt. Beeren rund, mittelgroß, schwarzblau; Haut dick, reich an Farbstoffen; Fruchtfleisch saftig, sehr gerbsäurebetont.

Eigenschaften: Austrieb spät, nicht spätfrostgefährdet. Reife spät. Starkwüchsig, verträgt langen Rebschnitt. Sehr fruchtbar, 3 kg je Stock, alkoholreich (11–13,5 %), verrieselungsanfällig; aber günstig sind Sand- und Kieselböden, schwachwüchsige Unterlagen. Mittlere Widerstandsfähigkeit gegen Peronospora, Botrytis, Schwarzfleckenkrankheit. Anfällig gegen Oidium, Traubenwickler, Milben.
Wein: Kontrastreich. Sehr fruchtig, aromatisch (Himbeeren), aber sehr tanninreich (Name) und oft säurebetont, so daß Milchsäuregärung erforderlich wird. Zwanzig Monate Holzfaßlagerung zur Abrundung der Gerbstoffe sind für den kräftigen, tiefroten AOC Madiran vorgeschrieben, stehen auf steinigen Hängen nordöstlich von Pau und nordwestlich von Tarbes. Verschnitt (höchstens 60 %) mit milderem Cabernet Franc (Finesse) und Fer. Lagerung entfaltet Komplexität. Der rote VDQS Tursan aus dem gleichen Sortenverschnitt. Roséweine voll und fruchtig.

Taylor

Bullit, Bullet, Taylers Bullit (USA).

Verbreitung: bis um 1900 im Norden der USA angebaut, danach durch reichtragendere Sorten ersetzt.

Herkunft: Wurde Anfang des 19. Jahrhunderts als Sämling in den Cumberland Mountains, Kentucky von Cobb gefunden. Seine Farm wurde an C. Bullit verkauft. Um 1840 wurde Richter Taylor aus Jericho, Henry County auf die Sorte aufmerksam. Er hat sie zu Testzwecken an viele Weinbauern verschickt.

Merkmale: Triebspitze starkwollig, rötlich. Blatt mittelgroß, saftgrün, rundlich bis vieleckig, nur wenig eingeschnitten; Stielbucht offen; Blattrand unregelmäßig und scharf gezähnt; Oberseite glatt, glänzend; Unterseite hellgrün, verkahlend. Traube klein, unregelmäßig, ästig, lockerbeerig. Beere sehr ungleich, rund, selten länglich, von weißgrüner, auf der Sonnenseite gebräunter Färbung, leicht beduftet, dünnschalig, fleischig, etwas herber Geschmack mit sehr flüchtigem Labruscaton.

Eigenschaften: Starkwüchsig, Ertrag gering, neigt zum Verrieseln, benötigt tiefgründige, aber durchlässige Böden, infolge seiner amerikanischen Abstammung sehr widerstandsfähig gegen Pilzkrankheiten. Wurde in Frankreich als Unterlage für europäische Sorten benutzt.

Wein: Alkoholreicher, würziger Weißwein mit dezentem Erdbeerton.

Teinturier, Färbertraube

Teinturier du Cher (Frankreich), Blut-
traube, Tintentraube (Deutschland).

Verbreitung: Überwiegend in Frankreich in den Gebieten Loir-et-Cher
und Hérault mit geringer Stockzahl
angebaut. Steht in Deutschland nur in
Sortimenten und in Einzelexemplaren
in Rotweingebieten.
Herkunft: Vermutlich sehr alte, französische Wildrebe.
Merkmale: Triebspitze starkwollig,
hellgrün mit rötlichem Anflug. Blatt
klein, dick, etwas rauh, fünflappig,
stark gebuchtet; Blattoberseite dunkelgrün mit charakteristisch roten Flekken und Rändern; Unterseite graugrün,
wollig; Blattrand ungleich gezahnt;
Stielbucht geschlossen, Blätter färben
gegen Herbst stark rot. Traube mittelgroß, kurzästig, zylindrisch, kompakt.
Beere mittelgroß, länglich rund, dunkelblau, graublau beduftet, dickhäutig,
mit tief rotem färbendem Saft.

Eigenschaften: Schwachwüchsig, frühreifend, Ertrag gering. Im Gegensatz zu
anderen Rotweinsorten befinden sich
die Anthozyane (Farbstoffe) nicht nur
in der Beerenhaut, sondern im gesamten Pflanzengewebe. Auffallend ist die
frühe Rotfärbung der Blätter (gesunde
Pflanzen anderer Rotweinsorten färben im Herbst ihr Laub zuerst gelb,
danach rot) sowie der tief dunkelrote
bis schwärzliche Beerensaft. Für die
Gewinnung farbkräftiger Rotweine ist
bei allen anderen Sorten die Gärung
auf der Maische erforderlich, da nur
auf diese Weise die sich in der Beerenhaut befindenden Farbpigmente her-
ausgelöst werden können. Bei der
Farbtraube ist schon der frisch ausge-
preßte Most blutrot gefärbt. Die Anthozyane finden sich sowohl im
Wundkallus, als auch an der Wurzel.
Wein: Sehr gerbstoffbetont, mit hoher
Säure. Die Weine werden nicht sortenrein ausgebaut, sondern dienen hell-
farbigen Rotweinen als Verschnittpartner.

Tempranillo

Aragonez, Tinta Roriz, Tinta Santiago (Portugal), Cencibel, Jacivera, Tinto Fino, Tinto Pais, Ull de Llebre, Verdiell (Spanien).

Die Rebsorte schlechthin, wenn es um große Rioja-Weine geht.

Verbreitung: In Spanien eine der wichtigsten Rebsorten. Im Anbaugebiet Rioja Alta steht sie auf 60%, in Rioja Alavesa 80% der Gesamttrebfläche; von großer Bedeutung auch in der Provinz von Mancha und in Estremadura. Unter verschiedenen Namen wird sie in Portugal in den Regionen Alentejo, Dão und im Douro angebaut. Argentinien weist 11 000 ha dieser Rebsorte aus. Auch zu finden in Kalifornien, Frankreich, Griechenland, Marokko und Südafrika. Weltweit auf ca. 85 000 ha angebaut.

Herkunft: Alte spanische Rebsorte, seit sehr langer Zeit im Rioja bekannt, stammt vermutlich aus diesem Gebiet.

Merkmale: Triebspitze starkwollig bis filzig, grünlichweiß mit leicht rosafarbenem Anflug; junges Blatt deutlich fünflappig, bronziert, leicht flaumig, Unterseite weißwollig bis filzig mit rotem Rand; Blätter mittelgroß, fünflappig, Stielbucht lyraförmig, überlappend; Blattoberseite dunkelgrün, leicht glänzend, kahl; Unterseite wollig mit Borstenbüscheln in den Nervenwinkeln; Blattfläche gewellt, blasig, Blattrand gezähnt. Traube groß, länglich, meist doppelt geschultert, lockerbeerig. Beere mittelgroß, rund, beduftet, schwarzblau, dickschalig mit festem Beerenfleisch von leicht krautigem Geschmack.

Eigenschaften: Mittelstark im Wuchs, blütefest mit gleichmäßigem Ertrag und hohen Zuckerkonzentrationen. Bevorzugt tiefgründige sand- oder kalkhaltige Lehmböden.

Wein: Fruchtiges Buket mit leichtem Himbeeerton, säurearm, leicht, erreicht früh Trinkreife und ist von tiefdunkler, exzellenter Farbe.

Terrantez
Donzelino Branco

Verbreitung: Ausschließlich in den Regionen Dão und Douro.
Herkunft: Alte portugiesische Sorte.
Merkmale: Triebspitze weißlich grün, starkwollig, rosa umrandet; junges Blatt wollig, grün, leicht bronziert, Blatt sehr klein, fünfeckig, schwach fünflappig, Seitenbuchten wenig ausgeprägt, Stielbucht lyraförmig, Blattoberseite hellgrün, glatt, Unterseite graugrün, stark wollig, Nerven beborstet, Blattrand unregelmäßig gezahnt, Blattstiel rot. Traube klein, kompakt, walzenförmig, geschultert; Beere mittelgroß, rund, grüngelb, beduftet, dickschalig, weich, saftig, leicht säuerlich.
Eigenschaften: Starkwüchsig. Sehr sensibel gegen Oidium, treibt früh aus, Reife Anfang September, hohe Mostgewichte bei geringen Erträgen.
Wein: Leuchtend strohgelb bis gelb, alkoholreich, leichte Süße und harmonische Säure, etwas adstringierend.

Tibouren
Antiboulen, Antibouren, Guesserin

Verbreitung: Golf von St. Tropez und im Département Var.
Herkunft: Vermutlich aus dem östlichen Mittelmeerraum. Gegen Ende des 18. Jahrhunderts vom Marinekapitän Antiboul in St. Tropez eingeführt.
Merkmale: Triebspitze weißwollig bis filzig, blasig, stark gebuchtet, gelborange mit rötlichem Anflug; Blatt groß, rundlich, fünflappig, stark gebuchtet, Stielbucht lyraförmig, sich berührend bis überlappend, Blattoberseite stark blasig, Unterseite weißlich, wollig, Blattrand unregelmäßig gezahnt, Traube mittel bis groß, konisch, geschultert, Beere mittelgroß, oval, schwarz, saftig.
Eigenschaften: Starkwüchsig, verrieselungsanfällig, früher Austrieb, spätfrostgefährdet, frühe Reife und gute Erträge.
Wein: Fein, delikat, blaßrot. Nicht zum Altern geeignet. Gute Tafeltraube.

Tinta Amarela

Castellao, Espadeiro, Crato Preto, Mortágua, Murteira, Trincadeira Preta (Portugal), Tinta Amarella (Australien).

Trincadeira Preta zählt zu den besten und wichtigsten Sorten für die Portweingewinnung und ist Grundlage des roten Vinho Verde.
Verbreitung: Anbau in allen Weinbauregionen Portugals, aber auch in Australien.
Herkunft: Alte portugiesische Landsorte.
Merkmale: Triebspitze bronziert, filzig, gelbgrün. Blatt groß, fünflappig; Stielbucht halboffen, überlappend; Blattoberseite kahl, glänzend; Blattunterseite filzig; Seitenbuchten schwach ausgeprägt. Traube mittel bis groß, doppelt bis mehrfach geschultert, kompakt, zylindrisch bis konisch, kurzer, verholzter Stiel. Beere mittel bis groß, rund, dickschalig, dunkelblau, helles Fruchtfleisch, ausgeglichener Geschmack.
Eigenschaften: Starkwüchsig, sehr ertragreich. Bevorzugt tiefgründige Böden mit guter Wasserführung.
Wein: Körperreich, fruchtbetont, mit tief dunkelroter Farbe. Auch als Tafeltraube geschätzt.

Tinta Caiada

Monvetro, Tinta Lameira (Portugal); Carcajolo, Espagnin Noir (Frankreich); Bonvedro (Australien); Caricagiola (Italien).

Verbreitung: In Portugal überwiegend im Alentejo in der Nähe von Evora angebaut. Steht in geringem Umfang auch auf Korsika, Sardinien und in Australien, wo er lange mit dem Carignan verwechselt wurde.

Herkunft: Vermutlich portugiesischen Ursprungs.

Merkmale: Triebspitze starkwollig bis filzig, hellgrün bis weiß mit leicht violettem Anflug; Blatt mittelgroß, fünflappig, Mittellappen stark eingeschnürt; Stielbucht U-förmig, geschlossen; Blattoberseite blasig, hellgrün, kahl; Blattunterseite schwachwollig bis wollig; Blattrand gezahnt. Traube mittelgroß, leicht verzweigt, zylindrisch bis konisch, kompakt, sehr kurzer Stiel. Beere mittelgroß, rund, ungleich-mäßig, dunkelblau, stark beduftet, dünnschalig, weiches, helles, saftiges Fruchtfleisch mit süßlich fruchtigem Geschmack.

Eigenschaften: Sehr ertragreich, keine besonderen Bodenansprüche, obwohl sie trockene Böden bevorzugt, nur gering anfällig gegen Oidium und Peronospora, Traube sehr botrytisanfällig, darf nicht zu spät geerntet werden. Zur Erhöhung der Farbausbeute ist ein langer Anschnitt erforderlich.

Wein: Sehr körperreich, stoffiger, tanninbetonter Wein von dunkelroter, ins Violett gehender Farbe.

schalig, Beerenfleisch weich, saftig, sehr süß.

Eigenschaften: Sehr starkwüchsig, muß stark zurückgeschnitten werden, bevorzugt leichte bis mittlere Böden, zeigt gute Affinität zu den Unterlagen Richter 110 und Richter 99, botrytisfest, Austrieb und Reife erfolgen spät, blütefest aber mit geringen Erträgen, dafür hohe Zuckerkonzentration.

Wein: Tiefdunkelrot, alkoholbetont, körperreich, fein strukturiert, sehr komplex mit fruchtigem Bukett.

Tinto Cão
Tinta cao

Verbreitung: Überwiegend in den Regionen Douro und Dão. Aufgrund des geringen Ertrages aber fast schon ausgestorben.

Herkunft: Mitte des 17. Jahrhunderts erstmals in der portugiesischen Literatur erwähnt. Vermutlich alte Sorte aus dem Dourotal.

Merkmale: Triebspitze starkwollig, weißlichgrün mit rötlichem Anflug; junges Blatt hellgrün, drei- bis fünflappig, leicht blasig mit vereinzelten Wollhaaren; Blatt groß, dreilappig, mit breit ausgezogenem Mittellappen, Stielbucht V-förmig, sich berührend bis überlappend, Blattoberseite hellgrün, glatt, leicht glänzend, Blattunterseite schwachwollig, graugrün, Blattadern hellgrün hervortretend, Blattrand ungleichmäßg gesägt; Traube klein bis mittelgroß, pyramidenförmig, stark geschultert, kompakt; Beere klein, rund, blauviolett, stark beduftet, dick-

Touriga Francesca

Verbreitung: In Portugal in den Regionen Douro, Valpacos, Planalto, Mirandes, Encostas da Nave und Varosa, in geringem Umfang auch in Kalifornien.
Herkunft: Portugal.
Merkmale: Triebspitze starkwollig, weiß, mit rötlichem Anflug, junges Blatt rund bis schwach dreilappig, bronziert, Blatt mittelgroß, drei- bis schwach fünflappig, Stielbucht V-förmig, überlappend, Blattoberseite derb, stark blasig, dunkelgrün, Unterseite graugrün, leicht rostig, Nerven beborstet, Blattrand schwach gezähnt, Traube mittelgroß, pyramidenförmig, geschultert, kompakt; Beere mittelgroß, rund, schwarzblau, beduftet.
Eigenschaften: Starkwüchsig und ertragreich, bevorzugt gute, nicht zu trockene Standorte.
Wein: Rubinrot, leicht, nicht zu tanninbetont, feinaromatisch und weich. Als Rosé ausgebaut bringt er eine feine Frucht.

Touriga National
Tourigo Antigo, Tourigao, Touriga Fina, Preto Mortagua, Tourigo do Dão

Sorte für feine Jahrgangsportweine.
Verbreitung: In Portugal in den Provinzen Douro, Valpacos, Planalto Mirandes, Encostas da Nave und Varosa, in Australien zwischen Nordost-Victoria und Neusüdwales.
Herkunft: Portugal.
Merkmale: Triebspitze weißwollig, junges Blatt bronziert, Blatt klein bis mittelgroß, fünflappig, breiter Mittellappen, Stielbucht V-förmig offen bis sich berührend, Blattoberseite schwachblasig, Unterseite schwachwollig, ungleichmäßig gezähnt. Traube klein, lockerbeerig, kegelförmig, leicht geschultert; Beere mittelgroß, oval, dickschalig, blauviolett, beduftet, leicht adstringierend.
Eigenschaften: Wuchsstark; schwache Erträge, gute Mehltau-Resistenz.
Wein: Kräftige Frucht, Extrakt- und Tanningehalte, intensive Farbe.

Roter Traminer, Gewürztraminer

Clevner, Klävner, Christkindlestraube, Dreimänner, Dreipfennigholz, Fleischroth, Kleiner Traminer, Kleinwiener, Kleinbraun, Roter Nürnberger (Deutschland), Savagnin Rose, Fromenteau Rouge, Gentil Rose Aromatique (Frankreich), Termeno Aromatico (Italien), Livora cervena, Drumin Ljbora, Princt cerveny (Tschechien), Tramini Piros, Fermentin Rouge (Ungarn), Crevena Ruziva (Kroatien), Mala Dinka (Bulgarien).

Spezialsorte für hochreife Bukettweine.
Verbreitung: Deutschland (836 ha), Pfalz (359 ha), Baden (347 ha), Rheinhessen (109 ha), Frankreich (2 600 ha), Elsaß (2 500 ha), Österreich (480 ha), Italien (500 ha), Südtirol (150 ha), Kroatien (200 ha). Kalifornien (1 800 ha), Oregon (700 ha), Kanada, Südafrika (300 ha), Australien (600 ha) Neuseeland.

Herkunft: Wie bei vielen alten Sorten werden auch beim Traminer Parallelen zur Antike gesucht und seine Heimat in Südosteuropa vermutet, obwohl die Abstammung von mitteleuropäischen Wildreben nicht ausgeschlossen werden kann. Bronner (1857) fand am Rhein eine allerdings männliche Wildrebe, die völlig mit dem Traminer übereinstimmte. Im Mittelalter kam die Sorte in Südtirol (Traminer) vor, 1470 stellte Herzog Siegmund vier Fuder besten Traminerweines aus Südtirol als Meßwein zur Verfügung. Er verschwand nach 1500 aus dem Anbau bis 1900. Für Deutschland nennt ihn 1546 Hieronymus Bock und schon 1593 warnt Albertinus die Frauen, zuviel des schweren Traminerweines zu genießen. In den Verordnungen der Landesherren (Bischöfe von Speyer, Kurfürsten von der Pfalz (1745), Grafen von Leiningen (1742), Markgrafen von Baden (1753) gehörte er mit Riesling und später Ruländer zu den gewünschten Rebsorten. Mit dem Riesling und einer reichtragenden Sorte wie Heunisch, Elbling, Gutedel, später Silvaner bildete er den klassischen gemischten Satz. Wegen Ertragsunsicherheit und Rückgangserscheinungen eroberte er nie größere Rebflächen. Im Gegenteil, die Weinautoren Breuchel und Bronner berichten über abgängige Weinberge und über die Verbreitung einer neuen Herkunft, z. B. Breuchel 1781 über den neu aufgekommenen Wachenheimer Traminer, der die alten Bestände verdrängt. Es sind Beweise für frühe Erfolge der Rebenselektion. Um so erstaunlicher ist, daß mit dem bald 400jährigen, fast sortenreinen Traminerweinberg in Rhodt in der Pfalz ein einmaliges Denkmal der Weinkultur bewahrt werden konnte.
Merkmale: Ampelographisch sind der Rote Traminer und der Gewürztraminer nicht unterscheidbar. Ersterer bringt mehr Ertrag und weniger Aroma, so daß

die Unterschiede ertragsbedingt sein können. Triebspitze stark weiß-rot filzig behaart. Blatt klein, rundlich, oft breiter als lang, meist dreilappig; Oberseite blasig, wenig behaart; Unterseite stark filzig behaart; Nerven rötlich, wollig bis borstig behaart; Blattrand wechselnd stumpf gezähnt; Stielbucht V-förmig bis geschlossen. Traube klein bis mittelgroß, dichtbeerig gedrungen. Beeren klein, rund bis länglich, grau bis braunrot, dicke Schale. Geschmack saftig, süß mit an Rosen erinnerndem Aroma.

Eigenschaften: Ansprüche an Boden und Lage hoch; neigt zur Verrieselung und Abbauerscheinungen (Reisigkrankheit), sonst keine besonderen Empfindlichkeiten. Reife mittel bei hohen Zuckergehalten, Ertrag niedrig.

Wein: Geprägt von Rosenduft und Würze. Harmonieren trocken gut zu markanten Terrinen, Fleischspeisen und Käse. Edelsüß wird er als Aperitif, zu Käse oder zum Dessert begrüßt.

Weißer Traminer

Heida, Heidenwein, Plant Païen (Schweiz), Savagnin Blanc (Frankreich).

Gelbtraubige, ebenfalls würzige Form des Roten Traminers. Als Spezialität ist er in Frankreich der Vin Jaune de Jura und der von Arbois. In der Schweiz (15,4 ha) im oberen Wallis, den höchst gelegenen Weinbergen in Europa, wird in Visperterminen der Heidenwein (Païen) aus ihm bereitet.

Trebbiano Toscano

Branquinha, Douradinha, Talia (Portugal); Castelli Romani, Procanico (Italien), Clairette d'Afrique, Queue de Renard, Roussan, Saint-Emilion des Charentes (Frankreich); Clairette Ronde (Frankreich, Marokko), Juni Blan, Unji Blan (Kroatien); Rossela Blanco (Marokko), Saint Emilion (Rumänien), Trebbiano (Australien, Chile, Kanada, Rumänien, Südafrika, Zypern), Ugni Blanc (Algerien, Argentinien, Australien, Chile, Frankreich, Griechenland, Kanada, Marokko, Rumänien, Südafrika, Tunesien, Uruguay, Zypern).

Weltweit auch zur Branntweinerzeugung.

Verbreitung: Gesamtfläche weltweit ca. 200 000 ha. In Frankreich rückläufig 102 973 ha (1988). Vor allem im Cognac-Gebiet und zur Herstellung von Armagnac im Gers, Lot-et-Garonne, Languedoc, Provence und Kor-

sika. Italien auf 55 193 ha (1982), in 54 Provinzen empfohlen. In Bulgarien (25 000 ha), Griechenland (1 000 ha), Portugal (571 ha 1989), Rumänien, russischen Republiken. Zur Destillation in Mexiko (2 000 ha), in Kalifornien (500 ha) hauptsächlich für Brandy, in Brasilien (1 700 ha 1994), Argentinien (2 230 ha 1990), Uruguay, Südafrika (300 ha 1992) und Australien (1 176 ha 1991).

Herkunft: Italien, östlicher Mittelmeerraum. Möglicherweise aus der Gegend von Neapel, für die Plinius die Ernte von vinum trebulanum bemerkt. Im 14. Jh. mit Päpsten nach Avignon gekommen. Für Cadillac, Gironde 1730 vom Abt Bellet erwähnt. Gehört zur großen Trebbiano-Familie, zu der insbesondere Trebbiano Romagnolo, Trebbiano di Soave, Trebbiano Giallo und Trebbiano di Spoleto gehören.

Merkmale: Triebspitze stark weißwollig, Saum rot. Kleine Blätter weißwollig, gelb, blasig. Blätter groß, kreisförmig, blasig; Blattränder nach oben eingerollt; fünflappig. Seitenbuchten mäßig eingeschnitten; Stielbucht wenig offen bis überlappend; Zähne spitzbogig; Unterseite wollig. Trauben sehr groß (20–30 cm lang), geschultert, walzenförmig; sehr schlank und lang, daher das um Hyères, Frankreich gebräuchliche Synonym Queue de Renard (= Fuchsschwanz). Beeren rund, klein, goldgelb; bei Vollreife auf der Sonnenseite rosa bis kupferrot; Haut dünn, aber zäh; Fruchtfleisch saftig.

Eigenschaften: Austrieb spät, daher wenig spätfrostgefährdet. Winterfrostresistenz sehr schwach. Reife spät. Stark- und schnellwüchsig, daher Ruten zerbrechlich, windbruchgefährdet. Wuchs aufrecht. Widerstandsfähig gegen Botrytis durch dicke Beerenhaut, anfällig gegen Oidium, Peronospora und Schwarzfäule. Als ertragreichste Sorte der Welt bezeichnet:

100–150 hl/ha in Südfrankreich, 200 hl/ha in Italien, 170 hl/ha in Kalifornien. Bevorzugt leichte Böden und langen Rebschnitt.

Wein: Hell zitronengelb, wenig Bukett, kräftige Säure, mittlerer Alkoholgehalt, kurz im Abgang. In Südfrankreich säurearm, neutral, leicht fade, jung zu trinken. Verbesserung der Qualität durch Verschnitt mit Clairette, Grenache Blanc und Sauvignon. In Mittelitalien fruchtige Säure, Bittermandelaroma, jung zu trinken.

Cognac: Traubenernte vor Vollreife mit 10 g/l Säure und 7–9% Alkohol. Qualität des Weinbrands wird vor allem vom Boden bestimmt. Von der besten Lage Grande Champagne über Petite Champage zu den Randgebieten sinkt Kreideanteil. Damit geht einher Verminderung der Finesse und Zunahme des Körperreichtums. Junger Cognac ist herb, überstark, eckig. Lagerung im Limousin-Eichenfaß mindestens 2 Jahre. VSOPs lagern 5 Jahre und länger.

Armagnac: Extraktreicher und blumiger als Cognac, da nur bis 53% Alkohol destilliert und in schwarzem aromastoffreichem Eichenholz gelagert.

Tressot Panaché

Tressot Bigarre, Risen Panaché (Frankreich), Ballon de Suisse (Schweiz).

Eine Mutation des Tressot mit sehr
eigentümlichen Merkmalen.
Verbreitung: In Zentralfrankreich und
östlich, Schweiz und Deutschland.
Herkunft: Sehr alte Sorte, die vermutlich aus der Gegend von Yonne bei
Auxerre stammt. Schon Karl der VI.
hat in einem Brief 1394 einen 90jähri-
gen Weingutsbesitzer begnadigt, der
einen Leser dafür erschlagen hatte,
daß er die Trauben des Pinot mit
denen des Tressot vermischt hatte.
Merkmale: Triebspitze starkwollig,
weißlich, karminrot berandet. Junges
Blatt wollig, orangefarben, stark bronziert; Blatt mittelgroß, fünflappig,
Oberfläche blasig, dunkelgrün; Unterseite weißlich behaart; Blattnerven mit
starker Flaumbehaarung; Stielbucht
lyraförmig, überlappend. Traube mittelgroß, zylindrisch, kompakt. Beeren

klein, rund violettschwarz mit teilweise gelbgrünen Segmenten, fleischig,
leicht rosa gefärbtes Beerenfleisch.
Eigenschaften: Reift Mitte September;
sehr empfindlich gegen Oidium, läßt
sich schlecht veredeln, ist eine Chi-
märe, die aus dem Tressot hervorge-
gangen ist. An einem Stock finden sich
rote und weiße Trauben, an einer
Traube sind weiße und rote Beeren zu
finden, ja sogar an einer Beere lassen
sich rote und weiße Segmente finden.
Wein: Wird nie sortenrein ausgebaut,
dient nur als Verschnittpartner und
bringt Säure und Tannin zu Gamay
und Pinot Weinen.

Blauer Trollinger
Groß Vernatsch

Fleischtraube, Bocksauge, Bocksbeutel, Bockstraube, Troller, Hammelshoden, Malvasier, Zottelwälscher, Schwarzwälscher, Lambert, Pommerer, Bammerer, Frankenthaler, Edelvernatsch, Meraner Kurtraube (Südtirol), Schiavone, Schiava grossa, Uva cenerente (Italien); Großer Burgunder, Ägyptischer (Österreich), Raisin Bleu de Frankenthal, Frankenthal Noir, Chasselas de Jerusalem, Raisin de Languedoc (Frankreich), Modri Tirolan (Kroatien), Gros Bleu, Bruxelloise (Belgien), Black Hamburg, Black Tripoli (England).

Alte großtraubige Wein- und Tafeltraube in zahlreichen Formen.
Siehe auch Muskattrollinger.
Verbreitung: Deutschland (2 534 ha), vor allem Württemberg; Südtirol (3 400 ha). Als Tafeltraube in Glashäusern in Belgien, Holland, England.

Herkunft: Alte Rebenfamilie mit zahlreichen Formen, die sich nach Wüchsigkeit, Reifezeit, Traubengröße, Ertrag und Geschmack etwas unterscheiden. Nach den Eigenschaften aus dem östlichen Mittelmeerbereich stammend, frühe Verbreitung in Südtirol von dort im 17. Jh. nach Württemberg (Trollinger) gelangt. In der Pfalz als Hammelshoden verboten, blieb bis zur Einführung des Blauen Portugiesers als Malvasier erhalten.
Merkmale: Triebspitze grün bis kupferfarben. Blatt groß, dunkelgrün, blasig, schwach drei- bis fünflappig; Blattrand ungleich gezähnt. Traube sehr groß, rund, rotblau, grau bedutet, dickschalig. Geschmack saftig, süßsäuerlich.
Eigenschaften: Starkwachsend, kalkverträglich, winterfrostempfindlich, spätreifend, reichtragend.
Wein: Hellrote, frische herzhafte Weine, auch Weißherbst. Passend zu Terrinen, Vorspeisen, leichten Gerichten.

Klein Vernatsch
Schiava Gentile
Form des Trollingers mit geringerem Wachstum und Erträgen, aber wertvolleren rubinroten, reiferen Weinen.
Verbreitung; Italien, vor allem Südtirol (1 200 ha).

Blauer Urban, Roter Urban

Schwarzer Urban, Urben, Süßwelscher, Zottelwälscher, Weißlaubiger Wälscher, Rother Trollinger.

Im Bild: Roter Urban
Alte, vermutlich aus Südtirol stammende Kelter- und Tafeltraube.
Verbreitung: Früher geringer Anbau in Württemberg.
Merkmale: Starkwachsende Rebsorte. Triebspitze weißwollig. Blatt groß, lederartig, rund, wenig gebuchtet; Unterseite wollig behaart. Traube groß, locker, langstielig. Beeren groß, oval, dunkelblau mit rotblauem Duft, dünnschalig, Reife mittel. Geschmack saftigsüß.
Roter Urban: Beeren hellrot bis bräunlich, weiß beduftet, säuerlich.
Eigenschaften: Die stark wachsende Rebsorte wurde meist im Gemisch mit Veltliner und Gutedel gepflanzt. Mit der Pflanzung sortenreiner Weinberge ist sie, obwohl die Weine höher als die des Trollingers bewertet wurden, verschwunden.

Grüner Veltliner

Grüner, Grünmuskateller, Weißgipfler, Manhardsrebe, Mouhardsrebe.

Österreichische Weißweinsorte für rassig fruchtige, „pfeffrige" Weine.

Verbreitung: Österreich (21 000 ha), Wachau. Ungarn, Tschechien, Slowakei, Kroatien. Anbauversuche in Deutschland wegen zu später Reife wenig erfolgreich.

Herkunft: Alte Sorte in Österreich unbekannter Herkunft, Aussehen deutet nicht auf Auslese aus einheimischen Wildreben.

Merkmale: Triebspitze weiß, wollig behaart. Blatt mittelgroß, deutlich fünflappig, hellgrün. Traube groß, geschultert. Beere groß, rund bis oval, grün bis gelblich mit braunen Punkten, dickschalig. Geschmack saftig, fruchtig, süßsauer.

Eigenschaften: Für alle guten Lagen Österreichs geeignet, ohne besondere Ansprüche. Winterfrostverträglich, wegen frühem Austrieb spätfrostgefährdet, Neigung zu Peronospora bzw. Rotem Brenner. Teils verrieselungsgefährdet.

Wein: Ähnlich dem Riesling in Deutschland, bringt die Sorte eine große Bandbreite der Qualität vom Landwein bis zur Spitzenqualität. Typisch sind spritzig würzige, pfeffrige Weine mit fruchtiger Säure, die als Schoppen oder zu Fisch und hellem Braten getrunken werden.

Früher Roter Veltliner

Rote Babotraube, Roter Malvasier (zahlreiche weitere Rebsorten werden als Malvasier bezeichnet), Roter Harthannisch, Frühroth, Prinschtraube, Feldinger, Roter Mährer, Italienischer Malvasiner, Malvoise du Po (Frankreich), Valtliner Rouge Précoce (Italien), Crvena Babovina (Kroatien).

Frühreifende rosa Tafel- und Keltersorte für Weißwein.

Verbreitung: Österreich (750 ha), Niederösterreich (630 ha), wenig in Südtirol, Savoyen und Schweiz, Deutschland als Früher Roter Malvasier (12 ha) in Rheinhessen.

Herkunft: Alte Rebsorte in Niederösterreich, früher als Eßtraube in Mitteleuropa verbreitet.

Merkmale: Triebspitze hellgrün, rötlich, wollig behaart. Blatt groß, deutlich fünflappig, dünn, hellgrün. Traube groß, lang, geschultert, dicht. Beere mittelgroß, rund bis oval, hellrot graublau beduftet, dickschalig Geschmack süß, würzig.

Eigenschaften: Frühe Reife und geringe Ansprüche an den Boden machen Sorte für alle Lagen Österreichs geeignet, begrenzend wirkt späte Holzreife wegen Winterfrostgefährdung.

Wein: Mit hohen Mostgewichten bringt die Sorte neutrale, wenig säurebetonte, extraktreiche Weißweine. Häufig für Verschnitt verwendet. Gerne als Schoppenwein getrunken.

Roter Veltliner

Rote Fleischtraube, Feldliner, Dreimänner, Roter, Rotmuskateller, Rauf-
ler, Rotreifler, Großer Traminer, Rau-
folica, Ranfolina (Steiermark), Crvena
valtelinka (Kroatien), Ryvola cervena
(Tschechien), Veltelini Piros (Ungarn).

Früher weit verbreitete rote Kelter-
und Tafeltraube.
Verbreitung: Österreich (310 ha), Niederösterreich, früher auch in Süd-
deutschland, Elsaß, Böhmen, Ungarn,
Kroatien.
Herkunft: Alte Sorte im südlichen Mitteleuropa.
Merkmale: Triebspitze rötlich, wollig
behaart. Blatt groß, sehr deutlich fünf-
flappig; Unterseite wollig. Traube groß
bis sehr groß, dicht. Beeren oval, ungleichmäßig reifend, fleischrot, Schale
dick. Der Geschmack ist knackig und
süß.
Eigenschaften: Starkwüchsig wegen
ungleichmäßiger Reife nicht für kühle

Lagen, empfindlich gegen Winterfrost
und Pilzkrankheiten. Neigt zur Verrieselung.
Wein: Auf kräftigen Böden und in
guten Lagen extraktreiche, fruchtige
Weine, auf zu leichten, steinigen Böden dagegen eher dünn.

Verdelho

Gouveio (Douro)

Die meistangebaute weiße Traube
Madeiras gilt auch als Synonym für
halbtrockene Madeiraweine.

Verbreitung: Wichtigste Qualitätssorte
auf Madeira, wird auch im Norden
Portugals in den Regionen Dão und
Douro, aber auch in Australien angebaut.

Herkunft: Stammt vermutlich aus
Nordportugal.

Merkmale: Triebspitze wollig, bronziert; Blatt mittelgroß, rund, dreilappig; Blattoberseite kahl, hellgrün;
Blattunterseite Haarbüschel in den
Nervenachseln; Stielbucht V-förmig,
überlappend. Traube klein, lockerbeerig, geschultert bis verzweigt. Beere
klein, oval, grünlich-gelb, dünnschalig,
angenehm fruchtiger Geschmack.

Eigenschaften: Starkwüchsig, mit buschiger Wuchsform, sehr anfällig gegen
Oidium, frostempfindlich, mäßig ertragreich, verträgt trockene, heiße
Standorte ohne das Säuregerüst zu
verlieren.

Wein: Durch die kräftige strohgelbe
Farbe und die hohen Alkoholgehalte
ist die Sorte besonders geeignet für die
Portweingewinnung. In Australien
werden charaktervolle Tafelweine mit
feinem Nußaroma gewonnen.

Verduzzo Friulano
Verduzzo Verde, Verduzzo Giallo,
Verduzzo di Ramandolo

Verbreitung: Im Friaul auf 2 226 ha.
Herkunft: Alte friulanische Sorte.
Merkmale: Triebspitze schwachwollig,
weiß; junges Blatt leicht behaart, bronziert; Blatt rund, mittelgroß, schwach
dreilappig, Stielbucht offen, V-förmig,
Blattoberseite glatt, Unterseite
schwach wollig, Blattrand gezähnt.
Traube mittel bis klein, pyramidenförmig, geschultert; Beere mittelgroß,
leicht elliptisch, grün bis goldgelb,
beduftet, Beerenschale hart.
Eigenschaften: Starkwüchsig, für nicht
zu fruchtbare, trockene Hügellagen,
gute, konstante Erträge.
Wein: Zwei Weintypen: In der Ebene
(Verduzzo Friulano) blaß gelbgrün,
trocken, leicht säurebetont mit frischen Apfel-, Birnen- und Nußaromen,
jung zu trinken. In den Hügellagen
(Verduzzo giallo) goldgelb, körperreich, oft mit Restsüße und Honignote.

Verduzzo Trevigiano

Verbreitung: Ebene um Treviso, an
den Ufern des Piave.
Herkunft: Mitte des letzten Jahrhunderts aus Sardinien.
Merkmale: Triebspitze grünlich weiß,
wollig, leicht bronziert, junges Blatt
hellgrün, bronziert, Unterseite wollig,
Blatt mittelgroß fünflappig, Stielbucht
U-förmig, weit geöffnet, Blattoberseite
hellgrün, glänzend, Blattunterseite
graugrün, starkwollig bis filzig, Nerven
an der Basis rötlich, Blattrand unregelmäßig gezahnt, Traube mittelgroß,
zylindrisch, geschultert, kompakt mit
langem Traubenstiel, Beere mittelgroß,
oval, gelbgrün, dünnschalig, saftig süß,
mit einfachem Geschmack.
Eigenschaften: Starkwüchsig, ertragreich, ertragssicher, bevorzugt die steinigen Böden des oberen Piave, wie
auch leichte Sandböden.
Wein: Strohfarben, blaß, trocken,
etwas bitter, tanninbetont, schlank mit
leicht fruchtigem Bukett.

Vermentino

Carbes, Carbesso, Garbesso, Malvoisie à Gros Grains, Malvoisie Corse, Rolle, Varlentin (Frankreich).

Verbreitung: In Frankreich wird sie im Midi und auf Korsika, in Italien überwiegend in Ligurien (Cinque Terre) und auf Sardinien angebaut, aber auch in Portugal und auf Madeira verbreitet.

Herkunft: Nach Galet soll es sich um eine Malvasier-Sorte handeln, die aus Madeira über Spanien nach Korsika gelangte. Von dort kam der Vermentino vermutlich im 14. Jahrhundert nach Ligurien.

Merkmale: Triebspitze starkwollig bis filzig, karminrot umrandet. Junges Blatt flaumig, gelblichgrün; Blatt mittelgroß, fünflappig, tief gebuchtet, Oberseite dunkelgrün, leicht blasig, Unterseite schwachwollig, Blattrand groß gezahnt, Stielbucht lyraförmig, überlappend. Traube groß, konisch, mittelkompakt. Beere mittelgroß, länglich, beduftet, dünnschalig, goldgelb, fruchtig, süß.

Eigenschaften: Starkwüchsig, gute, konstante Erträge, botrytisanfällig, sollte kurz angeschnitten werden, stellt keine besonderen Bodenansprüche.

Wein: Trocken, etwas bitter, mit leichtem Bukett, verfärbt sich schon nach kurzer Lagerung strohgelb. Guter Tischwein, nicht nur zum Essen.

Vernaccia di San Gimignano
Vernaccia

Verbreitung: Anbau erfolgt fast ausschließlich in der Umgebung von San Gimignano auf einer Fläche von ca. 400 ha.

Herkunft: Der Name soll aus dem lateinischen vernaculus, einheimisch, abgeleitet sein. Im Jahre 1278 erste urkundliche Erwähnung, laut Überlieferung soll der Kellermeister von Papst Paul III. diese Sorte besonders bevorzugt haben. Erst in den 20er Jahren dieses Jahrhunderts gewann sie wieder an Bedeutung.

Merkmale: Triebspitze stark wollig, weißlich silbrig, mit karminrotem Rand; junges Blatt hellgrün, schwach blasig, mit einigen Borstenhaaren; Blatt mittelgroß, dreilappig, Stielbucht V-förmig, offen, Blattoberseite tief dunkelgrün, matt, leicht gewellt, Blattunterseite hellgrün, beborstet, Blattrand unregelmäßig gezahnt; Traube groß, kompakt, pyramidenförmig, geschultert; Beere mittelgroß, diskusförmig, grüngelb bis bernsteinfarben, beduftet, dickschalig, von neutralem Geschmack.

Eigenschaften: Starkwüchsig, bringt hohe und konstante Erträge, Austriebs- und Blütezeitpunkt sind mittel, doch erfolgt die Reife erst spät, bevorzugt gute, tiefgründige Lagen.

Wein: Leuchtend strohgelb, trocken, alkoholreich, mit einem Bukett, das an Kräuter und Gewürze erinnert.

Villard Blanc
Seyve Villard 12.375

Größter kommerzieller Erfolg des Züchters Seyve-Villard.
Verbreitung: In Frankreich rückläufig (21 000 ha 1968, 2 776 ha 1988). In Brasilien bedeutend.
Herkunft: Saint-Vallier/Drôme, Frankreich. Kreuzung zwischen Seibel 6468 und Seibel 6905.
Merkmale: Triebspitze schwachwollig. Kleine Blätter sehr rot. Blätter glänzend, eben, dreilappig; Seitenbuchten flach eingeschnitten; Stielbucht lyrenförmig, weit offen; Zähne spitzbogig, lang; Unterseite unbehaart, Adern borstig. Traube groß, locker. Beeren länglich, goldgelb, fleischig.
Eigenschaften: Reife mittelspät. Sehr starkwüchsig. Ertragreich. Hohe Reblaustoleranz, kann in guten Böden wurzelecht gepflanzt werden. Gute Peronosporaresistenz, anfällig gegen Oidium.
Wein: Strohfarben, leicht, aromatisch, etwas bitter. Gut für Tafelwein.

Villard Noir
Seyve Villard 18.315

Verbreitung: In Frankreich meistangebauter Direktträger, zurückgehend.
Herkunft: Saint-Vallier, Südfrankreich. Züchter Seyve-Villard. Kreuzung von Seibel 5053 × Seibel 6905.
Merkmale: Triebspitze schwachwollig. Kleine Blätter unbehaart, schwach rötlich. Blätter kreisförmig bis nierenförmig, ganzrandig, nach innen gefaltet, sehr stark gewellt; Stielbucht V- oder lyrenförmig, meist geschlossen; Zähne gesägt; Unterseite schwach borstig. Trauben mittelgroß, kompakt. Beeren länglich, mittelgroß, blauschwarz. Geschmack krautig.
Eigenschaften: Reife mittelfrüh. Ertragssicher, um 80 hl/ha. Hohe Resistenz gegen Peronospora, mittlere Resistenz gegen Oidium und Botrytis.
Wein: Alkoholreich, dunkelrot, gerbsäurebetont, grasig. Sortenrein kaum anzutreffen. Für Tafel- oder Branntwein geeignet.

268

Viognier

Petit Vionnier, Viogne (Frankreich)

Erregt seit 10 Jahren weltweit Interesse.

Verbreitung: In Frankreich (300 ha 1992) in den Départements Rhône, Loire, Isère, Drôme, Ardèche (150 ha), Gard, Aude (20 ha) und Hérault. In USA in Kalifornien und Georgia. In Brasilien in Garibaldi.

Herkunft: Unbekannt. Seit langem an den Terrassen der Apellation „Côtes du Rhône", bei Condrieu, Vérin und Saint-Michel am rechten Flußufer der Rhône kultiviert.

Merkmale: Triebspitze weißwollig, Saum rot. Kleine Blätter wollig, bronziert. Blätter mittelgroß, kreisförmig, blasig, fünflappig; Seitenbuchten mitteltief eingeschnitten; Stielbucht U-förmig, offen. Zähne spitzbogig und gesägt; Unterseite mit Woll- und Borstenhaaren. Trauben mittelgroß, abgestumpft, kompakt. Beeren goldfarben, klein, rund bis länglich. Haut dick. Leichter Muskatgeschmack.

Eigenschaften: Austrieb früh, Reife mittelfrüh. Robust. Ertragssicher. Basalaugen wenig fruchtbar, langer Rebschnitt und hohe Pflanzdichte (4 000–5 000 Stock/ha) empfohlen. Ertrag zwischen 20 hl (Condrieu) und 60 hl (Ebene von Narbonne, Südfrankreich). Etwas widerstandsfähig gegen Oidium und Peronospora. Anfällig gegen Botrytis. Leidet unter Trockenheit. Windbruchgefährdet.

Wein: Tiefgolden. Aroma sehr komplex aus Mango, Aprikose, Honig, Weißdorn, Lindenblüten, Quitte, Lebkuchengewürz usw. Säure vorhanden. Vollmundig, ölig, lang anhaltend. Rarität, deshalb teuer. Wegen später Lese in Condrieu vor Winteranfang nicht durchgegoren. Im Frühjahr mit Restzucker abgefüllt, lieblich. Bei Weitergärung und 18monatiger Lagerung im Holzfaß trocken, weich, glyzerinreich. Nicht lagerfähig, maderisiert. Château-Grillet südlich von Condrieu milder, goldgelb. Gleichzeitig lieblich und trocken. Eleganz hält einige Jahre. Im AOC Côte Rôtie als Zusatz zum Syrah 20% Viognier-Anteil erlaubt.

Welschriesling

Wälschriesling, Riesling, Riesler, Rizling laski (Slowenien), Olasz riesling (Ungarn), Taljanska grasevina, Biela sladka (Kroatien), Riesling Italico (Italien), Riesling Italien (Rumänien), Italiansky Rizling (Bulgarien).

Verbreitete Weißweinsorte mit fruchtiger Säure.

Verbreitung: Vornehmlich Südosteuropa, Österreich (5150 ha), Ungarn (2000 ha), Rumänien, Bulgarien, Slowenien, Kroatien, Norditalien (2100 ha), Friaul, Lombardei, Südtirol.

Herkunft: Von Goethe 1887 wiedergegebener Weg Champagne–Heidelberg in die Steiermark nicht nachvollziehbar. Italien und Rumänien werden weiter genannt. Trotz des Namens keine Verwandtschaft mit Weißem Riesling.

Merkmale: Triebspitze hellgrün, weiß wollig, lange Ranken. Blatt mittelgroß, deutlich fünflappig, hellgrün, dünn, Blattrand, sehr spitz gesägt. Traube mittelgroß, walzenförmig, geteilt, dichtbeerig. Beere mittelgroß, rund, grüngelb bis honiggelb, punktiert, dünnschalig. Geschmack fruchtig, süß säuerlich.

Eigenschaften: Sehr späte Reife, verlangt daher gute Lagen. Kalkverträglichkeit, Winterfrosthärte, wenig Neigung zu Verrieselung und Pilzkrankheiten geben große Anbaubedeutung.

Wein: Bei Reife feine Würze, lange haltbar, unreife Weine sind dünn und säurebetont, meist Schoppen- und Landwein. Verwechslungsgefahr mit Weinen des Weißen Rieslings.

270

Blauer Wildbacher

Urwüchsige rote Rebsorte für den Schilcherwein der Steiermark.
Verbreitung: Österreich (480 ha), Weststeiermark (470 ha).
Herkunft: Alte Rebsorte der Steiermark. Name vielleicht vom Dorf Wildbach bei Deutschlandsberg abgeleitet. Die Formen Echter Blauer Wildbacher und Schlehenblättriger Wildbacher werden nicht mehr gepflanzt.
Merkmale: Triebspitze grün mit rötlich wolligem Anflug. Blatt mittelgroß, dreilappig, dunkelgrün, Blattrand kurz, stumpf gezähnt. Traube mittelgroß, dicht, geteilt. Beere mittelgroß, rund, dunkelblau, weiß beduftet, dünnschalig. Geschmack säuerlich-fruchtig.
Eigenschaften: Winterfrostverträglich, wegen frühem Austrieb spätfrostgefährdet. Neigung zu Pilzkrankheiten und Verrieselung begrenzen den Anbau.
Wein: Schilcher, hellrot, herb, rank mit markanter Frucht. Spezialität der Weststeiermark.

Witberger

Verbreitung: Nach dem Versuchsstadium vom Züchter zurückgezogen.
Herkunft: Fachgebiet Rebenzüchtung und Rebenveredlung der Forschungsanstalt Geisenheim. Kreuzung: Trollinger × Riesling aus dem Jahr 1928. Züchter: H. Birk.
Merkmale: Triebspitze starkwollig bis filzig, grünlich-weiß mit rötlichem Anflug; junges Blatt stark fünflappig, grob blasig; Blattoberseite wollig, bronziert; Blatt mittelgroß, fünflappig, Mittellappen eingeschnürt, Blattoberseite dunkelgrün, schwach bis blasig, kahl, Unterseite gelbgrün; Blattrand gezähnt; Stielbucht stark überlappend. Traube mittelgroß, konisch, geschultert, mittelkompakt. Beere mittelgroß, rund, beduftet, gelbgrün.
Eigenschaften: Starkwüchsig, geringe Geiztriebbildung, botrytisanfällig, Holzausreife gut, Reife spät.
Wein: Säurebetonter, neutraler Weißwein, auch zur Sektherstellung.

Würzer
Az 10487

Frühreifende weiße Bukettsorte.
Verbreitung: Deutschland (117 ha) vornehmlich in Rheinhessen.
Herkunft: 1932 von Georg Scheu an der Landesanstalt für Rebenzüchtung Alzey aus Gewürztraminer und Müller-Thurgau gekreuzt. Sortenschutz und Sortenliste 1978. Name nach würzigem Weingeschmack.
Merkmale: Triebspitze weißlich flaumig behaart. Blatt mittelgroß, drei- bis fünflappig, Oberseite blasig, Rand grob gezähnt. Traube mittelgroß, geschultert, locker. Beere mittelgroß, rund, gelb bis goldgelb. Geschmack saftig, süß, würzig, angenehm.
Eigenschaften: Allgemein wenig Probleme bereitende Sorte, allerdings winterfrostgefährdet, Wespenfraß möglich.
Wein: Frühe Reife ermöglicht volle Bukettweine, hochwertige Auslesen zu kräftigen Speisen, edelsüß als Aperitif oder zum Dessert.

Xarel-lo
Pansa Blanca, Xarelo

Verbreitung: In Spanien (Katalonien).
Herkunft: Alte Rebsorte Kataloniens.
Merkmale: Triebspitze stark weißwollig. Junge Blätter bronziert, Unterseite stark weißwollig. Ausgewachsenes Blatt fünfeckig, blasig, fünflappig. Seitenbuchten flach eingeschnitten. Stielbucht V-förmig, meist überlappend. Zähne gesägt, mittelgroß. Unterseite starke Wollbehaarung. Trieb grün mit roten Streifen. Traube klein, kompakt. Beere grüngelb, rund, mittelgroß. Geschmack neutral.
Eigenschaften: Austrieb früh. Reife mittelspät. Ertrag mittel. Empfindlich gegen Falschen Mehltau. Bevorzugt fruchtbare Böden.
Wein: Goldgelb, körper- und alkoholreich, kräftig, säurereich. Reifepotential auf der Flasche. Für Still- und Schaumwein Verschnitt mit Macabeo und Parellada.

272

Xynomavro

Mavro Naoussis, Niaoystino, Pipolka

Bringt die besten Weine Nordgriechen-
lands hervor.
Verbreitung: Nördliches Griechenland
(Makedonien und Thessalien).
Herkunft: Griechenland.
Merkmale: Triebspitze mittelstark
weißwollig. Junge Blätter gelbgrün;
Blatt feinblasig, ganzrandig. Stielbucht
V-förmig, knapp überlappt. Zähne
überwiegend gesägt. Unterseite
schwach wollig. Trieb Rückseite rot,
Bauchseite grün. Traube groß, kompakt, geschultert. Beere blaurot, mittelgroß, rund bis schwach länglich.
Eigenschaften: Reife sehr spät, reichtragend. Leidet unter Trockenstreß.
Wein: Säurereich (= xyno), schwarz (=
mavro), robust, haltbar. Weine leuchtend rot mit leicht violettem Schimmer, aromareich, weich. Rapsani
(Thessalien) tiefrot, weich, körperreich, elegant, tonfarben.

Roter Zierfandler

Spätrot, Rubiner, Gumpoldskircher,
Zerjavina (Kroatien).

Weiße Qualitätssorte Gumpoldskirchens.
Verbreitung: Österreich, Comer See.
Herkunft: Anfang 19. Jh. vermutlich
vom Comer See nach Niederösterreich, verdrängte den Heunisch.
Merkmale: Triebspitze leicht bronziert, kahl, sehr lange, drei- bis viertei-
lige Ranken. Blatt mittel bis groß, fünflappig, hellgrün. Traube groß, walzenförmig, sehr dicht. Beere mittelgroß,
rund, Sonnenseite hellrot, Vollreife
dunkelrot, dünnschalig.
Eigenschaften: Sehr spätreif, frostempfindlich, nur für gute Lagen, kalkverträglich, geringe Neigung zu Oidium,
anfällig gegen Stiellähme und Beerenbotrytis.
Wein: Hochwertig mit viel Extrakt,
fruchtiger Säure und feiner Blume.
Klassisch ist Verschnitt mit Rotgipfler.

Zalagyöngye

Egri csillagok 24, Perle von Zala

Widerstandsfähige, weiße Tafel- und Weintraube aus Ungarn.
Verbreitung: Ungarn (1 000 ha), Versuchsanbau.
Herkunft: 1957 von Jozef Csizmazia an der Versuchsstation für Weinbau und Kellerwirtschaft Eger, Ungarn, aus SV 12375 E.2 und Perle von Csaba gekreuzt.
Eigenschaften: Widerstandsfähigkeit gegen Frost und Pilzkrankheiten, Ertragssicherheit und hohe Mostgewichte erklären die starke Verbreitung in Ungarn. Von Jozef Csizmazia stammen die in der Sortenzüchtung befindlichen Neuzüchtungen:

Perlriesling

Riesling (Gm 239) × Perle von Csaba (Merengö 2, Nr. 171) trockenheits- und frostempfindliche Sorte für hochreife, weiße Bukettweine.

Bianca

SV 12375 (E.2) × Bouvier (Egri csillagok 40). Gegen Frost und Krankheiten wenig empfindliche weiße Sorte.

Agria

Gegen Frost und Pilzkrankheiten wenig empfindliche Rotweinsorte.

Nero

426/652545/B6.15 (Bild oben)

Resistente rote Tafeltraubensorte aus Ungarn.
Verbreitung: In Ungarn Versuchsanbau.
Herkunft: 1965 von Jozef Csizmazia in Eger, Ungarn, aus (Médoc Noir × Perle von Csaba) × (S. V. 12375 × Gárdonyi) gekreuzt.
Eigenschaften: Weitgehend gegen Krankheiten resistent, gute Frostfestigkeit. Wohlschmeckende Tafeltrauben. Für seine züchterischen Erfolge erhielt Jozef Csizmazia 1994 die Peter-Morio-Medaille.

Blaue Zimttraube

Kleinkölner, Kleinmilcher, Spätblaue, Krähentraube, Ticenska, Mala Modrina.

Alte Tafel- und Keltertraube der Steiermark und Kroatiens. Entspricht nicht dem Gänsfüßer oder Argant wie von Viala angenommen wird.
Eigenschaften: Starkwachsende, spätreifende Rebsorte mit dem Blauen Portugieser ähnlichen, aber lange lagerfähigen Trauben, mit würzigem Geschmack. Bringt Weine mittlerer Qualität.

Graue, rauchfarbige Zimttraube
Grautraubige Form der Blauen Zimttraube.

Blauer Zweigelt

Rotburger, Zweigeltrebe

Neue, rote Sorte für körperreiche Weine.
Verbreitung: Österreich (4 500 ha).
Herkunft: Von Fritz Zweigelt 1922 an der Höheren Bundeslehr- und Versuchsanstalt Klosterneuburg aus Blaufränkisch (Limberger) × St. Laurent gekreuzt. Name nach Züchter, bzw. den gegenüber dem Blauburger helleren Weinen.
Merkmale: Triebspitze bronziert, kahl. Blatt mittelgroß, dreilappig, stumpf gezähnt. Traube mittel bis groß, geschultert, dicht. Beere mittelgroß, oval, hartschalig, saftig.
Eigenschaften: Frühreif, frostverträglich, keine besonderen Ansprüche an Lage und Boden, wenig empfindlich gegen Pilzkrankheiten.
Wein: Bei zu hohem Ertrag hellrot, herbsauer. Reife Weine weinrot, kräftig, an St. Laurent erinnernd.

Sorten in Prüfung oder von nur regionaler Bedeutung

Aris

Carmina

Aris
Geilweilerhof Sbl. 2–19–58
Zurückgezogene, pilzresistente Weißweinsorte.
Herkunft: Reichsrebenzüchtung in Müncheberg, Mark Brandenburg. Züchter von B. Husfeld. Kreuzung von (Oberlin 716)F$_1$ × Riesling Weiß. Nach dem Zweiten Weltkrieg am Institut für Rebenzüchtung Geilweilerhof züchterisch weiterbearbeitet. Sortenschutz abgelaufen.
Merkmale: Triebspitze unbehaart, kleine Blätter bronziert. Blatt dunkelgrün, glänzend; drei- bis fünflappig; Seitenbuchten flach eingeschnitten; Zähne überwiegend gesägt; Borstenhaare auf den Blattrippen der Unterseite. Stielbucht U-förmig, offen. Traube klein; Beere rund, klein, grün.
Eigenschaften: Austrieb sehr früh, Reife früh. Starkwüchsig. Plasmopara-, Oidium- und Botrytisresistenz sehr hoch. Holzreife und Winterfrostfestigkeit sehr gut. Verrieselungsneigung, daher Ertrag niedrig, schwankend. Mit 100° Oechsle und 8 g/l Mostsäure qualitativ hochwertig.
Wein: Vollmundig, extraktreich. Rieslingtyp.

Siegfriedrebe
Aris und (Bild rechts oben) [Riesling × (Oberlin 595)F$_1$], ebenfalls von Prof. Husfeld gezüchtet, waren die ersten qualitativ guten, resistenten deutschen Neuzüchtungen.

Aurora

Aurore, Seibel 5279

Sehr frühreife Sorte, deshalb Aurore genannt.

Verbreitung: Im Osten der USA mit 800 ha meistangebaute Weißweinrebe neben Niagara. Auch in Kanada. In Frankreich kaum angebaut.

Herkunft: Aubenas, Ardèche Südfrankreich. Züchtung von A. Seibel durch Kreuzung von Seibel 788 × Seibel 29.

Merkmale: Triebspitze weißwollig, hellgrün. Kleine Blätter schwach behaart. Blätter abgestumpft keilförmig, matt, ganzrandig; Stielbucht lyrenförmig, offen. Zähne spitzbogig. Unterseite unbehaart, Adern borstig. Traube groß, walzenförmig, locker. Beeren goldgelb bis leicht pink, mittelgroß, rund. Fruchtfleisch weich und saftig. Hybridton.

Eigenschaften: Austrieb früh. Reife früh. Sehr starkwüchsig; ertragreich bei langem Rebschnitt. Abfallen der Beeren bei Vollreife. Gute Peronospora- und Oidiumresistenz. Anfällig gegen Black Rot. Geeignet für feucht kaltes Klima wie Nordost USA.

Wein: Leicht, fast neutral. Abgang grasig. Ergibt guten Saft.

Carmina

Geilweilerhof 4–26–4

Zurückgezogene Rotweinsorte des Instituts für Rebenzüchtung Geilweilerhof.

Abstammung: Portugieser × Spätburgunder. Wein kräftig, dunkelrot, zu säurebetont.

Castor

Geilweilerhof B–7–2

Pilzresistente, zurückgezogene Weißweinsorte des Instituts für Rebenzüchtung, Geilweilerhof.

Abstammung: (Oberlin 595) F1 × Foster's White Seedling.

Siegfriedrebe

Aurora

Castor

Comtessa

Diana

Completer

Malanstraube, Lindauer, Zürirebe, Lafnätscha.

Alte weiße Sorte aus Graubünden (Schweiz).

Verbreitung: Schweiz, Graubünden, Malans, als Besonderheit.

Merkmale: Triebspitze hellgrün, rötlich, wollig. Blatt stark fünflappig, Unterseite wollig behaart; Blattrand spitz gesägt mit braunen Knötchen an der Spitze. Traube groß, pyramidenform, geteilt. Beere mittelgroß, leicht oval, grau beduftet, punktiert, sonnenseits braunfleckig.

Eigenschaften: Die spätreife Sorte bringt extraktreiche, volle Weine.

Comtessa

Geilweilerhof 35–26–139

Zurückgezogene Weißweinsorte des Instituts für Rebenzüchtung Geilweilerhof. Züchter: P. Morio, B. Husfeld, G. Alleweldt.

Abstammung: (Madeleine Angevine × Traminer) F2. Beerenfarbe traminerrot. Wein traminerähnlich, verhaltenes Bukett, milde Säure.

Dalkauer

6 BI

Im Versuchsanbau befindliche weiße Neuzucht mit Veltlinerart. Beim Bundessortenamt von Georg Dalkowski, Bosenheim angemeldet. 1982 Sortenschutz und Sortenliste.

Herkunft: Nach 1945 von Görtz, Bosenheim vom Kaukasus nach Deutschland gebracht. Abstammung Riesling × Veltliner oder Riesling-Mutation werden vermutet. Nach dem früheren Verwalter des Weingutes Görtz als „Beutelrebe" in Nahegebiet versuchsweise verbreitet. Winterfrostverträglichkeit und später Austrieb machen die Sorte für frostgefährdete Lagen interessant. Späte Reife und hohe Säure stehen dem aber entgegen.

Diana

Geilweilerhof 30N–8–127

Zurückgezogene Weißweinsorte des Instituts für Rebenzüchtung Geilweilerhof. Züchter: P. Morio, B. Husfeld, G. Alleweldt.

Abstammung: Silvaner × Müller-Thurgau. Wein fruchtig, etwas herb im Abgang.

Dog Ridge

Eine Unterlagssorte, die wegen der nur mittleren Reblausfestigkeit und Kalktoleranz für europäische Weinbaugebiete ungeeignet ist. Aufgrund der hohen Resistenz gegen knöllchenbildende Nematoden und der hohen Wüchsigkeit eignen sich diese und verwandte Unterlagen wie Ramsey, Salt Creek, Freedom und Harmony jedoch hervorragend für die Sandböden kalifornischer und australischer Weinbaugebiete. Das starke Kaliumaneignungsvermögen dieser und

Ehrenbreitsteiner

verwandter Unterlagssorten kann jedoch die Weinqualität negativ beeinflussen, weshalb sie vor allem bei Tafeltrauben und Rosinensorten verwendet werden.

Herkunft: Von dem bedeutenden amerikanischen Rebsortenkundler Munson in den Dog Ridge Montains (= Hunderückenbergen) des Bell County (Texas) gefunden. Diese und eine Reihe ähnlicher Formen wurden von Planchon als *Vitis champinii* bezeichnet. Ob es sich hierbei um eine eigenständige Art oder natürliche Kreuzungen zwischen *V. rupestris*, *V. candicans* und *V. berlandieri* handelt, ist umstritten.

Merkmale: Filzig weiß behaarte Triebspitze mit rosa Rändern. Junge Blätter gelb-grün oben flaumig, unten filzig behaart. Ausgewachsenes Blatt ungeteilt, rund, dickfleischig, glänzend mit Büscheln von Wollhaaren zwischen den Adern und spinnwebartig behaarten Adern und Blattstielen; Blattrand gewellt, Blattzähne fast flach. Blattstiel purpurn. Weibliche Blüte; kleine Trau-

Fitzrebe

279

Fontanara

Forta

ben mit mittelgroßen schwarzen, fleischigen, sehr farbstoffhaltigen Beeren.

Eigenschaften: Extrem wüchsige Unterlage mit nur mittlerer Reblaus- und Kalktoleranz. Schwierig zu bewurzeln und zu veredeln.

Wein: Die Trauben sind zwar extrem farbstoffhaltig, werden aber wegen der sehr geringen Weinqualität nicht zu Wein verarbeitet.

Edelsteiner

Im Versuchsanbau befindliche weiße Neuzüchtung von Viktor Weiß, Müllheim aus Smderevka × Bouvier, die den Müller-Thurgau an Ertrag, Mostgewicht und Säure übertreffen soll.

Ehrenbreitsteiner

Gm 6414–36 (Foto Seite 279)
Benannt nach der Festung Ehrenbreitstein bei Koblenz.

Verbreitung: Steht zur Zeit in einigen Versuchsanlagen in den Anbaugebieten Rheingau, Mittelrhein, Mosel, Rheinhessen und Pfalz.

Herkunft: Fachgebiet Rebenzüchtung und Rebenveredlung der Forschungsanstalt Geisenheim. Kreuzung: Ehrenfelser × Reichensteiner aus dem Jahr 1964. Züchter: H. Becker. Sortenschutz wurde 1993 erteilt.

Merkmale: Triebspitze schwachwollig, grün; junges Blatt fünflappig, stark gebuchtet, schwach behaart, glatt, grün. Blatt mittelgroß, fünflappig, stark gebuchtet; Blattoberfläche dunkelgrün, blasig, kahl; Unterseite matt, Blattnerven beborstet, Blattrand gesägt; Stielbucht V-förmig überlappend. Traube groß, konisch, geschultert, kompakt. Beere mittelgroß, oval, gelbgrün, festes Beerenfleisch.

Eigenschaften: Wuchs mittelstark, aufrecht, geringe Geiztriebbildung. Die sehr hohe Blütefestigkeit bedingt gleichmäßige Erträge auf Müller-Thurgau Niveau. Ansprüche an Boden und Lage gering.

Wein: Rassig mit betonter Säure, feinfruchtig, harmonisch, in manchen Jahren etwas flach.

Fitzrebe, Moseltraube (Pfalz)
(Foto Seite 279)
Vermutlich Sämling von Fitz in Ellerstadt Pfalz. Wegen ihrer ovalen, grünen Beeren als Kuriosität in alten Gärten um Bad Dürkheim gepflanzt. Ohne Anbauwert.

Fontanara
Wü B 51–4–10
Im Versuchsanbau befindliche weiße Neuzüchtung.
Herkunft: 1951 an der Bayerischen Landesanstalt für Weinbau und Gartenbau Würzburg von Hans Breider aus Rieslaner (Silvaner × Riesling) × Müller-Thurgau gekreuzt. Sortenschutz 1979, Sortenliste 1980. Name nach dem Weingeschmack „Frische Quelle".
Eigenschaften: Die mittelhohen Erträge und Mostgewichte bringende Sorte bringt feinruchtig rassige Weine, die an Riesling erinnern.
Merkmale: Triebspitze wenig behaart. Blatt mittelgroß, fünflappig. Traube mittelgroß, dichtbeerig. Beere mittelgroß, rund, grüngelb. Reife früh bis mittel. Geschmack süß bis säuerlich.

Forta
Geilweilerhof 31–15–100
Zurückgezogene Weißweinsorte des Instituts für Rebenzüchtung Geilweilerhof. Züchter: P. Morio, B. Husfeld.
Abstammung: (Madeleine Angevine × Silvaner) F2. Wein neutral, reife Säure. Rieslingähnlich.

Gloria
Geilweilerhof 30N–9–130
Zurückgezogene Weißweinsorte des Instituts für Rebenzüchtung Geilweilerhof. Züchter: P. Morio, B. Husfeld.
Abstammung: Silvaner × Müller-Thurgau. Wein neutral bis blumig, säurearm.

Gloria

Grando

Muscabona

Gutenborner

Hegel

282

Grando

Wü B 55–8–59 (Foto Seite 281)

Herkunft: 1955 von Hans Breider an der Bayerischen Landesanstalt für Weinbau und Gartenbau Würzburg aus (Riesling × Silvaner) × Müller-Thurgau. Anmeldung beim BSA zurückgezogen.

Gutenborner

Verbreitung: Gelangte nicht über das Versuchsstadium hinaus. Steht noch in einigen Versuchsanlagen.

Herkunft: Fachgebiet Rebenzüchtung und Rebenveredlung der Forschungsanstalt Geisenheim. Kreuzung: Müller-Thurgau × Chasselas Napoleon aus dem Jahr 1928. Züchter: H. Birk. Erlangte 1981 Sortenschutz.

Merkmale: Triebspitze schwachwollig, gelblich-grün, rötlich überlaufen; junges Blatt stark bronziert, kahl; Blattoberseite dunkelgrün, glatt, Unterseite hellgrün, mittelstarke Borstenbehaarung; Blattrand gezähnt; Stielbucht V-förmig, geschlossen bis sich überlappend. Traube mittelgroß, konisch, oft geschultert, lockerbeerig. Beere mittelgroß, rund, stark beduftet, dickschalig, gelblich-grün.

Eigenschaften: Benötigt frostgeschützte Lagen und Böden mit guter Wasserführung, liefert bei guten Mostgewichten ungleichmäßige Erträge.

Wein: Oft zu neutral.

Hegel

We S 342

Rotweinsorte für fruchtig-reife Weine. Benannt nach dem Philosophen Georg Wilhelm Friedrich Hegel (1770–1831).

Verbreitung: Versuchsanbau in deutschen Rotweingebieten.

Herkunft: August Herold (1902–1973) kreuzte die Sorte 1955 aus Helfensteiner (Frühburgunder × Trollinger) × Heroldrebe (Portugieser × Limberger).

Merkmale und Eigenschaften: Die Sorte ist gegenüber dem aus dem gleichen Zuchtstamm stammenden Dornfelder später im Austrieb, etwas schwächer im Wuchs. Die Weine sind dunkelrot, feinfruchtig und vollmundig.

Helfensteiner
We S 5332
Für Württemberg klassifizierte, starkwachsende rote Neuzüchtung.
Verbreitung: Vornehmlich Württemberg.
Herkunft: 1931 von August Herold an der Staatlichen Lehr- und Versuchsanstalt Weinsberg aus Frühburgunder und Trollinger gekreuzt. Sortenschutz und Sortenliste 1960.
Eigenschaften: Verrieselungs- und kalkempfindliche, gegen Pilzkrankheiten wenig anfällige Rebsorte, bringt feinfruchtigen Rotwein.

Hölder
We S 397
Im Versuchsanbau befindliche robuste Weißweinsorte.

Helfensteiner

Herkunft: 1955 von August Herold an der Staatlichen Lehr- und Versuchsanstalt Weinsberg aus Riesling und Ruländer gekreuzt. Sortenschutz, Sortenliste 1987. Nach dem in Lauffen geborenen Dichter Friedrich Hölderlin (1770–1843) benannt.
Merkmale: Blatt mittelgroß, fünflappig, Traube groß, länglich, geschultert. Beeren mittelgroß, gelbgrün.
Eigenschaften: Aufrecht wachsende, robuste Sorte für fruchtige, rassige bis kräftige Weine.

Juwel
We S 378 (Foto Seite 284)
Im Versuchsanbau (55 ha) befindliche robuste Sorte für hochreife Weine.
Herkunft: 1951 von August Herold an der Lehr- und Versuchsanstalt Weinsberg aus Kerner × Silvaner gekreuzt. Sortenschutz und Sortenliste 1987.
Eigenschaften: Robuste, an Kerner erinnernde, starkwachsende und ertrags-

Hölder

Juwel

Kernling

sichere Sorte mit hohen Mostgewichten, bringt kräftige, körperreiche Weine.

Kernling
13 A 80
Im Versuchsanbau befindliche rottraubige Mutation aus Kerner. Von Ludwig
Hochdörfer, Nußdorf, 1974 entdeckt,
1982 Sortenschutz und 1987 in Sortenliste angemeldet. Ähnlich Kerner ertragssicher, höhere Mostgewichte, kräftiger, aber im Vergleich zu Kerner
weniger fruchtiger Wein.

Montagna
Wu B 51–4–5
Mittelfrüh reifende Neuzucht für
Weißweine mit lebhafter Säure.
Herkunft: 1951 von Hans Breider an
der Bayerischen Landesanstalt für
Weinbau und Gartenbau Würzburg
aus Rieslaner (Silvaner × Riesling) ×
Müller-Thurgau gekreuzt. Name: „auf
dem Fels geborene". Anmeldung bei
BSA zurückgezogen.

Muscabona
Wü B 48–10–2 (Foto Seite 281)
Herkunft: 1948 von Hans Breider an
der Bayerischen Landesanstalt für
Weinbau und Gartenbau Würzburg aus
Siegerrebe × Müller-Thurgau gekreuzt.
Anmeldung bei BSA zurückgezogen.

Noblessa
Geilweilerhof 32–16–74
Zurückgezogene Weißweinsorte des
Instituts für Rebenzüchtung Geilweiler-
hof. Züchter: P. Morio, B. Husfeld.
Abstammung: (Madeleine Angevine ×
Silvaner) F2. Wein lebhaft fruchtig,
reife Säure.

Weißer Olwer
Hartolwer
Früher im Elsaß verbreitete minderwer-
tige Massensorte.

Osiris

Wü B 51–8–28 (Foto Seite 289)
Frühreifende Neuzucht für rassige Weißweine.

Herkunft: 1951 von Hans Breider an der Bayerischen Landesanstalt für Weinbau und Gartenbau Würzburg aus Rieslaner (Silvaner × Riesling) × Silvaner gekreuzt. Anmeldung beim BSA ist zurückgezogen.

Pollux

Geilweilerhof B–6–18
Zurückgezogene pilzresistente Sorte mit guten Qualitätseigenschaften.

Verbreitung: In Kanada, Ontario. In Deutschland nicht klassifiziert.

Herkunft: Züchtung von B. Husfeld und G. Alleweldt, Institut für Rebenzüchtung, Geilweilerhof. Kreuzung von (*Vitis riparia* × Gamay Noir) F_2 × Foster's White Seedling. Sortenschutz 1982.

Merkmale: Blätter fünfeckig, ganzrandig bis dreilappig; obere Seitenbucht mäßig eingeschnitten; Stielbucht U-förmig, weit offen, an der Basis breit, teilweise freiliegende Rippen; Zähne gesägt; Unterseite Borstenhaare an Hauptrippen. Traube mittelgroß, locker- bis dichtbeerig. Beere mittelgroß, rund, gelbgrün.

Eigenschaften: Reife spät. Sehr starkwüchsig. Holzreife und Winterfrostfestigkeit sehr gut. Ertrag bei 160 hl/ha, 75 °Oechsle. Hohe Mostsäure. Hohe Peronospora-, Botrytis- und Stiellähmeresistenz. Mittlere Oidiumresistenz. Bei hohem Oidiumdruck 1–2 Schwefelbehandlungen notwendig. Reblausfestigkeit mittel, Blattgallenbildung möglich. Bevorzugt klimatisch günstige Lagen, tiefgründigen, humosen Boden. Wegen hoher Säure späte Lese empfohlen.

Wein: Kräftig, neutral, extraktreich, mit frischer Säure. Erlangt seine volle Reife erst nach längerer Flaschenlagerung.

Montagna

Pollux

Putzscheere

Putzscheere

Butschera, Weißer Tokayer, Thalburger, Ungar, Perlentraube, Sauerlamper (Elsaß), Großer Tokayer (Österreich), Gyöngyszölö (Ungarn).

Aus dem Anbau in Deutschland verschwundene, alte Massensorte.

Herkunft: In der zweiten Hälfte des 18. Jhs. von Ungarn (Hegyalja) über Niederösterreich nach Baden, Württemberg und ins Elsaß verbreitet.

Eigenschaften: Starkwüchsige, widerstandsfähige, sehr reich tragende, spätreifende, weiße Rebsorte. Wegen dünnem, wäßrigem Wein bei Einführung des sortenreinen Anbaus verschwunden.

Rabaner

Gm 22–73

Name von Hrabanus Maurus abgeleitet, der 856 in Winkel im Rheingau starb. Er war Schüler des hl. Benedikt, berühmter Gelehrter und Erzbischof von Mainz.

Verbreitung: Nur noch einige Rebstöcke, da vom Züchter nicht weiter verfolgt.

Herkunft: Fachgebiet Rebenzüchtung und Rebenveredlung der Forschungsanstalt Geisenheim. Kreuzung: Riesling Klon 88 × Riesling Klon 64 aus dem Jahr 1939. Züchter: H. Birk.

Merkmale: Triebspitze weißlich behaart mit rotem Anflug; Blatt drei- bis fünflappig, tief gebuchtet, Blattrand gesägt; Stielbucht V-förmig. Traube groß, länglich, eher lockerbeerig, selten geschultert. Beeren rund, dünnschalig, grüngelb bis goldgelb.

Eigenschaften: Mittel- bis starkwüchsig, geringe Geiztriebbildung, Lageansprüche gering, verträgt allerdings keine Kalkböden, nach guten Ertragsjahren sehr frostempfindlich, benötigt Standorte mit guter Wasserversorgung.

Wein: Mild, neutral mit wenig Frucht, gefälliger Trinkwein, in guten Jahren fehlt es an der belebenden Säure.

Rabaner

Senator

Im Versuchsanbau befindliche weiße Sorte, die von August Lerch, Langenlonsheim, in einem Silvanerweinberg gefunden wurde. Der Annahme einer Mutation aus Silvaner steht der völlig verschiedene Habitus des Senators entgegen. Er bringt bei niedrigem Ertrag hohe Mostgewichte. (Foto Seite 289)

Siegerrebe

Az 7957, Sieger

Sehr frühreifende Sorte für meist edelsüße Muskatweine.

Verbreitung: Deutschland, besonders in Rheinhessen und Pfalz.

Herkunft: 1929 von Georg Scheu an der Landesanstalt für Rebenzüchtung Alzey aus Samen der weiblichen Sorte Madeleine Angevine gezogen. Vater vermutlich Gewürztraminer.

Merkmale: Triebspitze dichtwollig, filzig, weißgrün bis rötlich. Blatt mittelgroß, drei- bis schwach fünflappig; Traube mittelgroß, breit geschultert. Beere mittelgroß bis groß, rund, rosa bis rot. Geschmack saftig-süß, deutliches Muskataroma, wohlschmeckend.

Eigenschaften: Kalkempfindlich, Verrieselungsneigung. Sehr frühe Reife ermöglicht bei später Lese hochreife, edelsüße Muskatweine als Aperitif, zu Käse oder Dessert.

Silcher

We S 377

Im Versuchsausbau befindliche weiße Sorte für neutrale, kräftige Weine.

Herkunft: 1951 von August Herold an der Staatlichen Lehr- und Versuchsanstalt Weinsberg aus Kerner und Silvaner gekreuzt. 1990 für Sortenschutz und Sortenliste angemeldet.

Eigenschaften: An Silvaner erinnernd, Sorte wächst aufrecht, neigt nicht zur Verrieselung und besitzt eine bessere Holzreife und Frostfestigkeit als Silvaner.

Wein: Bei mittlerer Reifezeit höhere Mostgewichte und Säure als Silvaner.

Siegerrebe

Silcher

Sirius

Sirius

Geilweilerhof Ga–51–27

Pilzresistente Sorte mit guten Qualitätseigenschaften.

Verbreitung: In Deutschland im Anbauversuch; Etwa 30 Versuchsanlagen
auf 2 ha (1997).

Herkunft: Züchtung von G. Alleweldt,
Institut für Rebenzüchtung, Geilweilerhof. Kreuzung von Bacchus × Villard
Blanc. Anmeldung für Sortenschutz
1984, für Sortenliste 1985.

Merkmale: Triebspitze weißwollig.
Kleine Blätter bronziert, schwachwollig. Blätter dreilappig; obere Seitenbucht mitteltief eingeschnitten; Stielbucht lyrenförmig, offen, manchmal an
der Basis durch Rippen begrenzt; Oberfläche glatt; Unterseite unbehaart; Zähne überwiegend gesägt. Traube groß,
geschultert. Beeren groß, rund gelbgrün.

Eigenschaften: Austrieb mittelspät,
Reife mittelfrüh. Starkwüchsig, daher
schwachwüchsige Unterlage (SO 4)
vorzuziehen. Holzreife gut, Winterfrostfestigkeit hoch. Ertragreich (150
hl/ha), mit 65–70 °Oechsle. Plasmopa-
raresistenz sehr hoch. Oidium- und Botrytisresistenz hoch. Pilzbekämpfung
nicht notwendig. Stiellähmegefährdet.
Reblausresistenz des Blattes mit Vinifera-Sorten vergleichbar, an der Wurzel
anfällig. Bessere Lagen erforderlich.

Wein: Kräftig, fruchtig. Rieslingtyp.

Sissi

Wü B 48–13–56

Mittel reifende Neuzucht für kräftige
Weißweine.

Herkunft: 1948 von Hans Breider an
der Bayerischen Landesanstalt für
Weinbau und Gartenbau Würzburg aus
Silvaner × Siegerrebe gekreuzt. Name:
nach der Kaiserin Elisabeth von Österreich (1837–1898). Anmeldung beim
BSA zurückgezogen.

Staufer

Staufer

Geilweilerhof Ga–54–14

Pilzresistente Sorte mit guten Qualitätseigenschaften.

Verbreitung: In Deutschland im Anbauversuch; etwa 40 Versuchsanlagen
auf etwa 40 ha (1997).

Herkunft: Züchtung von G. Alleweldt,
Institut für Rebenzüchtung, Geilweilerhof. Kreuzung von Bacchus × Villard
Blanc. Anmeldung für Sortenschutz
1984, für Sortenliste 1985.

Merkmale: Triebspitze weißwollig.
Kleine Blätter wollig, stellenweise bronziert; Blätter dreilappig, Seitenbuchten
mäßig eingeschnitten; Stielbucht U-förmig, offen; Oberfläche glatt; Unterseite
schwachwollig; Zähne gesägt und spitzbogig. Traube mittelgroß bis groß,
locker- bis dichtbeerig. Beeren mittelgroß bis groß, schwach oval, gelbgrün.

Eigenschaften: Austrieb mittelspät.
Reife mittelspät bis spät. Wuchs mittelstark. Holzreife und Winterfrostfestigkeit mittel. Mit bis zu 4 Trauben je
Trieb, sehr fruchtbar, deshalb kurzer
Anschnitt empfohlen. Ertrag 120 hl/ha,
Mostgewicht 70–80 °Oechsle, hohe
Mostsäure. Wegen mittlerer Wüchsigkeit ist starkwüchsige Unterlage (z. B.
Kober 5BB) vorzuziehen, aber nicht bei
tiefgründigen Böden. Für mittlere bis
gute Lagen geeignet. Plasmopararesi-
stenz sehr hoch. Oidium- und Botrytisresistenz gut. Pilzbekämpfung nicht
notwendig. Edelfäule kann auftreten.
Reblausresistenz des Blattes mit Vinifera-Sorten vergleichbar, an der Wurzel
anfällig. Bei fortschreitender Reife Los-
lösung der Beeren vom Stielgerüst.

Wein: Kräftig, neutral bis fruchtig. Sil-
vanertyp.

Noblessa

Osiris

Senator

Sulmer
We S 351

Im Versuchsanbau befindliche rote Sorte mit an Limberger erinnerndem Wein.

Herkunft: 1955 von August Herold an der Staatlichen Lehr- und Versuchsanstalt Weinsberg aus Limberger und Schwarzelbling gekreuzt. Sortenschutz 1985.

Eigenschaften: Früher Austrieb (Spätfrostgefahr) und späte Reife erfordern gute Lagen. Bringt dort kräftige Weine vom Limbergertyp.

Sulmer

Tamara
Wü B 48–21–8

Herkunft: 1948 von Hans Breider an der Bayerischen Landesanstalt für Weinbau und Gartenbau in Würzburg aus Müller-Thurgau × Siegerrebe gekreuzt. Anmeldung bei BSA zurückgezogen.

Thurling
Az 4612, Aurea

Aus dem Versuchsanbau genommene weiße Neuzucht.

Herkunft: 1928 von Georg Scheu an der Landesanstalt für Rebenzüchtung Alzey aus Müller-Thurgau und Riesling gekreuzt.

Merkmale: Locker aufrecht wachsend. Triebspitze leicht wollig behaart. Blatt klein bis mittelgroß, stark fünflappig, gewellt. Traube klein, dichtbeerig, leicht geschultert. Beere klein, rund, grün bis goldgelb. Geschmack saftig, neutral.

Eigenschaften: Im Weinberg problemlose, schwachwüchsige Sorte, den Eltern ähnlich, ohne die hohen Lageansprüche des Rieslings.

Wein: Rassiger als Müller-Thurgau, fruchtig bis rieslingartig.

Thurling

Wanner
Abondant Blanc
Sehr reichtragende weiße Sorte.
Verbreitung: Frankreich, Lothringen, Elsaß.
Herkunft: Kreuzung von Alexander Wanner in Laquenexy, Lothringen aus Steinschiller × Weißburgunder.
Eigenschaften: Starkwüchsige, an Silvaner erinnernde Sorte mit zahlreichen walzenförmigen grünen Trauben.
Wein: Neutral, dünn.

Zähringer
Fr. 3–39
Im Versuchsanbau befindliche weiße Neuzüchtung.
Herkunft: 1939 von Johann Zimmermann am Staatlichen Weinbauinstitut Freiburg aus Traminer und Riesling gekreuzt. Sortenschutz 1968, Eintragung zurückgezogen.
Eigenschaften: Die im Anbau robuste Sorte fand wegen später Reife und hoher Säure kein größeres Interesse.

Wanner

Zähringer

Weinlandschaften der Erde

Die klimatischen Ansprüche der Rebe

„Er war der erste, der einen Weinberg anlegte." So beschreibt das Buch der Bücher die Inkulturnahme der Rebe (Genesis 9, 20). Die Rede ist von Noah, nachdem er mit seiner Arche am Berg Ararat gestrandet war. Diese lyrisch kurze Darstellung beschreibt recht genau, wo unsere Kulturreben herstammen und wo sie folglich auch die für sie günstigsten Bedingungen vorfinden. Das subtropische Klima und die Bodenverhältnisse dieses Gebietes zwischen dem Kaukasus und Afghanistan sind für die Rebe am vorteilhaftesten. Überall auf der Welt, wo ein ähnliches subtropisches Klima herrscht, ist Weinbau möglich und wird er meist auch betrieben.

Die Rebgürtel der Erde

Die klassischen Rebstandorte liegen zwischen dem 25. und 45. Breitengrad und weisen im Idealfall Mittelmeer-Klima auf. Bei Wintertemperaturen unter –15 °C bis – 20 °C beginnen Reben zu erfrieren. Deshalb stellt der 45. Breitengrad im kontinentalen Ostasien auch eine absolute Grenze des Anbaus dar, während im golfstrom umfluteten, maritimen Europa Weinbau bis 50° nördlicher Breite, an einigen Stellen sogar bis 52°, betrieben werden kann (Sachsen, England). Auch in Nordamerika stellt der 45. Breitenkreis eine Grenze dar, die der Weinbau wegen der Frostempfindlichkeit der Rebe nur in Ausnahmefällen überschreitet. Frostharte Wildreben wie die nordamerikanische *Vitis*

riparia oder die asiatische *Vitis amurensis* sind an extrem niedrige Wintertemperaturen weit besser angepaßt und kommen deshalb noch weiter im Norden vor. Diese beiden Arten können Winterfröste von unter –40 °C noch unbeschadet überstehen.

Auf der Südhalbkugel überschreitet der Weinbau den 40. Breitengrad kaum. Dies liegt weniger am Klima und weit mehr daran, daß südlich dieses Breitenkreises kaum Landmassen vorhanden sind. So erreicht weder der afrikanische noch der australische Kontinent den 40. Breitengrad. In Neuseeland und auf der Insel Tasmanien wird Wein auch noch südlich dieses Breitengrades angebaut.

Der Sonne zugeneigt

Soll Weinbau nördlich des 45. Breitengrads betrieben werden, dürfen nicht nur die Wintertemperaturen beachtet werden. Hier werden, je weiter man sich vom 45. Breitengrad nach Norden entfernt, mikroklimatische Einflußfaktoren immer wichtiger für einen erfolgreichen Weinbau. Schließlich reicht es keineswegs, daß Reben den Winter überstehen, sie sollen auch noch reife Trauben produzieren. Hierfür benötigen sie in der Vegetationszeit mindestens 1 250 Sonnenscheinstunden, eine frostfreie Zeit von mindestens 180 Tagen und eine Durchschnittstemperatur von mindestens 8 °C, besser 9 °C oder 10 °C. Solch günstige Bedingungen findet man bei 50° nördlicher Breite nur noch an den nach Süden geneigten Hängen geschützter Flußtäler, z. B. des Rheins und seiner Nebenflüsse oder

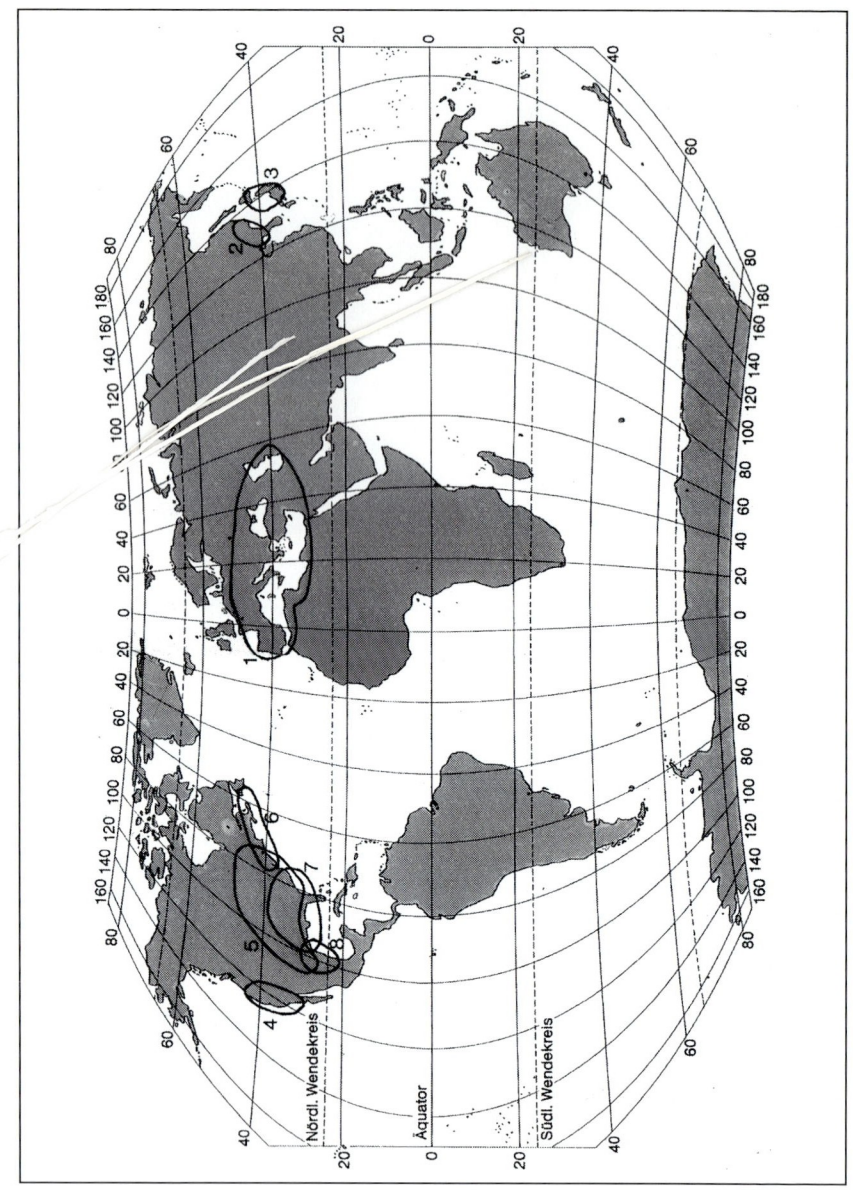

Die natürliche Verbreitung der wichtigsten Rebenarten auf der Erde
1. Vitis vinifera; 2. Vitis amurensis; 3. Vitis coignetiae; 4. Vitis californica; 5. Vitis riparia;
6. Vitis labrusca; 7. Vitis rupestris; 8. Vitis berlandieri.

Rebenreihe in der Toskana (Italien)

den steilen Südufern großer Seen wie des Okanagan Lakes in British Columbia (Kanada). Doch selbst die Wirkung solcher geographischer Faktoren reicht nördlich des 52. Breitengrades nicht mehr, so daß wir hier auf die absolute Grenze des Weinbaus treffen. Zwar gibt es Enthusiasten, die Weinstöcke auch noch nördlich dieser Barriere, wie in Norwegen oder Finnland, pflanzen. Die Ergebnisse sind allerdings wenig überzeugend und von einem Anbau kann nicht gesprochen werden.

Manche mögens eben heiß

Es muß schon sehr heiß werden, bevor es der Rebe zu heiß wird. Temperaturen von 40 °C im Schatten machen einer subtropischen Pflanze wie ihr noch lange nichts aus. Erst Temperaturen oberhalb von 45 °C (im Schatten) führen bei unzureichender Wasserversorgung zu Hitzeschäden. Als erstes

werden immer die Beeren geschädigt. Ihnen fehlt weitgehend die Möglichkeit, sich durch Wasserabgabe Kühlung zu verschaffen. Wenn sie der direkten Sonne ausgesetzt sind, bekommen sie deshalb einen regelrechten Sonnenbrand. Ansätze hierzu können in Extremjahren auch bei uns beobachtet werden.

Etwas Wasser braucht man schon, wenn der Wein gut werden soll

Reben können mit sehr wenig Wasser auskommen. Wenn es günstig über die Vegetationszeit verteilt ist, reichen im gemäßigten Klima sogar schon 300 mm. Unter subtropischen Bedingungen sind dagegen 500 mm das absolute Minimum für eine wirtschaftliche Traubenproduktion, genauso aber auch für eine gute Qualität. Fehlendes Wasser reduziert nämlich nicht nur die Erntemenge, sondern auch den Zuckergehalt der Trauben. Steht keine ausreichende Niederschlagsmenge zur Verfügung oder fällt der Regen unregelmäßig und

Steillagen im Wallis, Sion, Schweiz

Blattadern gelb (chlorotisch) und assimilieren weniger Kohlendioxid; die Trauben verrieseln oft und entwickeln sich nur ungenügend.

Gelegentlich geht's hoch hinaus – der Bergweinbau

Während Südhänge und geschützte Täler die Gunst des Standorts verbessern, verschlechtert die Höhenlage sie entscheidend. So nimmt je 100 Höhenmeter die durchschnittliche Jahrestemperatur um 0,6–0,7 °C ab. In Höhen von 1 000 m trifft man deshalb in unseren Breiten den Weinbau nur noch in einigen Enklaven im Aostatal und im Wallis. In äquatornäheren Zonen, wie im brasilianischen Bundesstaat Santa Catarina dagegen, werden Reben auch noch über 2 000 m, in Bolivien sogar auf 3 200 m Höhe angebaut.

Weinbau unter Palmen? Der tropische Weinbau

Die tropische Zone erstreckt sich zwischen den beiden Wendekreisen der Sonne. Im Gegensatz zu den anderen Klimazonen der Erde gibt es in den Tropen keinen richtigen Winter. Die Jahreszeiten sind statt dessen durch den Wechsel zwischen Trockenheit und Regen gekennzeichnet. Die typischsten Pflanzen dieser Zone sind zweifellos die Palmen.

Aufgrund ihrer Wärmeansprüche sollte die Rebe hervorragend für tropische Gebiete geeignet sein. Dies ist jedoch aus verschiedenen Gründen nicht der Fall: Einerseits leiden Reben unter der schwül-warmen Witterung der Regenzeit. Anderseits brauchen ihre Knospen eine winterliche Ruheperiode mit niedrigen Temperaturen bevor sie austreiben können. Fehlen solche Bedingungen, wachsen die Triebe an den Spitzen immer weiter, die basalen Knospen treiben jedoch nicht aus und

hauptsächlich im Winter, wie in Australien oder Kalifornien, so muß bewässert werden, sonst wird es unter diesen Bedingungen selbst der Rebe zu heiß. Außer einer erheblichen Qualitätseinbuße kann es dann sogar zum Verdorren der Pflanzen kommen. Da die europäischen Weinbaugebiete meist ausreichende Niederschlagsmengen erhalten, ist Bewässerung nur zur Sicherung der Qualität in Steillagen zugelassen.

Zu viel Wasser verträgt die Rebe jedoch nicht. Niederschlagsmengen von 1 000 mm und mehr pro Jahr wie in der Schweiz und Deutschland führen meist zu verstärkten Pilzkrankheiten an Blättern und Trauben. Zu viel Wasser im Boden, stauende Nässe, verträgt die Rebe überhaupt nicht. Als gebürtiger Südländer mag sie keine naßkalten Füße. Die jungen Blätter werden außer an den

Weinberge unter Palmen in Texas

die Stöcke werden immer größer. Vor allem bleibt aber die Traubenproduktion sehr gering, da die Blütenstände sich fast ausschließlich in den Winteraugen bilden. Treiben diese nicht aus, gibt es keine Trauben. Soll Weinbau unter tropischen Bedingungen durchgeführt werden, muß deshalb die Knospenruhe der Winteraugen auf andere Art gebrochen werden. Neben Wachstumsregulatoren eignen sich hierzu am besten das Abstellen der Bewässerung nach der Ernte und ein völliges Entfernen der Blätter.

Tafeltrauben und Rosinen wären zur Deckung des Kohlenhydrat- und Mineralstoffbedarfs der örtlichen Bevölkerung oder zur Versorgung der aufkeimenden Tourismusbranche durchaus geeignet. Erste Erfolge im südlichen Indien, Venezuela, Bolivien und Tansania zeigen, daß die Wendekreise keine unüberwindliche Barriere für die Rebe darstellen. Trotz dieser Möglichkeiten ist der Weinbau unter Palmen auch

heute noch eine Ausnahme, obwohl in vielen dieser Gebiete zwei Ernten pro Jahr möglich sind.

Klima und Weinqualität

Aus der Herkunft und den gerade erwähnten klimatischen Ansprüchen der Rebe drängt sich die Frage auf: „Wächst in wärmerem Klima der beste Wein?" bzw. „In welchem Klima wächst der bessere Wein?"

So einfach diese Fragen sind, so schwierig ist eine Antwort darauf. Einige Überlegungen verdeutlichen dies:

Lange Vegetationsperiode, warme Witterung und viel Sonne sind zweifellos Faktoren, die eine hohe Photosynthese der Blätter und hohe Zuckergehalte in den Beeren begünstigen. Während der Gärung verwandeln Hefen Zucker in Alkohol, so daß zuckerreiche Moste zu alkoholreichen Weinen werden, zumindestens dann, wenn die Hefen den Zucker vollständig vergären können. Doch auch wenn es vielen Weinliebhabern so erscheinen mag,

Rebenaustrieb in Zypern

der Alkoholgehalt ist für die Qualität ein schlechtes Kriterium. Beim Weinprobieren schmecken wir schließlich nicht nur Alkohol, sondern eine Vielzahl anderer Substanzen, wie Säuren, Mineralien, Gerb- und Aromastoffe. Vermutlich spielen einige hundert chemische Verbindungen beim Geschmack eines Weins eine Rolle. Erst durch das Zusammenwirken all dieser Substanzen ergibt sich das Geschmacksbild eines Weines. Während warme, sonnige Bedingungen den Gehalt an Zuckern, Gerb- und Farbstoffen fördern, vermindern sie den Gehalt an Säuren und zahlreichen Aromakomponenten. Solchen Weinen fehlt dann oft die frische Säure und das fruchtige Aroma, das wir an nördlich der Alpen gewachsenen Weinen so schätzen; sie wirken deshalb meist breit, plump und langweilig.

So kommt es auf die richtige Mischung an. Sonne ja, aber nicht zu viel, Wärme ja, aber in den richtigen Maßen.

Allerdings gilt dies nicht für alle Sorten in gleichem Maß. Einige weisen so hohe Säuregehalte auf, daß selbst in heißen Klimaten noch genügend davon übrig bleibt. Andererseits ist keineswegs das Aroma aller Sorten durch fruchtige Noten geprägt, bei einigen kommen diese fast nicht vor. Hier bestimmen andere Stoffe den Geschmack, die unter warmen Bedingungen nicht vermindert werden oder sogar noch zunehmen können, wie der Chardonnay, dessen Aroma eher an Vanille als an Früchte erinnert. Diese Sorte eignet sich deshalb besser für heiße Gebiete wie Kalifornien, Südafrika oder Australien, während z. B. der Riesling dort wegen fehlender Fruchtigkeit und eleganter Säure meist enttäuscht.

So wie sich Sorten durch äußere Merkmale unterscheiden, unterscheiden sie sich auch in ihren inneren Werten und in ihren Ansprüchen an das Klima. Genauso wenig wie es einen Wein gibt, der bei allen Weinkennern uneingeschränkt Zustimmung findet, gibt es nicht das Weinklima, das für alle Sorten optimal ist.

Das „Bodengschmäckle", Boden und Weingeschmack

In bezug auf den Boden ist die Rebe keine anspruchsvolle Pflanze. Als Tiefwurzler, dessen Wurzeln bis zu 10 m tief in den Boden eindringen können, ist sie in der Lage, sich auch an kargen Standorten noch ausreichend mit Wasser und Nährstoffen zu versorgen. Sie gedeiht deshalb auf fast allen Bodenarten und selbst mit wenig Wasser. In Dornbuschsteppen Südafrikas oder im australischen Busch begegnet man selbst in recht trockenen Gebieten Weinbergen in leuchtendem Grün, die auch ohne zusätzliche Bewässerung dort gedeihen.

Blick zur Deutschen Weinstraße Ungstein mit Römischem Kelterhaus, Pfalz

Auch wenn die Rebe auf fast allen Böden wächst, hat der Boden doch einen deutlichen Einfluß auf die Reife der Trauben, deren Zusammensetzung und folglich die Weinqualität. Das Wissen um diese Zusammenhänge findet in der Unterscheidung von Weinlagen ihren Ausdruck. Erfahrenen Winzern und Weinliebhabern ist dies von alters her bekannt. Es gehört sehr viel Wissen und Erfahrung hierzu, weshalb auch nur wenige Weintrinker aus dem Lagenamen auf Bodenart und Weincharakter schließen können.

Wasser- und Nährstoffangebot des Bodens sind die für die Weinqualität entscheidenden Faktoren. Steinige Böden sind wasserdurchlässig und schnell erwärmbar. Sie stellen der Rebe zwar meist noch ausreichend Feuchtigkeit und Nährstoffe zur Verfügung, verwöhnen sie aber nicht damit. Reben müssen auf diesen Standorten hart arbeiten, um sich zu behaupten. Die so erhaltenen Weine spiegeln dies durch ihre Rasse,

Feinnervigkeit und fruchtige Eleganz wider und sind nie plump und breit.

Das Extrem auf der anderen Seite der Skala sind tiefgründige, fruchtbare Lehmböden. Sie bieten der Rebe Wasser und Nährstoffe im Überfluß. Hier muß der Winzer durch entsprechende Erziehung und Schnitt verhindern, daß die Rebe unter diesem Überfluß an Wasser und Nährstoffen zum Massenträger wird, sondern die für diese Böden typischen vollen, abgerundeten Weine produziert.

Erfahrungsgemäß produziert ein schwerer Boden volle, blumige, bukettreiche Weine. Je leichter der Boden, desto extrakt- und bukettärmer ist der Wein, dafür aber leichter und spritziger.

Kalkböden, z. B. der Champagne und des Sherrygebietes, sind berühmt für ihre stoffigen, kräftigen Weine, Vulkanböden, z. B. des Kaiserstuhls, für ihre vollmundigen Rotweine, die mineralhaltigen Schieferböden, z. B. der Mosel und des Mittelrheins dagegen für ihre pikanten, spritzigen, feinfruchtigen Weine.

Rebberge in Japan (Katsunuma) mit blühenden Pfirsichbäumen. Die Plastiktüten wurden zur Austriebsförderung über die Rebentriebe gestülpt

Diese Angaben sind allgemein gehalten, denn erstens gibt es eine Reihe von Zwischenstufen und Spezialfällen, zweitens reagieren auch nicht alle Rebsorten gleich. Was für die eine gut ist, kann für die andere schlecht sein. Das Wissen um diese speziellen Bedürfnisse und deren Wahl für die richtige Lage führen zum standortgerechten Anbau und damit zu hochwertigen und für sie sortentypischen Weinen.

Die Rebe der Kosmopolit – Weinbau in der Welt

Die Rebe zählt eindeutig zu den am weitesten verbreiteten Obstarten und gehört auf allen fünf Erdteilen zum festen Bestandteil der Kulturpflanzenpalette. Weltweit bedecken Reben 8,3 Millionen ha Fläche, was etwa der Größe Österreichs entspricht (Tabelle 1). Auf dieser Fläche wurden 1991 insgesamt 25 Milliarden Liter Wein erzeugt. Auf Lastwagen verladen, ergäbe dies eine Autoschlange vom Norden Alaskas bis zum Kap Horn. Im gleichen Jahr wurden 10 Milliarden kg Tafeltrauben und 960 Millionen kg Rosinen produziert. Die entsprechenden Lastwagen-Schlangen wären zwar nur 7 200 km bzw. 690 km lang, trotzdem wird aber deutlich, daß Tafeltrauben und Rosinen im Weltmaßstab durchaus eine große Bedeutung haben, auch wenn Wein das wichtigste Rebenerzeugnis darstellt.

Der Geburtsplatz der Rebkultur – Asien

Die Rebkultur spielt auch heute noch eine wichtige Rolle in ihrem Ursprungskontinent. Abgesehen von Europa, wachsen auf keinem Kontinent so viele Reben wie in Asien (Tabelle 2). Die Herstellung von Wein ist jedoch vergleichsweise unbedeutend, was vor allem an der überwiegend moslemischen Bevölkerung der meisten asiatischen

Tabelle 1: Rebfläche, Wein-, Tafeltrauben und Rosinenproduktion in der Welt
Quelle: Weinbaujahrbuch 1998 – Stand 1995.

Länder	Weinbaufläche in 1 000 ha	Wein in 1 000 hl	Tafeltrauben in 1 000 dt	Rosinen in 1 000 dt
Europa	5 261	185 014	25 618	663
Asien	1 305	5 836	16 923	4 729
Amerika	762	41 270	23 884	4 047
Afrika	335	8 622	5 945	433
Australien/Neuseeland	81	5 587	879	327
Welt insgesamt	7 744	246 329	73 249	10 199

Tabelle 2: Rebfläche, Wein-, Tafeltrauben und Rosinenproduktion in Asien
Quelle: Weinbaujahrbuch 1998 – Stand 1995.

Länder	Weinbaufläche in 1 000 ha	Wein in 1 000 hl	Tafeltrauben in 1 000 dt	Rosinen in 1 000 dt
Türkei	570	635	8 627	3 355
Iran	245	0	300	900
China VR	152	3 600	0	0
Syrien	68	0	1 920	115
Irak	50	0	0	0
Afghanistan	48	0	1 580	280
Indien	37	0	0	0
Libanon	27	300	880	70
Japan	24	524	2 287	0
Zypern	20	650	225	9
Yemen	21	0	0	0
Jordanien	3	0	637	0
Israel	5	127	467	0
insgesamt	1 270	5 836	16 923	4 729

Anbaugebiete liegt. Bedeutende Weinproduzenten sind deshalb nur die nichtmoslemischen Staaten China, Japan und Zypern. Die Gesamtproduktion des Kontinents bleibt jedoch deutlich hinter der von Österreich zurück.

Dafür gehört Asien zu den Spitzenreitern bei Tafeltrauben und Rosinen. Die Bezeichnung 'Sultana' und 'Sultanina' weisen auf die lange Tradition des Tafeltrauben- und Rosinenanbaus hin. Bei beiden Produkten nimmt die Türkei in Asien eine dominierende Stellung ein. Sie produziert mehr als die Hälfte der Tafeltrauben und Rosinen des gesamten Kontinents. Daneben gehören Irak und Afghanistan noch zu den bedeutenden Rosinenproduzenten.

Der Kontinent des Bacchus – Europa

Anders kann man Europa wohl kaum bezeichnen. Hier stehen 70% aller Reben und hier wird etwa 75% des Weins

Tabelle 3: Rebfläche, Wein-, Tafeltrauben und Rosinenproduktion in Europa
Quelle: Weinbaujahrbuch 1998 – Stand 1995.

Länder	Weinbaufläche in 1 000 ha	Wein in 1 000 hl	Tafeltrauben in 1 000 dt	Rosinen in 1 000 dt
Spanien	1 235	19 640	3 917	15
Italien	927	56 294	12 298	
Frankreich	926	55 610		
Portugal	261	7 132	1 500	
Rumänien	253	6 720	1 402	
Moldavien	169	800	788	
Ukraine	165	1 059		
Bulgarien	134	2 200	810	
Griechenland	134	3 841	2 570	648
Ungarn	131	3 289	481	
Azerbaidschan	130	1 000		
Uzbekistan	125	900		
Deutschland	104	11 050		
Rußland	103	3 500		
Jugoslawien	87	2 804	388	
Georgien	60	1 100		
Österreich	52	2 229		
Kroatien	52	700		
Mazedonien	35	900		
Armenien	26	100		
Slovakei	26	662	61	
Slovenien	23	781		
Schweiz	15	1 181		
Tschechische Republik	12	459	3	
Albanien	5	169	390	
Bosnien-Herzegowina	4	130		
Malta	4	31	30	
Großbritannien	1	13		
Luxemburg / Belgien	1	200	80	
insgesamt	5 170	184 714	25 618	663

der Erde produziert (Tabelle 3). Drei von vier Gläsern Wein, die irgendwo auf der Welt getrunken werden, sind in Europa gewachsen. Vermutlich werden diese besagten Gläser aber auch in Europa getrunken, die Europäer sind nicht nur Weltmeister im Produzieren, sondern auch im Konsumieren von Wein. Wahre Bacchusjünger also. Im Verzehr von Tafeltrauben sind sie zwar auch führend in der Welt, tragen aber nur vergleichsweise bescheidene 40% zur Weltproduktion bei. Rosinen gar nur weniger als 10%. „Wenn schon

Rebterrassen am oberen Douro in Portugal für Portwein

Italien, Frankreich und Spanien, dominieren nicht nur die Weinproduktion Europas, sondern sogar der Welt. Mehr als die Hälfte des Weins, der auf der Welt produziert wird, stammt aus diesen drei Ländern. Ein großer Teil wird aber im Lande getrunken, denn Wein gehört dort zum Lebensstil. Doch auch Lebensstile können sich ändern, und das Glas Wein zum Essen oder in der Bar gehört auch in Italien und Frankreich nicht mehr zur Selbstverständlichkeit. Geschäftigkeit und Hektik verdrängen immer mehr das mediterrane Lebensgefühl und mit ihm auch den Wein. Der Weinkonsum in Italien und Frankreich nimmt steil ab und düstere Wolken ziehen sich über den Brüsseler Weinseen zusammen. Das Getränk der Götter droht zum Sozialfall zu werden.

Der Rest Europas

Platz vier der Weltrangliste nimmt in den Weinstatistiken eine Weingroßmacht ein, die früher nicht nur beim Wein, sondern auch politisch und militärisch eine Supermacht war, die ehemalige UdSSR. Das größte Land der Welt war vor seinem Zerfall immerhin das viertgrößte Weinland der Erde, weit vor den USA. Da das Hauptgebiet in gemäßigten und kalten Klimaten liegt, befinden sich die Hauptanbaugebiete in den jetzt selbständigen Republiken Moldavien, Ukraine, Georgien, Armenien und Aserbeidschan.

Von der Fläche her gesehen ist Deutschland eher ein kleines Weinbauland, jedoch beim Wein zählt es in Europa zu den größeren Produzenten. Dies liegt daran, daß man sich in Deutschland ausschließlich auf die Weinproduktion konzentriert. Es gibt hier keine Tafeltrauben- oder Rosinenproduktion. Zum anderen liegt es aber auch an der sprichwörtlichen Tüchtigkeit der Mitteleuropäer, von der auch Winzer nicht ganz verschont geblieben

konserviertes Obst, dann in flüssiger Form bitte", scheint die Parole der Europäer zu sein.

Die drei Supermächte – Spanien, Italien, Frankreich

Als Weinsupermacht muß man Spanien wohl zwangsläufig bezeichnen, denn in diesem Land gibt es mehr Weinberge als in irgendeinem anderen Land, ja sogar auf einem der anderen vier Kontinente. Die beiden anderen Supermächte in Sachen Wein sind Italien und Frankreich. Von der Rebfläche aus gesehen, liegen sie deutlich hinter Spanien, aber bei der Weinproduktion deutlich davor. Die geringen Hektarerträge im trockenen Herzen Spaniens sind einer der Gründe für die niedrigen Durchschnittserträge Spaniens.

sind. Ohne diese Tüchtigkeit wären kulturgeschichtliche Kunstwerke wie die Rebterrassen entlang des Rheins und seiner Nebenflüsse wohl kaum denkbar.

Nicht ohne aber ganz ohne Kerne – die Korinthe

Wie schon erwähnt, gehören die Europäer nicht zu den großen „Traubentrocknern" der Welt. Eigentlich beschäftigt sich nur ein europäisches Land mit dieser Form der Konservierung von Trauben, Griechenland. Ein großer Teil der Produktion ist dabei aber eine ausgesprochen griechische Spezialität, nämlich die Korinthen, die praktisch nur in ihrem Stammland hergestellt werden.

Weinbau im „Vinland" – der amerikanische Weinbau

„Vinland" (Weinland), so nannten die ersten europäischen Seefahrer, die Amerika erreichten, den Kontinent. Die Rede ist nicht von Christoph Kolumbus, sondern von Leif Erikson und seinen Wikingern, die bereits 500 Jahre vorher an der Nordostküste Nordamerikas landeten und dort Reben fanden. Es waren sicher keine unserer Weinreben, die sie dort fanden, denn diese kommen in Amerika nicht vor. Es dürfte sich bei den Funden der abenteuerlustigen Skandinavier vielmehr um Reben der Arten *Vitis riparia* oder *Vitis labrusca* gehandelt haben. Berichte über einen Weinbau der Indianer liegen keine vor, sicherlich sammelten und verzehrten sie die wild wachsenden Früchte, vor allem der *Vitis labrusca*, die der anderen Arten waren wohl selbst abgehärteten Indianern zu sauer, worauf die von ihnen stammenden Bezeichnungen hindeuten.

Weinbau, so wir wir ihn kennen, begann in Amerika erst ab dem 16. Jahr-

Rosinentrocknung auf Kreta

hundert mit den ersten europäischen Siedlern. Während in Süd- und Mittelamerika ausschließlich europäische Rebsorten verwendet wurden, gab es in Nordamerika immer wieder Versuche, Labrusca-Reben wegen ihrer Winterfrostfestigkeit zu kultivieren. Deren Trauben weisen jedoch einen sehr typischen Fremdgeschmack (Foxton) auf, der von vielen Weintrinkern abgelehnt wird. Labrusca-Selektionen und deren Kreuzungen spielen allerdings in der Tafeltrauben- und Traubensaftproduktion der amerikanischen Ostküste eine Rolle.

Der europäische 'Way of Wine'

Dem Weinbau mit europäischen Rebsorten werden in Nordamerika durch Wintertemperaturen enge Grenzen ge-

setzt, während in vielen Gebieten Südamerikas tropische Bedingungen den Weinbau erschweren bzw. ganz unmöglich machen. Auch wenn Amerika mit nur 766 000 ha nicht zu den großen Rebkontinenten gehört, so produziert es im Wirtschaftsjahr 1991 immerhin 16% des Weines, 22% der Tafeltrauben und 38% der Rosinen der Erde (Tabelle 4). Die größten Anbauländer sind die USA, Argentinien und Chile.

In den USA wird in fast allen Staaten etwas Weinbau betrieben, doch kommt Kalifornien eine dominierende Rolle zu. Neben der Weinproduktion mit Sorten wie Chardonnay, Sauvignon Blanc, Cabernet Sauvignon und etwas Riesling, spielt vor allem im Süden Kaliforniens die Tafeltrauben- und Rosinenproduktion mit der Sorte Sultana (Thompson Seedless) und einer Reihe von neuen, großbeerigen, samenlosen Sorten eine bedeutende Rolle. Während die Tafeltrauben auf dem nordamerikanischen Markt bleiben, werden Rosinen in großen Mengen exportiert, zum Beispiel auch nach Deutschland. Nachdem nordamerikanische Weine noch vor einigen Jahren vielfach belächelt wurden, haben sich vor allem Cabernet Sauvignons und Chardonnays des Napa und Sonoma Valley international profiliert und werden heute zu den großen Weinen der Welt gerechnet.

Weinberge im Napa Valley in Kalifornien

Weinbau im tiefen Süden

Die beiden großen Weinbauländer Südamerikas unterscheiden sich in ihrer Produktpalette ganz entscheidend: In Argentinien dominiert eindeutig die Weinherstellung, in Chile dagegen die Tafeltraubenproduktion. Hierfür ist Chile vielleicht das am besten geeignete Land der Erde: es erstreckt sich auf einem schmalen Landstreifen zwischen Pazifik und den Cordillieren fast durch alle Klimazonen. Während es im äqua-

torfernen Süden erst Frühling wird, herrschen im Norden bereits sommerliche Verhältnisse. Durch die Wahl des Anbaugebiets kann deshalb die Reifezeit von Trauben fast beliebig gewählt werden. Die wichtigsten Anbaugebiete sind eher trocken, doch stehen überall ausreichende Mengen hochwertigen Bewässerungswassers aus den Cordillieren zur Verfügung. Durch den Einsatz von Kühlschiffen und die Lage in der Südhemisphäre ist es möglich, Nordamerika und Europa im Winter und Frühjahr mit chilenischen Tafeltrauben zu versorgen.

Weinbau „down under" – Weinbau in Ozeanien

Ozeanien ist mit weitem Abstand der kleinste weinbautreibende Kontinent,

Tabelle 4: Rebfläche, Wein-, Tafeltrauben und Rosinenproduktion in Amerika
Quelle: Weinbaujahrbuch 1998 – Stand 1995.

Länder	Weinbaufläche in 1 000 ha	Wein in 1 000 hl	Tafeltrauben in 1 000 dt	Rosinen in 1 000 dt
USA	305	15 800	9 072	3 440
Argentinien	210	16 443	294	109
Chile	114	3 167	8 885	318
Brasilien	60	3 128	4 289	
Mexiko	41	1 480	1 100	180
Peru	11	80	200	
Uruguay	9	852	24	0
Kanada	7	300	0	
Bolivien	4	20	20	
Venezuela	1	0	0	0
insgesamt	762	41 270	23 884	4 047

Tabelle 5: Rebfläche, Wein-, Tafeltrauben und Rosinenproduktion in Ozeanien
Quelle: Weinbaujahrbuch 1998 – Stand 1995.

Länder	Weinbaufläche in 1 000 ha	Wein in 1 000 hl	Tafeltrauben in 1 000 dt	Rosinen in 1 000 dt
Australien	73	5 028	445	327
Neuseeland	8	559	434	
insgesamt	81	5 587	879	327

Tabelle 6: Rebfläche, Wein-, Tafeltrauben und Rosinenproduktion in Afrika
Quelle: Weinbaujahrbuch 1998 – Stand 1995.

Länder	Weinbaufläche in 1 000 ha	Wein in 1 000 hl	Erzeugung von Tafeltrauben in 1 000 dt	Rosinen in 1 000 dt
Südafrika	103	7 546	1 518	420
Algerien	90	500	1 099	
Marokko	49	173	1 359	9
Ägypten	55	25	1 260	
Tunesien	28	292	650	4
Libyen	6		35	
Madagaskar	2	86	24	
insgesamt	333	8 622	5 945	433

die rund 66 000 ha große Rebfläche ist sogar noch deutlich geringer, als die der Bundesrepublik (Tabelle 5). Davon befinden sich 10% der Fläche in Neuseeland, der Rest in Australien.

Australien unterscheidet sich klimatisch sehr von Europa. Der südliche Wendekreis teilt den Kontinent in zwei annähernd gleiche Teile, einen tropischen im Norden und einen subtropischen im Süden. Es entspricht damit geographisch gesehen eher Nordafrika als Europa. Große Wüsten- und Halbwüstengebiete im Innern des Kontinents unterstreichen dies recht anschaulich. Als klimatisch gemäßigt können eigentlich nur die wenigen Gebirgslagen, südliche Küstenlagen und die Inseln Tasmanien sowie Neuseeland bezeichnet werden.

Zaghafte Anfänge in der Sträflingskolonie

Der Anbau von Reben in Australien ist genau so alt wie die Besiedlung des Kontinents durch Weiße. Bereits die erste Flotte „First Fleet" brachte 1788 Reben mit, und schon wenig später wuchs ein kleiner Weinberg an der Stelle des heutigen Botanischen Gartens in Sydney. Ein Einwanderer namens Phillip Schaeffer soll der Überlieferung zufolge Australiens erster Winzer gewesen sein. Die ersten Jahre waren jedoch durch zahlreiche Rückschläge gekennzeichnet, die vermutlich im feuchten Klima Sydneys durch die Krankheit Anthracnose (*Elsinoe ampelina*) verursacht wurden.

Diese Situation änderte sich erst nach der Ankunft von Captain John MacArthur. In den Jahren 1815/16 waren er und seine Söhne durch praktisch alle europäischen Weinbaugebiete gereist und hatten neben viel Erfahrung auch Rebsorten gesammelt. 1820 pflanzten sie ihre ersten Weinberge und bereits sieben Jahre später wurden 90 000 Liter

geerntet. Das war der Anfang. Vielleicht sollte noch erwähnt werden, daß Captain MacArthur einen weiteren Beitrag zur Entwicklung der australischen Landwirtschaft leistete, indem er die Merinoschafe einführte und damit die australische Wollproduktion begründete.

Der „deutsche" Weinbau des Barossa Valley

Nicht New South Wales, sondern South Australia (Südaustralien) ist wegen des mittelmeerischen Klimas in seiner Küstenregion heute der bedeutendste Weinbaustaat des Kontinents. Der Beginn ist auch dort eng mit der deutschen Besiedlung des Kontinents verbunden. Der ersten Ansiedlung im Jahre 1836 folgte bereits 1837 der erste Weinberg in Adelaide. 1842 kamen die ersten deutschen Siedler ins Barossa Valley. Johann Gramp pflanzte 1847 die ersten Reben am Jacobs Creek. Aus diesen Anfängen entwickelte sich die zweitgrößte Kellerei Australiens, Orlando. Der Sitz liegt auch heute nur 2 km von Jacobs Creek entfernt.

Wasser und Wein – der bewässerte Weinbau

Bis Mitte der 80er Jahre des letzten Jahrhunderts wurde Weinbau in Australien ausschließlich in küstennahen Gebieten betrieben, da nur dort ausreichende Niederschläge fielen. Das halbwüstenähnliche Innere des Landes blieb Schafherden überlassen. Dies änderte sich 1887 als die kanadischen Ingenieure George und William Chaffey entlang des Murray die ersten beiden Bewässerungskolonien gründeten. In einem Gebiet, das wenige Jahrzehnte zuvor erst von Weißen entdeckt wurde, installierten sie dampfmaschinengetriebene Kreiselpumpen, stauten Flüsse und bauten Bewässerungsgräben, die

das Wasser des Murray zu den Weingärten leiteten. Diese beiden ersten Gebiete, Renmark und Mildura, blieben nicht die letzten, es folgten weitere entlang des Murray und Murrumbidgee. Sämtliche australischen Tafeltrauben und Rosinen, aber auch viele Weintrauben werden heute in diesen Bewässerungsgebieten erzeugt.

Neben dem Barossa Valley gehört Coonawarra zu den bekanntesten Weinbaugebieten. In relativ gemäßigtem Klima gedeihen hier Cabernet Sauvignon und Shiraz (Syrah), die wegen ihrer weichen Fülle berühmt sind und zu den besten Rotweinen der Welt zählen.

Weinbau am Ende der Welt

In Neuseeland pflanzte der Missionar Samuel Marsden 1829 die ersten Reben. Der französische Kapitän Dumont d'Urville berichtet bereits 1840 über einen in Neuseeland genossenen Wein: „Ein leichter Wein, sehr spritzig und deliciös."

Starke Westwinde verleihen Neuseeland ein gemäßigtes Klima mit Jahresmittelwerten zwischen 15 und 10 °C. Gute Bedingungen, vor allem für die Produktion von Weißweinen, doch eine restriktive Gesetzgebung verhinderte über 100 Jahre die Entwicklung einer einheimischen Weinwirtschaft.

Auf internationalen Weinshows tauchen in den letzten Jahren neuseeländische Weine immer häufiger unter den Preisträgern auf. Das Sortenspektrum ähnelt dem deutschen: Müller-Thurgau (35%), gefolgt von Riesling, Gutedel, Gewürztraminer und Silvaner werden neben Sorten wie Chardonnay, Chenin Blanc, Sauvignon Blanc und Cabernet Sauvignon angebaut. Die Weißweine sind angenehm säurebetont, leicht, niedrig im Alkoholgehalt und Extrakt und sehr fruchtig, frisch ausgebaut. Neuseeländische Sauvignon Blancs genießen bei Kennern einen legendären Ruf.

Der Äquator scheidet älteste und jüngste Weinbauländer – Afrika

Der Rebsortenspiegel zeigt keine einheimischen Wildreben sondern nur von den klassischen Weinbauländern übernommene Kultursorten. Die Erzeugung von Tafeltrauben und Rosinen gewinnt zusehends an Bedeutung. Ägypten und Palästina zählen zu den ältesten Weinbauländern der Welt. Um die Zeitwende loben römische Autoren (Horaz, Vergil und Plinius) die Mannigfaltigkeit und Güte der ägyptischen Weine.

Der reiche Handelsstaat Karthago (gegründet um 1200 v. Chr.) unterhielt im Gebiet des heutigen Tunesien und Algerien große Weingärten, deren Weine gerühmt wurden.

Die arabische Eroberung im 7. Jh. mit ihrer weinfeindlichen Religion des Isalm führte zum Niedergang dieser blühenden Weinkulturen, wovon sie sich auch unter osmanischer Herrschaft (17.–19. Jh.) nicht erholten. Erst die Kolonialisierung im 19. Jh., die Winzerfamilien aus Frankreich, Italien und Spanien als Siedler nach Nordafrika brachte, führte zur Neuanlage von Rebgärten mit modernen Weinbaumethoden und Einführung moderner Kellertechniken.

Die Entkolonialisierung nach dem 2. Weltkrieg ließ in den nunmehr unabhängigen Staaten Nordafrikas zwar den Weinbau bestehen, er ist jedoch rückläufig.

Algerien ist eines der wärmsten Weinländer der Welt. Die Franzosen hatten von 1830 bis 1962 riesige Domänen plantagenartig angelegt und auf mehr als 400 000 ha modernen Weinbau betrieben. Er liegt heute noch bei 100 000 ha.

Die von Carignan, Cinsault, Grenache, Mourvèdre, u. a. erzeugten, farbin-

tensiven, alkohol- und extraktreichen Rotweine gehen hauptsächlich in den Export.

In Marokko liegen die 50 000 ha Weinbau zwischen Rifgebirge, Atlas und Atlantik in idealem Klima für Rebkulturen. Geographische Abgrenzung einzelner Anbauregionen erfolgt erstmals 1934 und führt 1977 zur Definition von 14 Anbaugebieten in 4 Weinbauregionen als Appellation d'Origine Garantie (AOG).

Von Carignan, Cinsault, Grenache, Alicante Bouschet (rot); Clairette, Macabéo und Pedro Ximénez (weiß), werden überwiegend in Großkellereien schwere Verschnittrotweine für den Export, leichte Roséweine sowie süße Dessertweine und Traubensaftkonzentrate (Mistelle) für den Eigenbedarf produziert.

Südafrika pflegt 100 000 ha musterhaften Weinbau am Kap der guten Hoffnung. In Deutschland geschulte Weinexperten verhalfen maßgeblich zur heutigen Blüte.

Eindrucksvoll sind die landschaftlichen Reize dieser von Meer und dolomitenartigen Gebirgen umrahmten Rebtäler.

Die vier Hauptrebsorten Steen (Chenin Blanc, 28%), White French (Palomino, 15%), Hermitage (Cinsault, 12%) und Hanepoot (Muscat of Alexandria, 7%) nehmen fast zwei Drittel der Rebflächen ein. Riesling (4,8%), Colombard (5%) und Clairette Blanche (3,5%) haben zunehmende Tendenz. Als Tafeltrauben werden hauptsächlich Barlinka (45%), Waltham Cross (20%), Alphonse Lavallé (12%) und Queen of the Vineyard (5%) angebaut.

Neu ist die Entwicklung des tropischen Weinbaus in Afrika. Am meisten hat Tansania mit heute rund 1 000 ha dazu beigetragen.

Afrikanische, in Geisenheim ausgebildete Fachleute betreuen seit 1950 in Dodoma den Tropenweinbau. Trauben könnten im Zentrum von Tansania zu einer wichtigen Nahrungsquelle für die Bevölkerung werden.

Italienische, französische und jugoslawische Sorten erweisen sich im Versuchsanbau als vielversprechend. Aus Deutschland sind Müller-Thurgau, Weißer Burgunder, Muskateller, Elbling, Trollinger und die Geisenheimer spezifische Sorte Gm 31657 aussichtsreich.

In Äthiopien werden rund 200 ha Weinreben kultiviert. Zwei Ernten im Jahr sind möglich. Die Rebe ist vor 50–70 Jahren mit Sorten aus Europa und Amerika eingeführt worden. Das Sortiment bedarf der Bearbeitung, da zahlreiche unbekannte, überwiegend *V.-Vinifera*-Sorten angebaut werden. Ein Teil der Trauben wird zu Wein ausgebaut.

Selbst in Nigeria wissen wir von rund 100 ha im Anbau. Vielleicht brachten Karawanen die Rebstecklinge schon vor langen Jahren in dieses Land. Der Weinbau wird auf kleinen Parzellen betrieben. Das Sortiment ist nicht bekannt. Es gibt sogar einen Weinbau-Verband, der sich um die Weiterentwicklung bemüht.

Sudan, Mali, Tschad, Kamerun, Senegal, Zaire, Sambia, Sierra Leone und fast alle afrikanischen Länder der Tropenzone betreiben Weinbau im Versuchsstadium. Angola, Mozambique, Guinea Bissau, sowie die Kapverdischen Inseln kultivieren sporadisch Reben in bescheidenem Maße. Überall ist der Wille zur Weiterentwicklung sichtbar. Kenia will durch Versuchsanbau und Ausbildung von Fachleuten die Weinkultur fördern.

Zimbabwe hat einen seit der Unabhängigkeit interessant gewordenen Weinbau. Rot- und Weißweine zeigen beachtliche Qualität. Das Sortiment entspricht dem südafrikanischen Sortenspiegel. In jüngster Zeit wird der Weinbau von staatlicher und privater Seite fortentwickelt.

Literaturverzeichnis

ADAMS, J., SCHUMANN, F. (1997): Wein-kompendium. Neustadt/Weinstraße.

AMBROSI, H. (1984): Welt-Atlas des Weines. Fachverlag Dr. Fraund, Mainz.

AMBROSI, H., BECKER, H. u.a. (1978): Der deutsche Wein. Gräfe und Unzer, München.

BABO, L. v., METZGER, J. (1836): Die Wein- und Tafeltrauben der deutschen Weinberge und Gärten. Mannheim.

BASSERMANN-JORDAN, F. v. (1923): Geschichte des Weinbaues. Pfälzische Verlagsanstalt, Neustadt/Weinstraße, 2. Auflage, Nachdruck.

CONSTANTINESCU, G., NEGREANU, E., LAZARESCU, V., POENARU, I., ALEXEI, O., BOUREANU, C. (1966): Ampelografia. Academiei Republicii socialiste Romania, Band 1–8.

CORINO, L. et al. (1990): I vigneti d'Italia. Edizioni Barzanti, Cesena (Fo), Italien.

CURRLE, BAUER, HOFÄCKER, SCHUMANN (1983): Biologie der Rebe. Verlag Meiniger, Neustadt.

DEBUIGNE, G. (1970): Larousse des Vins. Librairie Larousse, Paris.

DETTWEILER, E. (1987): Ein Modell zur Unterscheidbarkeit von Rebsorten mit Hilfe blattmorphologischer Merkmale. Diss. Univ. Hohenheim.

EGENBERGER, KOBLET, MISCHLER, SCHWARZENBACH, SIMON (1975): Weinbau. Verlag Huber, Frauenfeld.

FADER, W. (1991): Der Weinstock am Haus. BLV, München, Wien, Zürich, 3. Auflage.

GALET, P. (1964): Les Raisins de Table. Paysan du Midi, Montpellier.

– (1988): Les vignes américaines. Vol. I, 2. Auflage.

– (1990): Cépages et Vignobles de France. Imprimerie Déhan, Montpellier.

GOETHE, H. (1887): Handbuch der Ampelographie. Verlag Paul Parey, Berlin, 2. Auflage.

GOETHE, R. (1895): Handbuch der Tafeltraubenkultur. Verlag Paul Parey, Berlin.

GÖTZ, B., MADEL, W. (1994): Deutsches Weinbaujahrbuch 1994. Waldkircher Verlagsgesellschaft, Waldkirch.

GOK, C. F. (1836): Die Weinrebe und ihre Früchte. Ebner, Stuttgart.

GOLLMICK, BOCKER, GRÜNSEL (1976): Das Weinbuch. VEB Fachbuchverlag, Leipzig, 4. Auflage.

HEINE, N. (1997): Deutscher Weinführer. 1500 Weinerzeuger aus allen Anbaugebieten. Verlag Eugen Ulmer, Stuttgart.

HILLEBRAND, LOTT, PFAFF (1997): Taschenbuch der Rebsorten. Fachbuchverlag Dr. Fraund, Mainz, 11. Auflage.

HOFFMANN, K. M. (1987): Weinkunde in Stichworten. Verlag Ferdinand Hirt, Zug.

JOHNSON, H. (1987): Der große Weinatlas, Verlag Hallwag, Bern, 20. Auflage.

KADISCH, E. (1986): Der Winzer. Verlag Eugen Ulmer, Stuttgart.

MOOG, H. (1957): Einführung in die Rebsortenkunde. Verlag Eugen Ulmer, Stuttgart.

NÉHMETH, M. (1975): Ampelographia. Album, Budapest.

Office international de la vigne et du vin (O.I.V.) (1961): Registre Ampélographique International, Vol. 1–3. O.I.V., Paris.

– Classement des variétés de vigne dans la Communauté Européenne et synonymité des cépages. Groupe d'Experts Sélection de la Vigne, O.I.V., Paris.

ORFFER, C. J. (1979): Wine Grape Cultivars in South Africa. Human & Rousseau Ltd, Kapstadt.

RAMEY, B. C. (1977): The great Wine Grapes. Davis.

ROBINSON, J. (1978): Reben – Trauben – Weine. Ein Führer durch die Rebsorten der Welt. Verlag Hallwag AG, Bern, Stuttgart.

RUCKENBAUER, TRAXLER (1983): Weinbau heute. Stocker Verlag, Graz, Stuttgart, 2. Auflage.

SCHENK, W. (1968): Kleine Sortenkunde unserer Ertragsreben. Deutsches Weinbaujahrbuch, 66–76. Waldkircher Verlagsgesellschaft, Waldkirch.

SCHUMANN, F. (1968): Die Verbreitung der Wildreben am Oberrhein. Die Wein-Wissenschaft 23, 487–497.

– (1972): Vergleich von morphologischen und physiologischen Eigenschaften verschiedener *Vitis vinifera*-Sorten und -Kreuzungen. Diss. Univ. Bonn.

STEURER, R. (1989): Vino – Die Weine Italiens. Manfred Pawlak Verlagsgesellschaft, Herrsching.

STEURER, THOMANN, SCHULLER (1992): Welt-Wein-Almanach. Orac Verlag, Wien.

STOLZ, M. J. L. (1852): Ampélographie Rhénane. Paris, Mulhouse.

ULRICH, G. (1994): Tafeltrauben für den Hausgarten. Verlag Eugen Ulmer, Stuttgart.

ULRICH, G. (1995): Hobby-Winzer. Verlag Eugen Ulmer, Stuttgart.

VIALA, P., VERMOREL, V. (1909): Ampélographie. Band 1–7. G. Masson, Paris.

VOGT, E., GÖTZ, B. (1987): Weinbau. Verlag Eugen Ulmer, Stuttgart, 7. Auflage.

WÜRMLI, M. (1987): Alle Weine Spaniens und Portugals. Südwest Verlag, München.

Bildquellen

J.-M. Boursiquot, ENSA, Montpellier, Frankreich: Seite 132 links, 177, 269.

Dr. Helga Buchter-Weisbrodt, Rödersheim: Seite 80 rechts.

Dr. Erika Dettweiler, Geilweilerhof: Seite 34, 37, 53, 55, 58 rechts, 61, 62 63, 66, 72, 75, 79, 90, 92, 107, 115, 117, 119, 124, 125, 139 links, 150, 151, 156, 159, 161 links, 162, 164, 166, 175, 182, 192, 193, 198, 216, 225, 230, 241, 249 links, 253, 266, 272 rechts, 296.

Estacion Experimental, Rancho de la Merced, Jerez de la Frontera, Spanien: Seite 57, 186, 194.

Institut für Rebenzüchtung, Geilweilerhof: Seite 275 links, 276 oben, 288 unten.

Forschungsanstalt Geisenheim, Fachgebiet Rebenzüchtung: Seite 32, 38, 39, 42, 43 (2), 44, 45, 46, 47, 48, 49 (2), 50, 51 (2), 52, 54 links, 56, 74, 83, 88, 98 (2), 100, 102, 106, 109, 113, 131, 136, 143, 145, 169, 172, 174, 179, 184, 190, 191, 207, 214, 240 rechts, 245, 256, 258 rechts, 279 oben, 281 unten, 284 oben, 287 oben, 289 Mitte.

Edit Hajdu, Kecskemét, Ungarn: Seite 274 (2).

Dr. Bernd Hill, LVWO Weinsberg, Ref. Rebenzüchtung Laufen: Seite 282 unten.

Tilo Hühn, Geisenheim: Seite 59, 65, 67, 69 rechts, 118, 163 links, 170 rechts, 195, 199, 213, 226, 244, 250, 251.

Dominique Maigre, RAC Changins, Pully, Schweiz: Seite 64 rechts, 69 links, 123, 128, 139 rechts.

Luigi de Micheli, Istituto Agrario di S. Michele: Seite 154 rechts, 219 rechts, 265 (2), 267.

Vas. Michos, Nat.Agr.Research Foundation Vine Institute, Lycovrissi, Griechenland: Seite 232, 273 links.

Anna Schneider, C.N.R. Centro Studio Miglioramento Genetico e Biologia Vite, Turin: Seite 82, 105, 170 links, 212 rechts.

Dr. Fritz Schumann, Neustadt: Seite 2, 8, 10 , 25, 28, 35, 36, 40, 54 rechts, 58 links, 60, 68, 71, 73, 76, 78, 80 links, 81, 84, 85, 86, 89, 93, 94, 95 (2), 96, 103, 108, 110, 111, 112, 114, 116, 121 rechts, 122, 126, 127, 130 (2), 132 rechts, 137, 140, 141, 142 rechts, 144, 146, 147 (2), 148, 149, 152, 153, 154 links, 155, 157, 160, 161 rechts, 163 rechts, 167, 168, 171, 178, 180, 181, 183, 185, 187, 188, 189, 196, 197, 201, 202, 203, 204, 205, 206, 208, 209, 210, 212 links, 215, 217, 218, 219 links, 220 (2), 221, 222, 223, 224, 227, 228, 229, 233, 235, 236, 238, 239, 242, 246, 247, 248, 254, 255, 258 links, 259, 260, 261, 262, 263, 270, 271 (2), 272 links, 273 rechts, 275 rechts, 276 unten, 277 (2), 278 oben, 279 unten, 280 oben, 282 oben, 283 (2), 284 unten, 285 (2), 286 (2), 287 unten, 288 oben,

289 oben und unten, 290 (2), 291 (2), 294, 295, 297, 298, 299, 302, 303, 304.

Staatl. Lehr- und Forschungsanstalt für Landwirtschaft, Weinbau und Gartenbau, Neustadt an der Weinstraße: Seite 41, 234, 278 Mitte und unten, 280 unten, 281 oben und Mitte, 284 oben.

Domaine de Vassal, INRA, Marseilland-Plage, Frankreich: Seite 64

links, 70, 77, 120, 121 links, 135, 142 links, 158, 165, 173, 176, 200, 211, 237 (2), 240 links, 249 rechts, 252, 268 (2).

Alex Voit, Untergruppenbach: Seite 104, 129, 134, 138.

J. Weiss, Klosterneuburg: Seite 264

Zeichnungen: Joannis Selveris, Kernen, nach Vorlagen der Autoren.

Register

Sortennamen und Synonyme, Weine und Weinerzeugnisse, Weinregionen, Namen von Züchtern.
Fett gedruckte Seitenzahlen verweisen auf die ausführliche Beschreibung (meist mit Bild).

313

318